講談社選書メチエ

664

三つの革命

ドゥルーズ＝ガタリの政治哲学

佐藤嘉幸
廣瀬　純

MÉTIER

目次

略語表

ドゥルーズ＝ガタリの著作

AŒ: Gilles Deleuze et Félix Guattari, *L'Anti-Œdipe: Capitalisme et schizophrénie, t. 1*, Minuit, 1972 / 1973. 邦訳『アンチ・オイディプス――資本主義と分裂症』上・下巻、宇野邦一訳、河出文庫、二〇〇六年。

MP: Gilles Deleuze et Félix Guattari, *Mille Plateaux: Capitalisme et schizophrénie, t. 2*, Minuit, 1980. 邦訳『千のプラトー――資本主義と分裂症』上・中・下巻、宇野邦一他訳、河出文庫、二〇一〇年。

QPh: Gilles Deleuze et Félix Guattari, *Qu'est-ce que la philosophie?*, Minuit, 1991. 邦訳『哲学とは何か』、財津理訳、河出文庫、二〇一二年。

ドゥルーズの著作

DR: Gilles Deleuze, *Différence et répétition*, PUF, 1968. 邦訳『差異と反復』上・下巻、河出文庫、財津理訳、二〇〇七年。

LS: Gilles Deleuze, *Logique du sens*, Minuit, 1969. 邦訳『意味の論理学』上・下巻、河出文庫、小泉義之訳、二〇〇七年。

ガタリの著作

PT: Félix Guattari, *Psychanalyse et transversalité: Essais d'analyse institutionnelle*, Maspero, 1972, rééd.

Découverte, 2003. 邦訳『精神分析と横断性——制度分析の試み』、杉村昌昭・毬藻充訳、法政大学出版局、一九九四年。

EAŒ: Félix Guattari, *Écrits pour l'Anti-Œdipe*, textes agencés par Stéphane Nadaud, Lignes & Manifeste, 2004. 邦訳『アンチ・オイディプス草稿』、國分功一郎・千葉雅也訳、みすず書房、二〇一〇年。

＊これらの略語は、読者の便宜のため、注でも再度確認する。その他の著作については、略語を用いず、注において出典を示す。

序　論　三つの革命

1　一つの戦略、三つの戦術

ドゥルーズ＝ガタリの著作は、日本ではとりわけ一九八六年に『アンチ・オイディプス』旧訳[1]が出版されて以来、哲学研究という狭い世界には収まらないような仕方で、まさに「ポップ哲学」の名に相応しく多くの読者を獲得してきた。また、ドゥルーズ＝ガタリに関する雑誌の特集号や入門書、研究書が数多く刊行されるに伴って、彼らの著作は様々な観点から幅広く論じられてきた。彼らが「スキゾ」や「リゾーム」、「器官なき身体」や「生成変化」を論じていたことについても、彼らが哲学を「概念の創造」と定義していたことについても、既に幾度となく語られてきた。ドゥルーズ＝ガタリ論はもう十分なのではないか、そう感じている読者も恐らく多いに違いない。それでもなお私たち

1　ジル・ドゥルーズ／フェリックス・ガタリ、『アンチ・オイディプス』、市倉宏祐訳、河出書房新社、一九八六年。なお、私たちはこの訳書を単に「旧訳」として片付けることはできないと考えており、フランス語原文に加えてドイツ語訳、英語訳を参照したその精緻な翻訳の試みは、本書にも多くの痕跡を残している。ただ、この翻訳の入手が既に困難になっている状況に鑑みて、本書では出典指示において、宇野邦一による「新訳」（河出文庫、二〇〇六年）のみを用いる。

は、『三つの革命――ドゥルーズ＝ガタリの政治哲学』と題された本書を世に問う。ここに挙げた諸概念も含むそのすべての議論を、ドゥルーズ＝ガタリが資本主義の打倒という明確な目標設定の下で行っていたということ、また、資本主義とこれに抗う大衆闘争の双方の趨勢《トレンド》を常に同時代的に踏まえつつ、それに応じて彼らが自分たちの議論を絶えず更新させ続けてきたということ、要するに、彼らの全仕事の核心に「革命」という揺るぎない主題があったということを、今こそ、一点の曇りも残さない仕方で再確認しなければならない、そう私たちは強く感じているからである。日本のみならず世界中で、労働者との契約をあからさまに反古にし、その戦争的本性を全面的に露わにしつつある資本主義の暴力（新自由主義）に誰もが曝されている今日ほど、「革命」という一貫した主題の下でドゥルーズ＝ガタリを読み直すことが急がれる時代はない。ドゥルーズ＝ガタリの時代は、既に終わったどころか、むしろ反対に、（図々しさを省みずに敢えて言えば、本書とともに）今こそ本格的に始まるのだ。ドゥルーズ＝ガタリが自分たちの仕事を「ポップ哲学」と呼んだとき、その「ポップ」すなわち「ポピュラー」を、彼らは文字通り「人民」の意味で理解していた。新たな人民の到来、革命、あるいは、革命としての政治。「ポップ哲学」とは「政治哲学」の謂いに他ならないのである。

本書で私たちは、ジル・ドゥルーズ（一九二五―九五年）とフェリックス・ガタリ（一九三〇―九二年）の共著のうち、『アンチ・オイディプス』（一九七二年）、『千のプラトー』（一九八〇年）そして『哲学とは何か』（一九九一年）の三つを論じる。[2] これら三著作のいずれにおいても、いかに資本主義を打倒するか、いかに資本主義をその下部から掘り崩すかが執拗に問われており、三著作のすべてを通じてドゥルーズ＝ガタリは、ただ一つの一貫した革命戦略を維持している。しかし注意すべきは、その戦略《ストラテジー》を実現すべく提起される戦術《タクティクス》が著作ごとにまるで異なる、という点だ。従って私たちも、これらの三著作から何らかの戦術を一つ引き出してくるといった（これまでのドゥルーズ＝ガタリ論に散見された）仕方では議論を進めない。本書では、第一部で『アンチ・オイディプス』を、第二部で『千のプラトー』を、第三部で『哲学とは何か』をそれぞれ論じ、資本主義に対する闘争のために、すなわち革命のためにドゥルーズ＝ガタリが提案した、三つの異なる戦術を描き出す。本書が提示するこうした読解は、日本語のみならず、私たちの理解する英仏独伊西葡の各言語環境においても、いまだどの論者も行っていないものである。[3]

戦術は、主戦場をどこに見出すかによって決定される。反資本主義闘争の主戦場として同定されるのは、『アンチ・オイディプス』ではプロレタリアによる階級闘争、『千のプラトー』ではマイノリティによる公理闘争（諸権利や等価交換を求める闘争）、『哲学とは何か』では動物（マイノリティ）を眼

2 『哲学とは何か』については、ドゥルーズが独りで書いたとする説もあるが、私たちは、同書が二人の名で発表されている事実を愚直に受け入れる。同書をドゥルーズが単独で執筆したとする説の例として、以下のドッスによる評伝を参照。François Dosse, *Gilles Deleuze, Félix Guattari: Biographie croisée*, Découverte, 1997, pp. 538-539. 邦訳『ドゥルーズとガタリ——交差的評伝』、杉村昌昭訳、河出書房新社、二〇〇九年、四六六頁。しかし、ガタリは次の一九九〇年の講演においてドゥルーズとの共同作業に言及しており、これはその翌年に刊行される『哲学とは何か』を指している。従って、ドッスの説を完全に肯定できないこともまた明らかである。Félix Guattari, « A propos des machines » (1990), in *Qu'est-ce que l'écosophie?*, Lignes / IMEC, 2013, p. 119. 邦訳「〈機械〉という概念をめぐって」、『エコゾフィーとは何か』、杉村昌昭訳、青土社、二〇一五年、一〇九頁。

前にした人間（マジョリティ）による政治哲学（哲学の政治化）である。プロレタリアとは何か、マイノリティとは何か、哲学とは何か。

階級闘争も、公理闘争も、政治哲学も、無論、それら自体では資本主義を打倒するものとはならない。「**革命の帰趨が搾取され支配されている大衆《マス》の利害だけに結び付いている、ということは明白極まりない。問題は、この結び付きがいかなる性質のものなのか、という点にある**」［AŒ, 452／(下)二九九］――『アンチ・オイディプス』でこのように設定される「問題」は、続く二著作においても議論の中心であり続ける。資本主義社会にあって唯一の階級をなすブルジョワジーから、新たな階級としてプロレタリアートが割って出る「レーニン的切断」の直中で、プロレタリアートそれ自体からさらに分裂者《スキゾ》が割って出る「切断の切断」が遂行され、階級外の「主体集団」が形成されなければならない（『アンチ・オイディプス』）。マイノリティは、マジョリティあるいはその下部集合へと自らを再領土化しようとするその公理闘争の直中で、「マイノリティ性への生成変化」の無限過程の上に自らを再領土化しなければならない（『千のプラトー』）。「人間」としてのマジョリティは、「動物」あるいは「犠牲者」としてのマイノリティを眼前にして哲学を政治化させるその直中で、人間であることの恥辱を感じ、「動物になる」過程に入らなければならない（『哲学とは何か』）。いずれにおいても、利害に関わる闘争（マクロ政治）の直中で、欲望に関わる闘争（ミクロ政治）を開始することが問題になっている。ドゥルーズ＝ガタリは、資本主義それ自体が利害によってではなく欲望によって規定される、と考えているからだ。資本主義システムは、常にさらなる階級化、常にさらなるマジョリティ化、常にさらなる人間化へと人々を鼓舞すること、すなわち、欲望の「オイディプス化」によって作動する（「服従集団」とは、プロレタリア、マイノリティ、動物の謂いであるだけではなく、何よりもまず、ブルジョワ、マジョリティ、人間の謂いである）。資本主義は欲望の次元から掘り崩されなければならない。マクロ政治の主戦場から生い立つミクロ政治に世界全体が巻き込まれ、万人が階級外、マイノリティ、動物になるとき、資本主義は既に廃絶されている。利害の闘争から欲望の闘争へ、という戦略《ストラテジー》は不変であり、この戦略のために、それぞれの著作で異なる戦術《タクティクス》が提案されると言ってもよい。

しかし、なぜ戦術は三つなのか。ドゥルーズ＝ガタリは、ルイ・アルチュセールがマキャヴェッリについて言った表現を借りれば、「情勢の下で思考すること」を自らに課しているのである。「**中心で東西間の均衡が保たれるようになるにつれて**［…］**南北間の均衡は崩れて「不安定」となり、それが中心での均衡を不安定にする**」［MP, 584／㊦二三五］――『千のプラトー』での議論のすべては、この新たな情勢認識に基づいて展開される。「レーニン的切断」（ロシア革命）のインパクトの下で東西間に均衡がもたらされるが（等価交換と民主主義とからなる社会民主主義の成立）、これには第三世界（周縁）としての南の創出が伴う。北における等価交換は南への不等価交換の押し付け（収奪）に、北

3　次の著作が、かろうじてドゥルーズ＝ガタリにおける「革命」概念を主題化しているが、同書はオキュパイ運動に影響を受けつつ、ドゥルーズ＝ガタリの一連の著作とサパティスタ運動から（複数の）共通の戦略を導くにとどまっており、私たちが行っているような、ドゥルーズ＝ガタリの三著作に共通の戦略と異なる戦術の区別を行っていない。Cf. Thomas Neil, *Returning to Revolution: Deleuze, Guattari and Zapatismo*, Edinburgh University Press, 2012.

における民主主義は民主的手続きでは処理不能な問題の南への押し付けに、それぞれ立脚する。ドゥルーズ＝ガタリが「マイノリティ」と呼ぶのはこの南のことだが、北は自らの内部にも、不安定労働者、移民、少数民族、女性、LGBTといった様々な南、あるいは南の飛び地を創り出す。『千のプラトー』が執筆された一九七〇年代にドゥルーズ＝ガタリの眼前で展開されていたのは、等価交換や様々な権利を求めるマイノリティによる闘争であり、従来の労働運動と区別される所謂「新たな社会運動」の台頭だった。

『千のプラトー』では次のようにも言われる。「**マイノリティの力能、特殊性の力能は、その普遍的形象あるいは普遍的意識をプロレタリアのうちに見出す**」［MP, 589／(下)二四二—二四三］。マイノリティによる公理闘争は、プロレタリア（既に階級化して等価交換と民主主義を我がものとしている）の下部集合として自らもカウントされることを求める闘争、マイノリティがプロレタリアート（プロレタリア階級）の上に自らを再領土化しようと試みる闘争だと言ってよい。プロレタリアという形象の普遍性、社会民主主義的な諸理念の普遍性は、レーニン的切断の偉大なる産物であり、レーニン的切断がその効力を維持する限りで存続する。社会主義体制の解体期に執筆され発表された『哲学とは何か』では、しかしまさに、レーニン的切断が無効化し、プロレタリアという形象の普遍性が失われ、マイノリティによる公理闘争の可能性の条件が絶たれた、とする厳しい情勢認識が示され、これに基づいて議論が展開されることになる。「**貧困がその領土あるいはゲットーから外に出てこようとするときに、一体どの社会民主主義が発砲命令を下さなかったか**」［QPh, 103／一八五］。『千のプラトー』では、発砲命令が下されるか否かにかかわらず、マイノリティによる公理闘争に革命への途が展望されていた。それに対して『哲学とは何か』では一転、著者たちは、マイノリティを「断末魔にある動物」（犠牲者）として語り、この動物を眼前にした人間（マジョリティ）による哲学に、政治の始まりの唯一のチャンスを求めることになる。南を「犠牲者」と見なし、これを眼前にした北による営みに主戦場を見出そうとする『哲学とは何か』は、同書が執筆された一九八〇年代後半のＮＧＯの台頭に呼応した著作だと言ってもよい。

多くの論者が言うように、ドゥルーズ＝ガタリが「六八年五月の思想家」であり、その六八年五月が、政治における欲望の前景化を特徴とする歴史現象であったとすれば、『アンチ・オイディプス』はプロレタリアによる階級闘争（とりわけロシア革命）を、『千のプラトー』はマイノリティによる公理闘争（「新たな社会運動」）を、『哲学とは何か』は犠牲者を眼前にしたマジョリティによる政治哲学（あるいはＮＧＯの人道支援活動）を、それぞれ六八年五月の観点から論じた著作だと言えるかもしれない（これら三著作において、六八年五月がそれ自体として論じられることは一度もない）。六八年五月の観点からこれらの利害闘争を捉えるとは、『アンチ・オイディプス』及び『千のプラトー』での規定に従えば、それらを「分裂分析《スキゾアナリーズ》」の対象にするということである（『哲学とは何か』では「欲望」に代えて「大地」が、「分裂分析」に代えて「地理哲学《ジオフィロソフィ》」が語られることになる）。**ドゥルーズ＝ガタリは六八年五月を三度、再領土化する。『アンチ・オイディプス』では過去の上に、『千のプラトー』では現在の上に、『哲学とは何か』では未来の上に。過去からの革命、現在での革命、未来への革命。**

2　ドゥルーズとドゥルーズ＝ガタリ

アラン・バディウは『ドゥルーズ――存在の喧騒』（一九九七年）において、ガタリとの共著を完全に無視した上で、ドゥルーズの哲学について、多を一に収束させる存在論、言わば「存在論的ファシズム」[4]である、と論じている（「ドゥルーズにとって重要なのは、多を解放することなどでは無論なく、一の概念を刷新し、これに多の思想を従わせることである」）[5]。また、スラヴォイ・ジジェクは、バディウの強い影響下で書かれたそのドゥルーズ論『身体なき器官』（二〇〇四年）において、ドゥルーズ単独の仕事については、「形式的発生［formal genesis］」（潜在的《ヴァーチャル》なものから現勢的《アクチュアル》なものへと向かう発生）と「実質的発生［real genesis］」（潜在的な領野における意味の発生）との共存、そして、前者に対する後者の優位が論じられているとして、これを高く評価する。反対に、ガタリとの共同作業については、「生産と表象という古くからある対置」が導入され、発生の問題が「形式的発生」のロジックに一元化されてしまっているとして、これを批判する。ガタリとの共著でのドゥルーズは、「実質的発生」と「形式的発生」という互いに異質な二つのロジックの共存によって生じる「膠着状態に徹底して立ち向かうことを避け」、「単純化された「平板な」解決」に甘んじている、というわけだ。そして、「その「悪」影響の原因をフェリックス・ガタリに帰したい誘惑に駆られる」としつつ、特に『アンチ・オイディプス』を「ドゥルーズ最悪の書物」と形容して、ジジェクは次のように結論している。「［ドゥルーズの単著は］ガタリとの共著から区別されなければならず、また、アングロ＝サクソン世界でのドゥルーズ受容（及びドゥルーズの政治的インパクト）が「ガタリ化された」ドゥルーズ像に支配されているという事態については、ただ残念に思う他はない。ドゥルーズ自身のテクストのうちのいかなるものも直接的に政治的であったことは一度もない、と注記しておくことは重要だ。ドゥルーズ「自身」は極めてエリート主義的な書き手であり、政治には無関心である」。[6]

バディウとジジェクは、ドゥルーズ単独の仕事とドゥルーズ＝ガタリの仕事とを区別した上で、ドゥルーズ単独の仕事については、その政治性を否認し、潜在的なものの哲学であるという側面においてこれを評価あるいは断罪し、ドゥルーズ＝ガタリの仕事については、とりわけガタリを抹消あるいは否定することで、端的にこれを無視あるいは否認する。この後者の否認は特に、バディウとジジェクが二人ともジャック・ラカンに極めて近い理論的立場にある、という事実に密接に関わっている。否認は一般に、何らかの特定の政治的意図に基づいてなされる。[7] 政治的ラカン主義という彼らの理論

4　千葉雅也の表現による。以下を参照。『動きすぎてはいけない——ジル・ドゥルーズと生成変化の哲学』、河出書房新社、二〇一三年。

5　Alain Badiou, *Deleuze: La clameur de l'être*, Hachette, 1997, p. 20. 邦訳『ドゥルーズ——存在の喧騒』、鈴木創士訳、河出書房新社、一九九八年、一八頁。

6　Slavoj Žižek, *Organs Without Bodies: Deleuze and Consequences*, Routledge, 2004, pp. 20-22. 邦訳『身体なき器官』、長原豊訳、河出書房新社、二〇〇四年、四八—五二頁。

7　イデオロギー的「再認／否認」の構造については、以下のアルチュセールによる分析を参照せよ。Louis Althusser, « Idéologie et appareils idéologiques d'État », in *Sur la reproduction*, deuxième édition augmentée, PUF, 2011. 邦訳「イデオロギーと国家のイデオロギー諸装置」、『再生産について』下巻、西川長夫他訳、平凡社ライブラリー、二〇一〇年。

的立場から、バディウとジジェクは、ラカン派精神分析理論の持つヒエラルキー的構造（ファルスという空虚なシニフィアンによる主体の超越論的／超越的支配の構造）に対する明確な批判に依拠して構想されたドゥルーズ＝ガタリの「分裂分析《スキゾアナリーズ》」理論を決して認めることができないのだ。

確かに、ドゥルーズ＝ガタリの共著には、ドゥルーズの単著には見出せない一貫した主題がある。資本主義分析と分裂分析である（『アンチ・オイディプス』、『千のプラトー』の副題が「資本主義と分裂症」であるという事実を想起せよ）。この主題設定が、新左翼の活動家であり、かつ、制度論的精神医療の実践者、精神分析家でもあったガタリに大きく負うことは無論、想像に難くない。[8] 私たちが本書で扱うのは、これら二つの主題を論じたドゥルーズ＝ガタリの主要三部作である。

しかし同時に、私たちには、ドゥルーズの単著とドゥルーズ＝ガタリの共著が、ジジェクやバディウの望むような仕方で区別できるとはまったく思われないし（例えば、『哲学とは何か』には、『意味の論理学』の「出来事」理論がそっくりそのまま再利用されている箇所もあるし、またそもそも、「生成変化」についてのドゥルーズ＝ガタリの議論を前にして、「形式的発生」への一元化なるものを、一体どうしたら主張できるのか）、ドゥルーズ単独の仕事が非政治的であるともまったく思われないし（『意味の論理学』では「革命的人間」や「プロレタリア」、「世界市民」が語られてはいなかったか、『時間イメージ』の著者を措いて他に一体誰が、現代政治映画の賭金をあれほど明確に呈示し得たか）、加えてまた、ドゥルーズ単独の仕事が、バディウの解釈するような潜在的なものの「存在論」（「存在の喧騒」）に還元され得るともまったく思われない（ドゥルーズにとって、潜在的なものは創造されることなしには存在しない）。バディウのエピゴーネンの一人であるピーター・ホルウォードもまた、ドゥルーズの仕事全般（ガタリとの共著も含む）について、それが「潜在的創造行為」の哲学であるがゆえに「世界の変革には役立たない」、と主張しているが、[9] しかし、ドゥルーズとガタリの共同作業はそもそも、ドゥルーズの哲学が「世界の変革」すなわち資本主義打倒に役立つとガタリが直観し、その直観をドゥルーズ自身も共有したことから始まったのではなかったか。

『千のプラトー』で論じられる「マイノリティによるマイノリティ性への生成変化」は、例えば、『意味の論理学』（一九六九年）で論じられた「対抗実現［contre-effectuation］」の再論と見なし得る。私の与り知らぬ原因によって私の身において実現される傷を、私がその準原因となって実現し直すことで、私の力能はその傷の高みに達し、同時にまた、私の傷は世界のすべての傷に抗う傷へと転じる、というのが『意味の論理学』での議論だが、「傷」をマジョリティによる収奪と支配のことと理解すれば、この議論は、マイノリティによる闘いを語るものとして直ちに読み替えることができる。マイノリティによる闘いは社会民主主義的な諸公理（等価交換と民主主義）を求めて開始されるが、

8　ドゥルーズ＝ガタリの共同作業におけるガタリの重要性については、例えば、以下の刺激的なガタリ論を参照せよ。上野俊哉、『四つのエコロジー――フェリックス・ガタリの思考』、河出書房新社、二〇一六年。

9　以下を参照。Peter Hallward, *Out of This World: Deleuze and the Philosophy of Creation*, Verso, 2006. 邦訳『ドゥルーズと創造の哲学――この世界を抜け出て』、松本潤一郎訳、青土社、二〇一〇年。ところで、ホルウォードがドゥルーズ哲学に対置する彼自身の哲学、「意志さえあれば革命は可能だ」という主意主義には、誰しも軽いめまいを覚えずにはいられないだろう。以下を参照。Peter Hallward, "The Will of the People: Notes Toward a Dialectical Voluntarism", *Radical Philosophy*, No. 155, 2009.

その闘いの直中で彼らは、それらを勝ち取ることで今度は自分たちが別の誰かを収奪し支配することになる、という問題に必然的に直面することになる。自分たちの与り知らぬ原因によってマイノリティである彼らは、この問題の下に身を置くことで、自分たちが準原因となってマイノリティになる（マイノリティ性への生成変化）のだ。「ブラック・パンサーたちがかつて言っていたように、黒人たちも黒人になる必要がある。女性たちも女性になる必要がある。ユダヤ人たちもユダヤ人になる必要がある」[MP, 357／㊥二七四―二七五]。傷の再演。マイノリティは、すべての収奪、すべての支配に抗うものとして、すなわち、マジョリティ／マイノリティの選別の一切を根底から失効させるものとして、マイノリティ性を意志するのであり、また、自分たちの被っている収奪と支配を対抗実現する過程に入り、マイノリティの状態《ステイト》からマイノリティ性の過程《プロセス》を解き放つ限りで、文字通り「世界市民」になるのである。同じような立論は、ドゥルーズの他の単著にも見られる。『スピノザと表現の問題』（一九六八年）では、受動的に経験される限りでは「悪い出会い」でしかないものを、私の能動性によって「よい出会い」として経験し直す、ということが論じられるが、その際に、私の身体とその出会いの対象との間に私が局所的《ローカル》に見出す「共通概念」は、やはり大域的《グローバル》あるいは普遍的《ユニヴァーサル》なものであり、世界のすべての「悪い出会い」に抗するものだとされる。[10]

あなたに傷を負わせた原因を何らかの特定の人物に同定し、その人物を恨んだり、その人物の責任を追及したり、その人物を滅ぼしたりするのではなく、ニーチェや彼の理解するストア哲学に倣って傷を意志し、傷を対抗実現せよ、あるいは、スピノザに倣ってあなたの身体とあなたの傷に共通するものの概念を形成せよ、と説くドゥルーズの議論が、その意味で「世界の変革には役立たない」と言えるのだとすれば、「いかにしてマジョリティを勝ち取るか」という問いを戦略の中心に決して据えることのないドゥルーズ＝ガタリについてもまた、「直接的に政治的であったことは一度もない」と言うべきだろう。しかし重要なのは、資本主義の廃絶が、階級やマジョリティ、人間といった状態《ステイト》への再領土化（マクロ政治）によっては決してなされ得ない、という点だ。プロレタリア（『アンチ・オイディプス』）によって、マイノリティ（『千のプラトー』）によって、動物を眼前にした人間（『哲学とは何か』）によって始まる「世界市民」への生成変化（ミクロ政治）の過程《プロセス》の上に万人が自らを再領土化するときにこそ、資本主義はその下部から掘り崩される。ドゥルーズの単著でまず論じられ、後に『哲学とは何か』で再論される「出来事」とは、万人による世界市民への生成変化、というこの無限の創造過程のことに他ならない。ドゥルーズ＝ガタリは「革命性への生成変化［devenir-révolutionnaire］」を語る。資本主義の打倒を革命と呼ぶとすれば、歴史を過去と未来に切断することに存する一般的な意味での「革命」（「転覆《サブヴァージョン》」としてのマクロ政治）は革命ではなく、過去と未来の間で現在を対抗実現する「革命性への生成変化」（「倒錯《パーヴァージョン》」としてのミクロ政治）の方こそが、すなわち、万人が革命的になることこそが革命なのだ。ただし、万人による革命性へのこの生成変化、この「出来事」は、あくまでも、傷を負った者たち、収奪され支配されている者たち（プロレタリア、

10　『スピノザと表現の問題』と『意味の論理学』の関係については、以下で詳細に論じた。廣瀬純、「悲劇的なこの世界では哲学が直ちに政治になる——一九六九年、スピノザからストア派へ」、『ドゥルーズ——没後二〇年を迎える哲学者の新たな姿』、河出書房新社、二〇一五年。また、『意味の論理学』を革命論として読む極めて示唆的な試みとして、以下を参照。市田良彦、『革命論——マルチチュードの政治哲学序説』、平凡社新書、二〇一二年。

マイノリティ、動物あるいは犠牲者）の利害と結び付いた形でしか始まらない。

3　各章の構成

私たちは本書を三部構成で展開し、ドゥルーズ＝ガタリの三大著作である『アンチ・オイディプス』、『千のプラトー』、『哲学とは何か』を、それぞれの著作が執筆された時代背景も含めて、年代順に論じていく。

第一部では、六八年五月の四年後に出版された『アンチ・オイディプス』が、しかし、六八年五月を論じた書ではなく、むしろ、六八年五月の観点からロシア革命を論じ、プロレタリア階級闘争を分裂分析する書であることを示す。第一章では、同書全体を俯瞰しつつ、とりわけ、欲望的生産を社会体《ソシウス》に従属させる「服従集団」から、この関係を逆転させて社会体に欲望を浸透させる「主体集団」への切断的移行に、ドゥルーズ＝ガタリが革命を見出していたことを明らかにする。第二章では、同書での戦術論に焦点を絞り、「レーニン的切断」（利害の革命的前意識的備給）とその「切断の切断」（欲望の革命的無意識的備給）という著者たちの二段階革命論を詳しく検討する。補論では、ガタリの『アンチ・オイディプス草稿』を取り上げ、「分裂分析」がオイディプス化された主体の「大文字の他者」の審級を失効させ、純粋内在性の主体である「分裂者」を構成し、「主体集団」を生産するための理論であったことを見る。

第二部では、従来の労働者運動に代わって「新たな社会運動」が闘争のパラダイムをなすことになる一九七〇年代に構想され執筆された『千のプラトー』において、著者たちが、マイノリティによるそうした同時代の闘争に革命への途を展望していたことを示す。第一章では、同書を総論的に分析しつつ、とりわけ、『アンチ・オイディプス』で「主体集団」として論じられていたものが新たに「リゾーム」として論じ直され、議論が深められていること、同書での権力分析がミクロ権力（規律権力）をマクロ権力（国家装置）との連動において捉えたものであり、その点で、ミシェル・フーコーが同時期に展開していた権力理論への応答になっていること、さらにまた、ミクロ権力それ自体に関しても、資本主義社会の同時代の展開にドゥルーズ＝ガタリが、「社会的服従化」（規律《ディシプリン》）から「機械状隷属化」（制御《コントロール》）への移行を見て取っていたことを、それぞれ明らかにする。第二章では、マクロ政治の軸が東西（プロレタリア／ブルジョワ）から南北（マイノリティ／マジョリティ）へと移行したという情勢判断に基づいて『千のプラトー』の著者たちが、マイノリティによる公理闘争を起点とし、そこから「万人によるマイノリティ性への生成変化」にまで至る、という新たな戦術を提案していることを詳細に見る。補論では、ドゥルーズ＝ガタリとフーコーの間の影響関係についての第一章での分析を延長し、『千のプラトー』執筆期のドゥルーズの権力理論（フーコーへの私信「快楽と欲望」）がフーコーに与えた影響、そして、フーコーがその最晩年（一九八〇年代前半）に展開した議論のドゥルーズによる読解（『フーコー』）を論じる。

第三部では、社会主義体制の解体期に執筆された『哲学とは何か』を、ロシア革命のインパクトが完全に失効し、マイノリティの闘争に代わって人道支援ＮＧＯが台頭してきた「絶望」の時代の書として呈示する。第一章では、同書での革命論を包括的に紹介しつつ、とりわけ、同書で著者たちが、「搾取され支配されている大衆」に闘争の可能性をもはや認めず、そこに「断末魔にある動物」を見て取っていたこと、また、そうした「動物」を眼前にした「人間」による哲学の営みに、政治の始まる唯一のチャンスを見出していたことを指摘する。第二章では、『哲学とは何か』での革命論において、フーコーによるカント注解（共に「啓蒙とは何か」と題された二つの異なるテクスト）が重要な参照文献として挙げられていることに注目し、ドゥルーズ＝ガタリがフーコーのテクストから「革命性への生成変化」という議論をどのように導き出すのかを論じる。

私たちは、本書に長文の結論を付した。『哲学とは何か』の刊行から二五年が経った今日にあって、『哲学とは何か』でドゥルーズ＝ガタリが示した「絶望」をそっくりそのまま私たち自身の結論として本書を終えることはできない、と思われたからだ。結論では、ドゥルーズ＝ガタリが呈示した三つの戦術について、今日の情勢下での有効性をそれぞれ検討する。私たちが分析の対象とするのは、二〇一一年以降の日本の状況であり、この五年余りの間に日本で展開されてきた様々な運動、闘争である。具体的には、二〇〇八年頃から本格化し、二〇一三年の安倍晋三自公政権によるアベノミクス導入以降も継続された反貧困闘争、二〇一一年に福島第一原発事故が始まって以降の、原発再稼働反対運動から特定秘密保護法反対運動を経て軍国化反対運動にまで至る一連の反ファシズム闘争、福島を初めとした放射能汚染地域で展開されてきた脱被曝／反原発闘争、そして、二〇一〇年に鳩山由紀夫民主党政権が普天間基地の「県外移設」を断念して以降、琉球独立も現実的に展望した上で展開されている琉球人たちによる在琉米軍基地本土返還闘争（辺野古基地新設反対闘争）などである。反貧困闘争については、それが階級闘争であるという点で『アンチ・オイディプス』での議論に、反ファシズム闘争については、それがマジョリティによる闘争であるという点で『哲学とは何か』での議論に、福島での脱被曝／反原発闘争、また、琉球での基地返還／独立闘争については、それらが共にマイノリティによる闘争であるという点で『千のプラトー』での議論に、それぞれ近づけて論じた。私たちは、アンダークラスによる階級闘争、市民（マジョリティ）による反ファシズム闘争、福島住民による脱被曝／反原発闘争、琉球民族による基地返還／独立闘争をそれぞれ分裂分析することにより、利害の面では必ずしも互いに合致しないこれらの闘争すべてが、しかしなお、欲望の水準では新たな生の創造という同一の無限過程の上に自らを再領土化しつつある、という点を明確にする。

　ドゥルーズ＝ガタリの提案する三つの戦術は、それぞれ異なる情勢の下で構想され、個々の情勢に規定されたものであるが、しかし、それでも私たちの生きる新たな情勢の下でそれらになお有効性が残っているとすれば、それはどのようなものか、ということを結論では示すように努めた。『アンチ・オイディプス』を、『千のプラトー』を、『哲学とは何か』を読むことに今日もなお意味があるとすれば、それはどのようなものか。読者のうちには、ドゥルーズ＝ガタリがその「絶望」ゆえにジャック・デリダに最も接近した書である『哲学とは何か』での政治哲学論にリアリティを感じる者もいるだろうし、そうした読者にとっては、『千のプラトー』での第三世界主義的な展望、とりわけ『アンチ・オイディプス』での社会主義革命的な展望は、能天気に過ぎるものとしか感じられないかもしれない。逆に、階級闘争あるいはマイノリティ闘争の今日的効力を信じる読者の目には、『哲学とは何か』での議論は、社会主義体制崩壊を眼前にしたドゥルーズ＝ガタリの一時的な意気消沈のようなものにしか見えないかもしれない。本書を通じて、読者一人ひとりが、自分により強く語りかけてくるドゥルーズ＝ガタリ、自分にとってよりリアルに感じられるドゥルーズ＝ガタリ、自分の闘いとより深く響き合うドゥルーズ＝ガタリを見出してくれれば幸いである。そして私たちは、資本平面から自らを脱領土化し、新たな生の無限創造過程に自らを再領土化しようと望む限りで、例外なくすべての読者が、一人ひとり、本書の中にそうした自分自身のドゥルーズ＝ガタリを必ずや見出すはずだと、確信してもいる。

＊

私たちは、本書の成立に当たって、特権的に二つの宛先に感謝を捧げておきたい。本書は佐藤嘉幸と廣瀬純の綿密な共同作業によって成立した書物だが、そもそもこの共同作業が成立するきっかけは、私たちが共に参加していた、京都大学人文科学研究所における共同研究「ヨーロッパ現代思想と政治」（班長、市田良彦氏）であった。従って、共同研究班員と、研究会に頻繁に出席されていた浅田彰氏に対して、アドヴァイス、批判を含むすべてのコメントに感謝する。また、本書がこうして物理的に存在しているのは、編集者であると同時に優秀な書き手である互盛央さんのおかげであり、彼の適切な編集作業とアドヴァイスに感謝する。

第一部『アンチ・オイディプス』

COLLECTION « CRITIQUE »

GILLES DELEUZE
FELIX GUATTARI

CAPITALISME ET SCHIZOPHRÉNIE

L'ANTI-ŒDIPE

LES ÉDITIONS DE MINUIT

L' ANTI-ŒDIPE
Capitalisme et schizophrénie
Gilles Deleuze / Félix Guattari

ジル・ドゥルーズ＋フェリックス・ガタリ
宇野邦一 訳

アンチ・オイディプス

資本主義と分裂症

第一章　切断と主体集団の形成

『アンチ・オイディプス』[1]（一九七二年）におけるドゥルーズ＝ガタリの哲学は「切断の哲学」である。**「切断の哲学」は、いかにして主体と社会体の現実的変革を実現し得るかを思考する。**ドゥルーズ＝ガタリは『アンチ・オイディプス』において、強度的な欲望を媒介とした主体と社会体の変革の哲学を提示した。そのために彼らは、同書において、「出来事［événement］」に代えて「機械［machine］」、「切断［coupure］」という概念を用い、また、欲望的生産の絶えざる変容の「過程［processus］」を重視した。[2]『アンチ・オイディプス』における次の短い一節に着目しよう。

精神医学の実効的な政治化だけが、私たちをこれらの袋小路から救い出すことができる。そして、恐らく反精神医学は、レインとクーパーと共に、この方向に実に遠くまで進んだのだ。しか

1　Gilles Deleuze et Félix Guattari, *L'Anti-Œdipe: Capitalisme et schizophrénie, t. 1*, Minuit, 1972 / 1973. 邦訳『アンチ・オイディプス――資本主義と分裂症』上・下巻、宇野邦一訳、河出文庫、二〇〇六年。以下、AŒと略記する。

2　「切断」はガタリに由来する概念であり、この概念のガタリによる展開については第一部補論で詳述する。

し、私たちから見ると、彼らはこの政治化を、過程［processus］そのものに関する語彙よりも、むしろ構造［structure］と出来事［événement］という語で考えているように思われる。［AŒ, 382／(下)一九四、強調引用者］

なぜここでドゥルーズ＝ガタリは、政治を考えるに当たって「過程」という概念を特権化し、「構造と出来事」から考えることを拒否するのだろうか。重要なのは、**彼らがスタティックな「構造」とその偶然的な変動としての「出来事」という概念から社会変革を思考することを拒絶している**、という点である。彼らはこの引用において反精神医学の理論家、実践家であるロナルド・D・レインとデイヴィッド・クーパーの名前を挙げているが、むしろ『言葉と物』（一九六六年）のフーコーのような構造主義的思考を想起すれば、より文脈を理解しやすいだろう。**「構造」とは定義上、常にスタティックに自らを同一の仕方で再生産し続けるものであり、それは偶然的な「出来事」の生起によってしか変化し得ない。**それに対して、主体と社会体の現実的な変容について思考するのであれば、構造概念よりもむしろ「機械」と欲望的生産の「過程」という概念から考えなければならない。なぜなら、**欲望的生産の「過程」とは、機械と機械を接続し切断する欲望のフローの過程であり、従って、主体と社会体の絶えざる変容の過程を含意するからだ。欲望的生産がそうした諸機械間の接続と切断の過程であり、それゆえ絶えざる変容の過程であるとすれば、それは社会体の絶えざる変容の過程でもあり、従って大規模な社会変革、すなわち「切断」をも生産し得る。**そのような観点から、ドゥルーズ＝ガタリは『アンチ・オイディプス』において、（『差異と反復』、『意味の論理学』においてドゥルーズ自身も用いていた）「出来事」という概念に代えて、[3]「切断」と「機械」という概念を用いたのである。私たちは第一部において、『アンチ・オイディプス』におけるこの「切断の哲学」を、「レーニン的切断」とその無意識的切断（「切断の切断」）という観点から考察する。『アンチ・オイディプス』は、その立論全体が無意識的欲望の生産性を重視する点において、六八年五月の影響を深く刻印された書物であるが、資本主義の再生産を「切断」するためのその戦術は、ロシア革命をモデルとしたプロレタリアの階級闘争と「レーニン的切断」（利害の前意識的切断）、その切断をさらに無意識的欲望の水準において再度切断して「主体集団」を形成する「切断の切断」（欲望の無意識的切断）、という二段階を経るものとして構想される。私たちは、第一章においてより総論的な観点から、『アンチ・オイディプス』における切断の哲学と、それが目指す主体集団の形成について分析し、第二章ではより各論的な観点から、「レーニン的切断」とその無意識的切断（「切断の切断」）について分析する。補論では、ガタリが『アンチ・オイディプス』執筆のために準備したノート『アンチ・オイディプス草稿』を読解し、ガタリによる「分裂分析《スキゾアナリーズ》」と、「新たな主観性／主体性」すなわち「分裂者《スキゾ》」と「主体集団」生産の構想が、『アンチ・オイディプス』にいかなる特異性をもたらしたのかを考察する。

3　ただし、ドゥルーズにおける「出来事」とはむしろ、現実的出来事の偶然的生起によって引き起こされる主観性／主体性の変容、すなわち超越論的出来事を指す。この概念は後に、『千のプラトー』、「六八年五月は起こらなかった」、『哲学とは何か』などにおいて再び用いられることになる。「六八年五月は起こらなかった」、『哲学とは何か』における出来事概念については、第三部第二章で論じる。

1 欲望諸機械と欲望的生産

ここから私たちは、『アンチ・オイディプス』が提示した切断の哲学の意味を具体的に明らかにしていく。本節では、『アンチ・オイディプス』における欲望的生産について、「機械」と欲望的生産の「過程」という概念から考察していこう。『アンチ・オイディプス』の基本的なテーゼは、「世界のすべては欲望のフローから構成されている」というものである。そうした考えは、同書の冒頭に明白に現れている。

〈それ〉[Ça] は至るところで機能している。中断することなく、あるいは断続的に。〈それ〉は呼吸し、過熱し、食べる。〈それ〉は排便し、愛撫する。〈それ〉と呼んでしまったことは何という誤謬だろう。至るところに機械があるのだ。決して隠喩的な意味で言うのではない。連結や接続を伴う様々な機械の機械がある。器官機械が源泉機械につながれる。ある機械はフローを発生させ、別の機械はフローを切断する。乳房はミルクを生産する機械であり、口はこの機械に連結される機械である。拒食症の口は、食べる機械、肛門機械、話す機械、呼吸する機械（喘息の発作）の間でためらっている。このように人は、ちょっとした器用仕事《ブリコラージュ》をしては、それぞれに自分の小さな機械を組み立てているのだ。エネルギー機械に対して器官機械があり、常にフローと切断がある。シュレーバー控訴院長は、尻の中に太陽光線をきらめかせる。これは太陽肛門である。〈それ〉が機能することは確信していい。シュレーバー控訴院長は何かを感じ、何かを生産し、そしてこれについて理論を作ることができる。何かが生産される。この何かは機械のもたらす結果であって、単なる隠喩ではない。[AŒ, 7／(上)一五―一六]

「それ」とは「エス」、つまりフロイト的意味での無意識のことであり、心的、物理的なエネルギーのフロー、欲望のフローのことである。世界は諸々の欲望のフローから構成されており、それら無数のフローの接続を、ドゥルーズ＝ガタリは「欲望諸機械」と呼んでいる。欲望諸機械は連結と分離を繰り返し、エネルギーのフローを切断し、生産と消費を繰り返す。

ではそのとき、先に言及した「過程」とは何を意味するのだろうか。第一に、過程とは生産の過程、すなわち欲望的生産の過程である。ドゥルーズ＝ガタリはこれを、分裂症的生産の過程と言い換えてもいる。そして、欲望的、分裂症的生産の過程とは、登録、消費の過程でもある。なぜなら、生産はその生産物の登録（分配）、消費へと直接つながっているからだ（生産→登録→消費→生産……）。その意味で、すべては生産である。すなわち、生産の生産、登録の生産、消費の生産である。「生産はそのまま消費であり、登録である。登録と消費は直接的に生産を規定しているが、しかも生産そのものの直中で生産を規定している。だから、すべては生産なのだ。ここに存在するのは、生産の生産、つまり能動と受動の生産であり、登録の生産、つまり分配と指標の生産であり、消費の生産、つまり享楽と不安と苦痛の生産なのである。すべてはまさに生産であるから、登録は直ちに消費され消尽され、この消費は直ちに再生産される」[AŒ, 9-11／(上)一九―二〇]。その意味において、自然と人間の区別は存在しない［AGE, 10／(上)二〇］。自然は人間を生産し、人間は自然を生産するのであり、すべてはエネルギー生産の機械の連鎖である。

第二に、「過程としての分裂症《スキゾフレニー》」を、「臨床実体としての分裂症《スキゾフレニー》」から区別しなければならない。「過程は、目標や目的と考えられてはならないし、過程自体を無限に継続することと混同されてもならない。過程の目的化、あるいは過程の無限の継続は、厳密に言えば、その過程の早過ぎる無謀な停止と同じことであり、それは病院で見られるような、人工的な分裂症者《スキゾフレヌ》、自閉症化して廃人になり、臨床実体として生み出される存在を作り出す操作に他ならない。［…］いかなる分裂症的な特性も、その臨床実体も存在しない。分裂症とは、生産し再生産する欲望諸機械の宇宙であり、「人間と自然の本質をなす実在」としての根源的な普遍的生産である」［AGE, 11／(上)二二］。過程としての分裂症とは、欲望的生産を生産し再生産する欲望諸機械の根源的で普遍的な生産性である。

では、なぜそれが「過程としての分裂症」と呼ばれるのだろうか。ラカンの定義によれば、分裂症とは、大文字の他者が排除され失効しているために、象徴界が壊れており、それゆえ小文字の他者が無限に増殖していくような構造を指す。**分裂症が大文字の他者を欠き、それゆえに小文字の他者を無限に増殖させていくのと同様に、欲望的生産の過程は超越的審級を欠いており、それゆえに欲望的生産の過程を内在平面上で横断的に増殖させていく。**[4]

しかしながら他方で、過程そのものを目的化してはならない。過程の目的化、あるいはその停止は、欲望の自然なフローを損ない、臨床実体としての分裂症を作り出してしまう。従って、根源的で普遍的な欲望的生産の過程としての分裂症と、その目的化や停止によって生み出された臨床実体としての分裂症を区別しなければならない。言い換えるなら、欲望的生産の過程を目的化したり停止したりすることで臨床実体としての分裂症に陥ることのないよう、細心の注意を払わなければならないのである。**ドゥルーズ＝ガタリが「分裂分析」と名付けたのは、こうした欲望的生産の過程としての分裂症を重視する立場に他ならない。**

過程が欲望的生産の過程、あるいは分裂症的過程であるとき、「器官なき身体［corps sans organes］」という概念はそこでどのような役割を果たすのだろうか。端的に言えば、器官なき身体とは、欲望諸機械に対立する強度ゼロとしての「死の本能」である。

> この器官なき充実身体は、非生産的なもの、不毛なものであり、発生してきたものではなく始めからあったもの、消費し得ないものである。アントナン・アルトーはこれを、いかなる形式も、いかなる形象もなしに存在していたときに発見した。死の本能［instinct de mort］、これがこの身体の名前である。この死には、モデルがないわけではない。実際、欲望はそれもまた、死をもまた欲望するのである。なぜなら、死の充実身体は、欲望の不動の動者であるから。ちょうど生の諸器官が作動する機械［working machine］であるからこそ、欲望が生を欲望することになるように。［AGE, 14／(上)二六］

4　ラカンによる分裂症の定義については、以下を参照。Jacques Lacan, *Le séminaire*, livre III, « Les psychoses », Seuil, 1981. 邦訳『精神病』上・下巻、小出浩之他訳、岩波書店、一九八七年。なお、ドゥルーズ＝ガタリにおける「分裂症」、「分裂分析」概念の形成には、ガタリの役割が大きい。この点については、第一部補論で論じる。

器官なき身体とは強度ゼロの「死の本能」であり、自らは生動せず、欲望を生動させる「欲望の不動の動者」である。ドゥルーズが『ザッヘル・マゾッホ紹介』（一九六七年）において、「死の本能[instinct de mort]」を、経験的な破壊欲動としての「死の欲動[pulsion de mort]」とは異なった、純粋な超越論的原理として定義していたことを想起しよう。[5] それは、欲望諸機械に運動を与え、欲望に流れを与える「生を作り出す死」なのである。その意味において、**「死の本能」としての器官なき身体とは純粋な超越論的原理であり、経験的所与としての欲望諸機械に対立する。**強度ゼロの器官なき身体は、**欲望諸機械が登録される登録平面あるいは内在平面**の役割を果たすのである。

それでは、欲望諸機械が隠喩としての「機械」ではなく、字義通りの機械そのものである、と言えるのは、いかなる点においてなのだろうか。ドゥルーズ＝ガタリは欲望諸機械の特性を次の三つに分けている。

第一に、接続的総合、生産の生産という特性である。機械は、諸々の物質的フローに接続し、そのフローを切断、採取する。「第一に、およそ機械はすべて連続した物質的フロー（つまり質料）と関わり、機械はこのフローを切断する。[…] 切断は、連合するフローから何かを採取する働きをする。例えば、肛門とその肛門が切断する糞のフローとの関係。口とミルクのフローとの関係。さらには口と空気や音のフローとの関係。ペニスと尿のフロー、そしてまた精子のフローとの関係」[AŒ, 43-44／(上)七二―七三]。例えば、口機械は母乳機械に接続され、そこからミルクのフローを切り取り、採取する（採取－切断）。機械が接続する諸々の物質的なフローそのものもまた別の機械によって生産される以上、機械とフローの接続は機械同士の接続でもある（機械の機械）。また、機械と機械の接続は必ず新たなフローを生産するが、それは第三の機械に接続し、採取される。その意味で、機械同士の接続は無限に連続したフローでもある（生産の生産）。欲望諸機械相互の接続は、欲望の生産性そのものを生産する。この世界には部分対象としての欲望諸機械と欲望のフローの多様性しか存在しない。欲望諸機械が諸々の欲望のフローに接続し、それを採取し、自らも欲望のフローを生産すること、つまり生産の働きを絶えず生産物に接木していくこと、これが接続的総合、生産の生産という欲望諸機械の根源的な特性である。

第二に、離接的総合、登録の生産という特性である。あらゆる機械はその中に一種のコードを組み込んでいるが、そのコードは極めて多様な断片を保持している。そして、それらの断片はコードから自由に離脱してそれぞれ他の機械に接続され、そこから剰余価値（コードの剰余価値）を引き出す（離脱－切断）。その例として挙げられるのが、スズメバチと蘭の間のコードの接続と、それによるコードの剰余価値の生産である。蘭はスズメバチが花粉を雄しべから雌しべへと運搬することなしには、自らの再生産を行うことができない。それゆえ蘭はスズメバチの生殖器を真似てスズメバチのイマージュとなり、スズメバチのコードと接続され、そこから受粉と再生産というコードの剰余価値を生産する。「それぞれの連鎖は、他の諸々の連鎖の断片を捉え、そこから剰余価値を引き出すのだが、

5　Gilles Deleuze, *Présentation de Sacher-Masoch*, Minuit, 1967, pp. 27-28. 邦訳『マゾッホとサド』、蓮實重彥訳、晶文社、一九九八年、四〇―四一頁。この点については、以下で詳細に論じた。佐藤嘉幸、『権力と抵抗――フーコー・ドゥルーズ・デリダ・アルチュセール』、人文書院、二〇〇七年、第二章。

それはちょうど、蘭のコードがスズメバチからその形を「抽出する」ようなものだ。これがコードの剰余価値の現象である」[6]［AŒ, 47／(上)七七―七八］。欲望機械と別の欲望機械の横断的接続において、機械間でのコードの登録、伝達は離接的［disjonctif］であり、コード間の差異は常に保持されている。コードの断片はコードから自由に離脱し、別のコードと接続されてコードの剰余価値を生産する。その意味において、コードとは一つの「シニフィアン連鎖」（ラカン）には収まらないような純粋多様体であり、決して単一の超越的シニフィアンには還元されない。

> シニフィアンの連鎖あるいは諸連鎖を巻き込む無意識のコードという、あの豊かな領域を発見し、それによって分析の仕方を変容した功績は、ラカンのものである（これに関する基本的なテクストは『盗まれた手紙』〔「『盗まれた手紙』についてのセミネール」、『エクリ』所収〕である）。この領域は、その多様性のために、実に奇妙なものとなり、一つの連鎖として、あるいは一つの欲望的コードとして語ることさえ容易ではなくなる。こうした連鎖は諸々の記号でできているためにシニフィアンと言われているが、これらの記号そのものはシニフィアンではない。コードは、一般の言語活動よりも隠語に似た、開かれた多義的な形成体である。そこで記号は任意の性質を持ち、その支持体とは無関係なものである（あるいはむしろ、この支持体の方が記号に無関係なものではないのか。支持体とは、器官なき身体である）。記号は、決まった平面を持たず、あらゆる段階において、あらゆる接続において、作用している。それぞれの記号は自分自身の言語を語り、他の記号と共に諸々の総合を実現するが、これらの総合はその構成要素の次元においては間接的であ

り続けるので、それだけますます横断的な仕方で直接的な総合を打ち立てる。これらの連鎖に固有の離接の働きはまだ排他的ではなく、排他作用が生起するのは、抑止するものや抑圧するものの働きによる。抑止し抑圧するものは、支持体を規定し、特定の人称的な主体を固定しようとする。［AŒ, 46／(上)七六―七七］

ラカン理論において、シニフィアン連鎖は、特権的なシニフィアンである欠如のシニフィアン（ファルス）によって統御される。そうした欠如のシニフィアンによる他の全シニフィアンの統御は、極めて安定的な形で人称的主体を組織する。ラカンは、特権的シニフィアンとしてのファルスを次のように定義していた。「私たちのシニフィアンの定義（それについてこれ以外の定義は存在しない）は次の通りである。一つのシニフィアン、それは他のあるシニフィアンに対して主体を代理表象するものである。従って、このシニフィアンは、他の全シニフィアンがそれに向けて主体を代理表象するようなシニフィアンとなるだろう。これはつまり、このシニフィアンが欠けていれば、他の全シニフィアンは何ものをも代理表象しないだろう、ということだ。というのも、何ものも何かに対してのみ代理表象されるからだ」[7]。「一つのシニフィアン」、すなわち特権的シニフィアンとしての「ファルス」は、他

6　以下も参照。Félix Guattari, *Écrits pour l'Anti-Œdipe*, pp. 257-258, 384. 邦訳『アンチ・オイディプス草稿』、二四七―二四八、三五九―三六〇頁。Gilles Deleuze et Félix Guattari, *Mille Plateaux: Capitalisme et schizophrénie, t. 2*, Minuit, 1980, p. 17. 邦訳『千のプラトー――資本主義と分裂症』上巻、宇野邦一他訳、河出文庫、二〇一〇年、二九―三〇頁。

の全シニフィアンを代理表象し、従って主体を代理表象する。ラカンにおいては、こうした欠如のシニフィアンを不在の中心として固定的な人称的主体が組織化され、主体の安定性が確保される。それに対して、ドゥルーズ＝ガタリにおいて、コードとはシニフィアンではなく、開かれた多義的な形成体である。それは、特権的な欠如のシニフィアンによっては決して統御されない純粋多様体である。そして、器官なき身体とは多様なコードの登録平面に過ぎない。そうした多様なコードとそれらの接続から生まれるのは、多様体としての非人称的主体である。

ドゥルーズ＝ガタリにおけるこうした多様体としての非人称的主体という仮定から、連接的総合、消費の生産という第三の特性が導き出される。

欲望機械の第三の切断は、残余－切断または残滓－切断であり、機械の傍らに一つの主体を、機械の隣接部品として生み出す切断である。ところで、この主体が特定の人称的な自己同一性を持たず、またこの主体が、器官なき身体の未分化状態を破壊することなくこの身体を横断するとすれば、それはこの主体が単に機械の傍らの一つの部分であるからだけでなく、それ自体分割された一つの部分であるからだ。機械によって操作される、フローからの採取と連鎖からの離脱とに対応する諸部分が、この部分にそれぞれ帰属している。こうして主体は、自分が通過する諸状態を消費して、これら諸状態から誕生してくる。つまり、諸々の部分からなる一部分として、これらの諸状態の一つ一つから絶えず現れてくるのだ。これらの部分のそれぞれは、一瞬間における器官なき身体の内容をなすのである。［AŒ, 48-49／(上)八〇―八一］

ドゥルーズ＝ガタリにおいて主体は、欲望諸機械が欲望のフローを採取、消費することによって、その機械の傍らに、残余として生産される（残余－切断）。その意味において、主体は意識によって中心化された人称的主体ではなく、**非人称的諸特異性から構成された「脱中心化された」主体、すなわち無意識の主体**である［AŒ, 27／(上)四七］。また、この主体は、**多様なフローを採取、消費することによって刻々と変容を繰り返す非人称的主体**である。このような主体を変容の主体、あるいは生成変化の主体と定義しておこう。[8] 変容の非人称的主体は、ファルスという特権的シニフィアンによって安定的に組織化されたラカン的な人称的主体とは根本的に性格を異にする。欲望諸機械の生産性は、すなわち脱中心化され、変容を繰り返す非人称的主体の徹底した生産性でもある。それは、決して「欠如」、「去勢」といった否定性に還元されることのない、変容の原理そのものなのである。

7　Jacques Lacan, « Subversion du sujet et dialectique du désir dans l'inconscient freudien », in *Écrits*, Seuil, 1966, p. 819.

8　「生成変化」という概念は、『アンチ・オイディプス』では主体の変容の意味で用いられているが（例えば、独身機械シュレーバーの分裂症化の過程は、「女性への生成変化［devenir-femme］」［AŒ, 23／(上)四一］と名指されている）、『カフカ』、『千のプラトー』以後、政治的戦術（マイノリティ性への生成変化）として再定義される。この点については、第二部第一章、第二章で論じる。第一部では、第二部以降で論じる政治的戦術としての「生成変化」と区別するため、主として「変容」という語を用いる。

2　オイディプス化と欲望的生産の抑圧

欲望諸機械は常に生産の働きを止めず、相互に接続を繰り返して、非人称的諸特異性から構成された変容の主体を生産する。しかし、ドゥルーズ＝ガタリによれば、資本主義下におけるオイディプス化がそのような徹底した生産性を抑圧する。欲望諸機械の生産性はなぜ、どのような目的で抑圧されるのだろうか。それは、欲望の生産の働きを抑圧し、従順な主体（服従化された主体）を形成することによって、権力が社会を再生産するためである。なぜなら、**欲望は、もしそれが脱領土化されればたちまち権力を転覆してしまうような、強度的力能を持っているからだ。**「欲望が抑圧されるのは、どんなに小さなものであれ、あらゆる欲望の措定には、社会の既成秩序を問いに付す何かが含まれているからである。だからといって、欲望は非社会的であるわけではなく、むしろ社会的だ。欲望には物事を覆す力があるのだ。社会の諸々の部門をまるごと吹き飛ばすことなしに措定される欲望諸機械などあり得ない。一部の革命家たちは別のことを言うかもしれないが、しかし、欲望はその本質において革命的なのである」［AŒ, 138／㊤二二三］。

こうした立論の前提として、ドゥルーズ＝ガタリは『アンチ・オイディプス』において、社会的「抑制［répression］」と心的「抑圧［refoulement］」を区別する。社会的抑制は、権力諸装置による作用であり、権力に従順な主体を形成して、社会構成体の抑制的構造を再生産する。しかし、社会的抑制は単に自らのみで完結するのではない。社会的抑制は、その道具として心的抑圧、すなわちオイディプス化を必要とする。

ライヒの優れた点は、抑圧がいかに抑制に依存しているかを説明したことにある。このことは、この二つの概念にいかなる混同を引き起こすこともない。なぜなら抑制は、従順な主体を形成し、社会構成体をこの抑制的構造において再生産することを保証するために、まさしく抑圧を必要とするからだ。しかし、社会的抑制は、文明と外延を共にする家族的な抑圧から理解されるべきではなく、家族的な抑圧の方が、特定の社会的生産形態に内属する抑制との関係において理解されなければならない。この抑制は、単に欲求や利益だけに向かうのではなく、性的抑圧を通じて欲望にも向かう。「一社会の経済システムの集団心理による再生産」を保証するものとして、家族はまさにこの性的な抑圧を依託された代行者《エイジエント》なのである。［AŒ, 140-141／(上)二二七］

社会的抑制は、権力に対して従順な主体を生産、再生産し、社会的な権力関係（階級関係や搾取の構造）を再生産するために、心的抑圧（オイディプス化）を必要とする。従って、オイディプス化から社会的抑制を考えるべきではない。逆に、**社会的抑制と権力関係の再生産の必要から、心的抑圧としてのオイディプス化を考えなければならないのである。**家族におけるオイディプス化こそが、権力の代行者《エイジエント》として、権力に対して従順な主体を形成する。これを整理すれば、次のようになるだろう。第一に、抑制的な社会的生産は、抑圧的なオイディプス的家族によって代行される。そして第二に、欲望的生産の置き換えられたイメージが抑圧的家族であり、このイメージが、抑圧されたものを家族的、近親相姦的欲動として表象する。そして、この二つの操作は社会的抑制＝心的抑圧という仕方で同時に起こる［AŒ, 142／(上)二三〇］。欲望的生産は、潜在的に、社会を破壊するような強度的力能を持っている。その意味で、欲望は本質的に革命的である。それを抑制し、社会を再生産するために必要とされるのが、服従が欲望されるような心的メカニズム、つまり抑圧を構成することである。従って、社会的生産と欲望的生産は一体をなす。社会的生産は、自らの再生産のために、欲望的生産に対して抑制＝抑圧を行使するのである。

　社会的生産が欲望的生産と一体をなすとすれば、社会的生産は欲望的生産に対して単に抑制＝抑圧を行使するだけではない。社会的生産は欲望的生産に働きかけて、**欲望的生産が自ら抑制＝抑圧を欲望するような体制**を作り上げる。

　実際、社会的生産は、特定の諸条件においては、欲望的生産そのものなのである。私たちの考えでは、社会的領野は直接的に欲望に横断されていて、歴史的に規定された欲望の産物であり、リビドーは、生産力と生産関係を備給するために、いかなる媒介も、いかなる昇華も、いかなる心理的操作も、いかなる変形も必要としない。他の何ものでもなく、ただ欲望と社会的なものだけが存在する。社会的再生産の最も抑圧的、屈辱的な形態も、欲望によって生産され、欲望から出現する組織において生産される。この組織がどのような条件において出現するかを、まさに私たちは分析しなければならないだろう。だからこそ、政治哲学の根本問題とは、スピノザがかつて提起したものと同じなのだ（ライヒはそれを再発見した）。すなわち「人々はなぜ、あたかもそれが自らの救済であるかのように、自らの隷属を求めて闘うのか」。人々はなぜ、より多くの課税を、より少ないパンを、と叫ぶのか。ライヒが言うように、驚くべきは、人々が盗みをはたらいたり、ストライキをしたりするということではない。そうではなくて、むしろ、餓えた人々が必ずしも盗みをしないということ、搾取される人々が必ずしもストライキをしないということである。人々はなぜ数世紀もの間、搾取、屈辱、奴隷状態に耐え、それらを他人にだけでなく自分自身にも望んできたのか。ライヒは、ファシズムの成功を説明しようとする際に、大衆の誤解や錯覚をその原因として引き合いに出すことを拒否し、欲望の観点から、欲望の言葉で説明することを要求しているが、このときほどライヒが偉大な思想家であったことはない。大衆は、一定のとき、一定の状況においてファシズムを欲望していたのであり、まさにこのこと、群集心理的欲望のこの倒錯こそを説明しなければならない、とライヒは述べたのだ。［AŒ, 36-37／(上)六一―六三］

ドゥルーズ＝ガタリによれば、社会的生産は欲望的生産と一体をなすがゆえに、権力への服従化さえも、服従化の欲望として解釈することができる。従って、彼らによれば、政治哲学の根本問題とは「人々はなぜ、あたかもそれが自らの救済であるかのように、自らの隷属を求めて闘うのか」(スピノザ『神学政治論』)というものであり、ヴィルヘルム・ライヒはそれを大衆のファシズムへの欲望という形で再発見した(『ファシズムの大衆心理』、一九三三年)。権力への服従化の社会的生産とは、権力への服従化の欲望の社会的生産のことである。そして、オイディプス的家族は、そのような権力への服従化の欲望を生産する、権力の代行者《エイジェント》なのだ。

オイディプスは、どのような仕方で欲望的生産に対して心的抑圧を課し、権力への服従化の欲望を生産するのだろうか。ドゥルーズ＝ガタリはそれを三つの過程から説明している。第一に、接続的総合のオイディプス化である。接続的総合は、欲望諸機械が横断的に互いに接続と切断を繰り返す過程からなる。彼らはこの過程を、接続的総合の部分的、非特殊的使用と名付けているが、この過程がオイディプス化によってその包括的、特殊的使用へと包摂される。

第一に、接続的総合の部分的かつ非特殊的使用が、オイディプス的、包括的、特殊的使用に対立していた。この包括的－特殊的使用には、両親的様相と婚姻的様相という二つの様相があり、それら二様相にはそれぞれ、オイディプス三角形と、この三角形の再生産が対応していた。包括的－特殊的使用は、外挿法という誤謬推理に基づくものであり、この誤謬推理こそが、要するにオイディプスの形相因をなし、その不当性こそが、次のような操作の全体に影響を与えていた。すなわち、シニフィアン連鎖から、専制君主的シニフィアンとしての超越的な完全対象を抽出するという操作であり、シニフィアン連鎖の全体が一つの特定の専制君主的シニフィアンに依存するものとして現れるようにする操作、専制君主的シニフィアンによって、欲望のそれぞれの措定に欠如が割り振られ、欲望が法に溶接され、連鎖から離脱するものの幻影が産み出されるようにする操作である。［AŒ, 131／(上)二一一―二一二］

接続的総合の包括的、特殊的使用によって、子供は近親相姦の禁止を通じて同性の親に同一化し（オイディプス化)、さらに自らが親となる異性愛的な婚姻関係においてオイディプスを再生産する。オイディプス化とは、多様体としてのシニフィアン連鎖あるいはコードを、特権的な専制君主的シニフィアンへと従属させることである。専制君主的シニフィアンは、欠如のシニフィアン(ファルス)であり、欲望に欠如を割り当て、欲望を法に従属させ、欲望の多様性を抑圧し、自己同一的自我の形成を促す。

第二に、離接的総合のオイディプス化である。欲望諸機械はそれぞれが独自のコードを内包するが、そのコードは多様であり、常に断片化されて他のコードと接続され、そこからコードの剰余価値を生み出し得る。しかし、オイディプス化はそのようなコードの多様性を抑圧し、想像的なものと象徴的なものの間での二者択一を迫る。

第二に、離接的総合の包括的または無制限的使用は、オイディプス的、排他的、制限的使用に対立している。そして、この制限的使用それ自体にも、想像的極と象徴的極という二つの極がある。制限的使用は、オイディプスによって相関的に規定された二項の間、排他的な象徴的分化と、未分化状態の想像界という二項の間でしか、選択の余地を与えないからだ。離接的総合の制限的使用において示されるのは、オイディプスが、ダブル・バインドの誤謬推理、すなわち二重の袋小路のそれによって作動し、この誤謬推理をその作法にするということである。[AŒ, 131／(上)二一二]

離接的総合の排他的－制限的使用、つまりオイディプス的使用とは、象徴界＝社会的な法を受け容れるか、あるいは未分化状態の想像界に落ち込むか、そのいずれかを選択せよ、というダブル・バインドである。この二つの選択肢は単に見かけ上のものであり、実際には、象徴界＝社会的な法を受け容れるしか方法はない。このような操作によって主体は、選択の余地なく象徴界＝社会的な法を受け容れることを余儀なくされる。

第三に、連接的総合のオイディプス化である。欲望諸機械はそれらが互いに接続され、諸々のフローを消費することによって、その傍らに、常に変容を続ける非人称的主体を生産する。ドゥルーズ＝ガタリはこのような変容の主体の生産を、連接的総合の遊牧的、多義的使用と名付けている。しかし、オイディプス化によってそれは隔離的、一対一対応的使用へと変容される。

第三に、連接的総合の遊牧的かつ多義的使用は、隔離的かつ一対一対応的使用に対立する。無意識そのものの立場からすればやはり不当であるこの一対一的使用についてもまた、二つの契機を指摘することができる。一つは、人種主義的、国家主義的、宗教的などの契機である。オイディプスは、明示的であるにせよ、完全に暗示的であるにせよ、常に出発点に何らかの集合を前提としているが、そうした集合を隔離によって構成するのがこの契機である。もう一つは家族的契機であり、この契機は、写像［application］によって到達点の集合を構成する。ここから写像という第三の誤謬推理が生ずる。この誤謬推理は、社会野の規定と家族的規定との間に一群の一対一の対応関係を打ち立てることでまた、リビドー備給を永遠なるパパ－ママに還元することを可能

にしつつ不可避にもし、オイディプスの条件を固定するのである。［AŒ, 131-132／(上)二一二―二一三］

連接的総合の隔離的、一対一対応的使用は、社会野の規定と家族的規定との間に一対一対応の関係を形成し、その一対一対応に基づいて欲望的生産にオイディプス関係を写像して、欲望的生産の多様性を抑圧する。それによって、諸特異性からなり、絶えず変容を繰り返す非人称的主体は、オイディプス化された人称的主体へと個体化される。しかし、オイディプス化による一対一対応化によって実現されるのは、単にそうした個体化のみではない。オイディプス化はまた、人種、国家、宗教といった、ある一つの超越的シニフィアンの下に統合された「集団《グループ》」（分子状の群衆、群れ）へと諸主体を同一化させることで、「服従集団」の形成を導きもするのである。

「服従集団［groupe assujetti］」とは、「主体集団［groupe-sujet］」に対立する概念であり、いずれもガタリが『精神分析と横断性』（一九七二年）において導入した概念である。[9] ドゥルーズは、同書への序文において、両概念を次のように定義している。「服従集団は総体として服従的であるだけでなく、それが自らに付与したり受け容れたりする主人との関係においても同様に服従的である、という二重

9　とりわけ以下を参照。Félix Guattari, « Le groupe et la personne (bilan décousu) » (1966), « Introduction à la psychothérapie institutionnelle » (1962-63), in *Psychanalyse et transversalité*, Maspero, 1972, rééd. Découverte, 2003. 邦訳「集団と個人（とりとめのない総括）」、「制度派精神療法入門」、『精神分析と横断性』、杉村昌昭・毬藻充訳、法政大学出版局、一九九四年。

構造をなしている。服従集団を特徴付けるヒエラルキー、垂直的もしくはピラミッド型の組織は、集団が無意味、死、あるいは分解などに内接する一切の可能性を払いのけ、創造的切断の発展を妨げ、他の集団の排除の上に成り立つ自己保存のメカニズムを確保するために作られている。服従集団の中央集権主義は、構造化、全体化、統合化といった過程を経て作用し、真の集団的「言表行為」の諸条件に代えて、現実からも主体性からも切断された、型にはまった言表の編成《アレンジメント》をもたらす（集団的なオイディプス化作用、超自我化、去勢効果といった想像上の現象が生じるのは、まさしくここにおいてである）。逆に、主体集団は、全体性やヒエラルキーを払いのけるような横断性の諸因子によって定義される。主体集団は言表行為の行為主体《エイジェント》であり、欲望の支持体であり、制度的創造の構成要素である。主体集団はその実践を通じて、自らの無意味、死、あるいは解消の極限に挑戦し続ける」[10]。**「服従集団」は、とりわけフロイト『集団心理学と自我分析』[11]（一九二一年）に影響を受けた概念であり、権力への同一化によって欲望的生産を権力へと従属させ、ヒエラルキー的、垂直的、中央集権的に統合された全体性を指す。これに対して、「主体集団」は、欲望的生産の権力への従属を反転させて権力を欲望的生産へと従属させ、そうした全体性やヒエラルキー的統合を解体するような、分子状多様性、水平性、横断性によって定義される。**「［服従集団］は、欲望的生産と欲望諸機械が一定の力能形態や選別的主権形態の下で大規模に構成する群居的集合への、欲望的生産と欲望諸機械の隷属によって定義される。［主体集団］は、それとは反対の従属関係によって、力能の反転によって定義される。［服従集団］は、構造化されたモル的集合であり、諸特異性を破壊し選別し、自らがコードや公理系の中にとどめた諸特異性のみを正規のものとする。［主体集団］は、諸特異性の分子状多様体であり、逆に大集合を、精錬すべき素材そのものとして扱う」［AŒ, 439-440／㊦二八〇―二八一］。

ここで興味深いのは、ドゥルーズ＝ガタリが「主体集団」と「服従集団」を集団幻想との関係において定義している点である。

集団幻想と個人幻想の間の諸々の区別を展開していくと、結局、個人幻想というものは存在しない、ということが十分に明らかになる。むしろ、主体集団と服従集団という二種類の集団が存在するだけである。――オイディプスと去勢は想像界の構造を形成し、この構造に従って、服従集団の成員は、自分たちが集団に所属していることを個人的に体験し、あるいは幻想化するよう規定される。さらに、このような二種類の集団は、絶えず相互に移行する状態にあると言わなければならない。主体集団は絶えず従属の危険に脅かされているし、服従集団が場合によっては革命的な役割を引き受けることもあるからだ。フロイトの分析が、いかに幻想から排他的な離接の方向のみを取り出しているか、また、いかに幻想をその個人的、あるいは疑似個人的な次元の中に

10　Gilles Deleuze, « Préface », in Félix Guattari, *Psychanalyse et transversalité*, p. VI; repris comme « Trois problèmes de groupe », in *L'île déserte: textes et entretiens 1953-1974*, Minuit, 2002, pp. 276-277. 邦訳「ジル・ドゥルーズによる序文」、『精神分析と横断性』、八頁。以下に再録。「集団の三つの問題」、杉村昌昭訳、『ドゥルーズ・コレクションII　権力／芸術』、河出文庫、二〇一五年、一二一―一二二頁。

11　Sigmund Freud, *Massenpsychologie und Ich-Analyse*, in *Gesammelte Werke*, Bd. 13, Fischer, 1999. 邦訳『集団心理学と自我分析』、藤野寛訳、『フロイト全集』第一七巻、岩波書店、二〇〇六年。

圧し潰してしまっているかを見るときほど、憂慮させられることはない。このような個人的、疑似個人的次元は、本性的に幻想を服従集団に関係付けるだけで、逆の操作を行って幻想を集団の次元において捉え、集団の革命的ポテンシャリティの基底的境位を幻想の中で解放するものではないからである。［AŒ, 75-76／(上)一二三―一二四、強調引用者］

ドゥルーズ＝ガタリによれば、精神分析が個人幻想と呼ぶものは実際には集団幻想である。彼らは制度論的精神分析に依拠しつつ[12]、個人幻想といったものは存在せず、集団幻想しか存在しない、というテーゼを提示する。主体集団と服従集団という二種類の集団形成は、まさしく集団幻想のメカニズムに依拠している。主体集団については後ほど検討するとして、ここではドゥルーズ＝ガタリが、個人幻想という名の集団幻想、すなわちオイディプスこそが服従集団の形成に本質的な役割を果たしている、と考えている点に注目しよう。オイディプス化はまさに個人化であり、家族幻想という個人幻想の形成メカニズムであるが、**そのような家族幻想の形成を通じてのみ、諸個人は個人化されたままの状態で「父の名」のような超越論的シニフィアンへと服従化される。そして、その超越論的シニフィアンが国家、人種、神といった社会的な超越的シニフィアンへと転位されることによって、諸個人は服従集団の全体性（とその集団幻想）へと統合されるのである。**

オイディプス化による心的抑圧の形成は、まさしくオイディプス家族における個人化を通じた諸主体の服従集団への服従化であり、個人化された諸主体を一つの超越的シニフィアンへと統合する服従集団の形成に他ならない。[13] この意味でのみ、個人幻想としての家族的幻想は集団幻想である、と著者たちは述べるのだ。オイディプス化は、諸主体を服従集団へと統合するための一手段であり、オイディプスの諸主体への写像は、服従集団とそのリビドー備給を形成するのである。

3　切断とその切断

欲望諸機械の徹底した生産性は、反生産をもたらすオイディプス化によって抑制＝抑圧され、諸個人は服従集団へと全体化されることになる。ドゥルーズ＝ガタリは、オイディプス化を資本主義体制に固有の抑圧装置であると考えている。以下で私たちは、まず、ドゥルーズ＝ガタリにおける資本主義とオイディプス化の関係について、次いで、資本主義を廃棄するための「レーニン的切断」とその

12　「幻想は決して個人的なものではない。それは、制度論的精神分析がいみじくも指摘した通り、あくまで集団幻想なのである。そして、次の二種類の集団幻想があるとすれば、この同一性が二つの方向で解釈され得るからである。一つは欲望諸機械が、これを形成する巨大な群衆的総体において捉えられる場合であり、もう一つは、社会諸機械が、これを形成する欲望の基本的な諸力に関係付けられる場合である。だから、集団幻想においては、リビドーが現存の社会野を、その最も抑制的な形態も含めて備給することがあり得るし、あるいはまったく逆に、リビドーが逆備給を発生させ、この現存の社会野に革命的欲望を接続することもあり得る」[AŒ, 38／㊤六四]。以下も参照。Félix Guattari, « Le groupe et la personne (bilan décousu) », in *Psychanalyse et transversalité*. 邦訳「集団と個人（とりとめのない総括）」、『精神分析と横断性』。

無意識的切断（「切断の切断」）の可能性について考察する。

ドゥルーズ＝ガタリは資本主義をどのように定義しているのだろうか。彼らによれば、資本主義は貨幣－資本の形を取る脱コード化した生産のフローと、「自由な労働者」という形をとる脱コード化した労働のフローとの出会いによって発生する。この定義はマルクス『資本論』による資本主義の成立、つまり資本蓄積と土地から引きはがされた「自由な労働者」との出会いという説明を踏まえている。資本主義は脱コード化の運動によって定義されるが、それは資本主義が、前資本主義におけるコードに代えて、貨幣という抽象量を導入するからである。貨幣という抽象量の公理系は、脱領土化の運動を極限《リミット》まで進め、脱領土化した領野において欲望のフローを解放する［AŒ, 41／(上)六八―六九］。

資本主義はこのように、フローの脱コード化と脱領土化、すなわち絶対的極限へと向かう分裂症的運動によって定義される。しかし、資本主義は他方で、自らが解放したフローを公理系によって抑制し、フローを内在的、相対的極限へと閉じ込める。資本主義は、この内在的極限を拡大させつつ再生産し、フローが絶対的極限に到達しないよう統制するのである。「分裂症は資本主義そのものの外的極限、つまり資本主義の最も根本的な傾向の終着点であるが、資本主義はこの傾向を抑止し、この極限を拒絶し、置き換えて、それを自分自身の内在的な相対的極限に代えなければ機能し得ない。資本主義はこの相対的極限を、常により拡大された規模で再生産し続けるのだ。資本主義は、一方の手で脱コード化するものを、他方の手で公理化する」[14]［AŒ, 292／(下)六二］。

脱コード化した諸々のフローを調整するのは国家である。資本主義国家は、資本の公理系に要請されて、脱コード化した諸々のフローを「社会的諸力の場に内在する」仕方で調整し、資本主義の相対的極限を絶えず拡大する（絶えざる経済発展と資本の脱領土化を推進する）と共に、資本主義の運動が絶対的極限に達しないよう、それを相対的極限の中に押しとどめる（社会革命を抑制する）［AŒ, 299-300／㊦七三―七四］。社会主義国家についても福祉国家についても、さらには新自由主義国家についてでさえ、その役割は、資本の公理系の枠内で考えることができる。いずれの場合も、国家が資本の運動の重要な調整役を果たし、経済発展を持続するために国家が資本の運動に何らかの介入を行って

13　「オイディプスは、集団への統合の一手段であって、これはオイディプスそのものを再生産し、世代から世代へと移行させるための適用の形態を取ることもあれば、整備された袋小路の中に欲望を封鎖する神経症的鬱積に陥ることもある。だからオイディプスは、服従集団の中で開花し、そこで既成秩序は、この集団の抑制的な形態そのものの中で備給される。従って、服従集団の諸形態が、オイディプス的な投影や同一化に依存しているのではない。まったくその逆なのだ。まさしくオイディプスの諸々の適用が、出発点の集合としての服従集団の諸規定に依存し、これらのリビドー備給に依存しているのである」［AŒ, 123／㊤一九九］。

14　資本主義に関するこのような記述は、以下のマルクスの記述を踏まえたものである。「資本としての貨幣の循環は自己を目的とする。というのも、価値の増殖は、この絶えず更新される運動の内部にのみ存在するからである。従って、資本の運動は限界を持たない」［Karl Marx, *Das Kapital*, Bd. 1, *Marx-Engels Werke*, Bd. 23, Dietz, 1962, S. 167. 邦訳『資本論』㈠、向坂逸郎訳、岩波文庫、一九六九年、二六五頁。AŒ, 296／㊦六七に引用］。「資本主義的生産は、それに内在するこのような限界を絶えず克服しようとするが、しかし、この限界を新たに、そしてより強大な規模で加える手段によってのみ、これを克服するに過ぎない。／資本主義的生産の真の限界は、資本そのものである」［Karl Marx, *Das Kapital*, Bd. 3, *Marx-Engels Werke*, Bd. 25, Dietz, 1964, S. 260. 邦訳『資本論』㈥、向坂逸郎訳、岩波文庫、一九六九年、三九四頁。AŒ, 274, n. 82／㊦三七四、注八二に引用］。

いる。社会主義国家と福祉国家の場合、国家が経済発展を直接主導して、労働者に所得を再分配するという仕方で資本の運動を調整する。新自由主義の場合、国家は、資本への直接的介入を抑制し、資本の運動のゲームの規則（市場における競争状態）を作り出すという仕方で資本の運動を調整する。[15]

　それでは、こうした資本主義の運動はオイディプス化による抑圧とどのように関係しているのだろうか。資本主義によって社会体が資本＝貨幣として純粋に経済的なもの、抽象的なものとなることによって、家族は自らの社会的形態を経済的再生産に与えることをやめ、社会野の外に置かれることになる。ドゥルーズ＝ガタリはこれを家族の「私域化［privatisation］」と呼んでいる。しかし、「家族が社会野の外に置かれるということは、家族にとって最大の社会的好機でもある。なぜならそれは、社会野の全体が家族に写像されることが可能になる条件だからである」［AŒ, 314／(下)九六］。諸個人は、資本主義の公理系によって生み出された社会的人物（例えば資本家、労働者）であるが、彼らは同時に、家族においては父、母、子のいずれかという私的人物である。**オイディプス化の操作とは、個人の社会的イメージ（言表の主体）をその私的、家族的イメージ（言表行為の主体）へと写像することなのである。**それによって諸個人は、権力へと服従化される。

　社会野において各人は、言表行為の集団的行為主体《エイジェント》［agent collectif d'énonciation］として、生産、反生産の行為主体として、作用し作用されるが、この社会野はオイディプスの上に折り重ねられる。オイディプスにおいて、今や各人は自分自身の片隅に閉じ込められ、個的な言表の主体［sujet d'énoncé］と言表行為の主体［sujet d'énonciation］へと分割する線によって二つに切断される。言表の主体は社会的人物であり、言表行為の主体は私的人物である。「だから」これはお前の父であり、だからこれはお前の母であり、だからこれはお前なのだ。資本主義の諸々の連接が私域化された人物に写像される限りにおいて、この連接から家族の連接が帰結してくる。至るところにパパ－ママ－私を見出すことができるようになる。あらゆるものをそれに写像したからだ。イメージの君臨、これこそ資本主義が、分裂《スキーズ》を利用してフローを迂回させる新しい仕方なのである。イメージの混成、イメージの上に折り重なるイメージ、こうした操作の結果、各人の小さな自我は父－母に関係付けられ、真に世界の中心となる。［AŒ, 316-317／(下)九九］

オイディプス化によって、社会的人物、すなわち自我の社会的イメージは、私的人物、すなわち個人の私的、家族的イメージへと折り重ねられ、写像される。それによって主体は、「言表の主体」（社会的人物）と「言表行為の主体」（私的人物、すなわちオイディプス）の二層へと分割され、オイディプスによって統御されるようになる。ラカンによれば、「言表行為の主体」とは無意識の主体であり、それは「言表の主体」すなわち意識の主体に対して上位にある。そして、ロマーン・ヤコブソンの言語学理論における「言表行為の主体」がその発話行為（「私は……する／である」と発話すること）によって「言表の主体」＝「私」（シフター）の指示対象を明示するように、「言表行為の主体」（無意識の主

15　この点については、以下で詳細に論じた。佐藤嘉幸、『新自由主義と権力——フーコーから現在性の哲学へ』、人文書院、二〇〇九年。

体、すなわちオイディプス）は「言表の主体」（意識の主体）を上位から超越論的な仕方で統御するのである。[16] しかし、**ドゥルーズ＝ガタリは、こうしたラカン的主体概念が実は社会的な服従化のメカニズムを記述したものである、と解釈している。**言表行為の主体、すなわち自我の私的、家族的イメージはオイディプス化された超越論的自我であり、上位から言表の主体、すなわち社会的自我を統御する。そして、超越論的自我とは、父の名を通じてまさしく象徴界＝社会的な法、すなわち服従化の法を体内化した審級なのである。このような「経験的＝超越論的二重体」（フーコー）は、まさしくオイディプス化された主体の形成によって成立する。**経験的＝超越論的二重体は、権力に従順な仕方で自己を統治する服従化された主体そのものであり、そうした主体は、欲望の生産性を自ら心的に抑圧することによって、社会的抑制のメカニズムに自ら服従することを欲望する。**この意味で、**オイディプス化は社会的統治のメカニズムであり、服従化の、そして服従集団の形成メカニズムなのである。**

　オイディプス化は、資本主義社会の再生産を欲望の水準において確保する、社会的統治のメカニズムである。それでは、このように強固に再生産され続ける資本主義をどのようにすれば打倒できるのだろうか。ドゥルーズ＝ガタリの戦略は、オイディプス化され服従化された主体が欲望の分子状多様体へと、ヒエラルキー的な服従集団が横断的な主体集団へと変容されるとき、資本主義はその下部から掘り崩される、というものだ。

　偏執狂的《パラノイア》備給と分裂者的《スキゾ》備給は無意識的リビドー備給の二つの対極としてある。前者は欲望的生産を主権形成体とそこから生じる群的集合とに従属させるものだが、後者はこれとは逆の従属関係を実現するもの、すなわち、力能を反転させ、群的集合を欲望的生産の分子状多様性に従属させるものだ。〔…〕充実身体として新たな社会体を構築するだけでは不十分であり、それに加えてまた、この新たな社会的充実身体のもう一つの面へと、すなわち、新たなモル状集合を自らに従属させた形で分子状欲望形成体が実現され、書き込まれる面へと向かわなければならない。そのときこそ初めて私たちは、リビドーの革命的な無意識的切断と革命的な無意識的備給〔la coupure et l'investissement révolutionnaires inconscients de la libido〕に達するのだ。ところでこのことは、ただ因果性の破断〔rupture de causalité〕と引き替えに、この破断に乗じて実現される。
〔AŒ, 451-452／㊦二九八―二九九〕

欲望の分子状多様性の社会体への従属（それは欲望のオイディプスへの従属によって実現される）という関係性を転倒し、社会体を欲望の分子状多様性へと従属させること――こうした欲望の力能の反転こそが、「リビドーの革命的な無意識的切断と革命的な無意識的備給」、すなわち服従集団の主体集団への変容をもたらすだろう。そして、そのような変容は、資本主義社会の再生産の「因果性の破断」、すなわち利害の水準における革命を通じて実現されるのである。ここで注意すべきは、「前意識的革命」、すなわち利害の水準における革命（「レーニン的切断」）が進められるその直中でのみ、資本主義をその下部から掘り崩す「無意識的革命」、すなわち欲望の分子状多様性の脱領土化（無意識的な「切

16　Cf. « Subversion du sujet et dialectique du désir dans l'inconscient freudien », in *Écrits*, p. 800.

断の切断」）が可能になる、とされている点だ。[17]

革命的な無意識的切断は実際、社会体の極限《リミット》としての器官なき身体に関わるものであり、この切断においては逆に、力能が反転され、従属関係が反転される限りで、欲望的生産こそが社会体を従属させる。前意識的革命において問題となるのは、社会的生産の新たな体制が新たな目標、利害を創出し、配分し、充足させるということだが、無意識的革命において問題となるのは、そうした変化を力能形態として条件付ける社会体だけではなく、器官なき身体へと反転された力能としてその社会体内部に見出される欲望的生産の体制なのだ。両者においてフローや分裂《スキーズ》は同じ状態にはない。一方の切断は二つの社会体の間の切断であり、新たな社会体は、欲望のフローを利害の新たなコードあるいは公理系に導き得るかどうかという能力によって評価される。他方の切断は社会体内部の切断だが、この切断が可能となるためには、社会体に、欲望のフローをそれらのポジティヴな逃走線に沿って流す能力、生産的な切断の切断に従って欲望のフローを切断し直す能力がなければならない。[AŒ, 416／㊦二四四―二四五、強調引用者]

革命的ポテンシャルをプロレタリアに求める『アンチ・オイディプス』では、服従集団から主体集団への変容は、ブルジョワ階級に対するプロレタリアの階級利害の追求を通じてしか実現され得ない、とされる。**服従化された諸主体としてのプロレタリアは、階級としての利害追求を通じて初めて、それまで社会体に従属させられていた欲望の生産的力能を発見するのだ。**しかし同時に、プロレタリアが階級利害の追求に留まる限り、資本主義的利害に従属した服従集団から脱することはない。**プロレタリアは、欲望的生産を利害追求から解き放つことで、階級外集団である分裂者の主体集団を形成しなければならない。**無意識の水準における欲望の分子状多様性の脱領土化こそが、ヒエラルキー的、垂直的、中央集権的に統合された服従集団を、水平的、横断的で脱服従化された主体集団へと変容すると同時に、資本主義的原理（オイディプス）へと従属した欲望のあり方を転倒して、社会体を欲望の分子状多様性へと従属させる「切断の切断」を引き起こし、資本主義をその下部から掘り崩すからだ。**「リビドーの革命的な無意識的切断と革命的な無意識的備給」とは、服従集団の主体集団への変容を通じた資本主義そのものの廃絶の謂いである。**『アンチ・オイディプス』において呈示されたこの「切断の哲学」は、『千のプラトー』でも『哲学とは何か』でも、異なる情勢把握の下で、しかし、

17　「レーニン的切断」は、『精神分析と横断性』所収の論文「因果性、主体性、歴史」［Félix Guattari, « La causalité, la subjectivité et l'histoire » (1966-67), in *Psychanalyse et transversalité*, PT と略記］においてガタリが作り出した概念である。そこで「レーニン的切断」は、「主体集団」の形成と同じ意味で用いられており（「「レーニン的切断」、すなわち一般的な人間諸関係への主体集団の出現の入射」［PT, 200／三一八］）、さらに、「シニフィアン的切断」の延長線上に位置付けられている（「シニフィアン的切断としての革命的歴史」［PT, 177／二八一］）。ガタリが提示した概念を整理し、それを「レーニン的切断」（階級利害の水準における革命の実現）と無意識的な「切断の切断」（欲望の分子状多様性の脱領土化と主体集団の実現を通じた資本主義の廃絶）の二段階革命論へと再編したのは、恐らくドゥルーズであろう。なお、「レーニン的切断」と「切断の切断」については第一部第二章において、「シニフィアン連鎖の切断」については第一部補論において詳述する。

資本主義打倒の唯一の戦略として維持されることになる。

第二章　プロレタリアによる階級闘争

1　六八年五月からロシア革命へ

『アンチ・オイディプス』（一九七二年）は「六八年五月の書」であるとよく言われる。ドゥルーズ＝ガタリ自身も、インタヴューなどで、六八年五月はオイディプス的家族に抗う闘争だったとし、まだその高揚が続いていた中で刊行された彼らの共著をこの同じ闘争の一部に位置付けている[1]。しかし、『アンチ・オイディプス』で六八年五月がそれ自体として論じられることはない。五〇〇頁を超える大著の中で「六八年五月」の語が登場するのは数回にとどまり、また、いずれの場合も、様々な歴史現象のうちの一つとしてその名が挙げられるに過ぎない（「パリ・コミューン、ドレフュス事件、宗教と無神論、スペイン内戦、ファシズム台頭、スターリン体制、ヴェトナム戦争、六八年五月……、

1　Cf. Gilles Deleuze, « Huit ans après: Entretien 80 » (1980), in *Deux Régimes de fous: textes et entretiens 1975-1995*, édition préparée par David Lapoujade, Minuit, 2003. 邦訳「八年後、一九八〇年の対話」、宇野邦一訳、『狂人の二つの体制 1975-1982』、河出書房新社、二〇〇四年。Gilles Deleuze et Félix Guattari, « Préface pour l'édition italienne de *Mille Plateaux* » (1987), in *Deux Régimes de fous*. 邦訳「『千のプラトー』イタリア語版への序文」、宮林寛訳、『狂人の二つの体制 1983-1995』、河出書房新社、二〇〇四年。

これらはいずれも無意識の複合体《コンプレックス》をなしており、そうした複合体は果てしなく続くオイディプスよりも実効性がある」［AŒ, 116／(上)一八八］)。大規模な闘争が世界各地で一斉に展開されていたその直中で執筆されたにもかかわらず、同時代の闘争が議論の焦点とされることは一度もないのである。これは、本書第二部で見る通り、『千のプラトー』（一九八〇年）が、同書刊行当時やはり世界規模で闘争のパラダイムをなしつつあった所謂「新たな社会運動」を、「マイノリティによる公理の次元での闘争」として積極的に議論の対象としているのとは対照的だ。

『アンチ・オイディプス』は六八年五月を論じないが、しかしこれは、いかなる具体的な闘争も分析の対象にされないということではない。同書で焦点が当てられるのはロシア革命である。六八年五月の高揚の中で、六八年五月の観点からロシア革命が論じられる。ただし、これは、少なからぬ人々が抱くであろう期待とは異なり、六八年五月の名においてロシア革命を否定するということではない。六八年五月を称揚し、これとの対置関係の中でロシア革命を退けるということではない。『アンチ・オイディプス』には実際、ロシア革命やレーニンを全否定し断罪するといった箇所は一つもない。著者たちはむしろ正反対に、六八年五月の観点からロシア革命を分析することで、一九一七年のこの革命を最大限に肯定してみせる。彼らは、六八年五月をロシア革命の上に再領土化すると同時に、ロシア革命を六八年五月の上に再領土化するのである。

ロシア革命を肯定する著者たちの姿勢は、『アンチ・オイディプス』の最初の頁から暗示されていると言えるかもしれない。「機械」は作動していなければ単なるメタファーでしかない、作動するためには機械は少なくとも二台必要であり、その二台が互いに接続されていなければならない、機械の作動とはフローが流れるということを意味するが、フローが流れるためには一方の機械（源泉機械、例えば乳房）から発せられたフローがもう一方の機械（器官機械、例えば口）によって切断されなければならない、要するに**フローは切断なしには流れない**――このように巻頭からドゥルーズ＝ガタリがその重要性を強調する「切断」は、その後、数百頁の間繰り返し論じられた末、「レーニン的切断」としてのロシア革命にまで至る。

2　利害から欲望へ

ドゥルーズ＝ガタリは『アンチ・オイディプス』において、ロシア革命を六八年五月の観点から分析する。それは彼らにとって、ロシア革命を「分裂分析《スキゾアナリーズ》」の対象にするということだ。『アンチ・オイディプス』においてロシア革命が集中的に論じられることになるのは、実際、「分裂分析への序論」と題された章（最終章）においてのことである。同章でドゥルーズ＝ガタリは「レーニン的切断」を次のように分裂分析してみせる。『アンチ・オイディプス』において最も重要な一節だ。

革命の帰趨が搾取され支配されている大衆《マス》の利害だけに結び付いている、ということは明白極まりない。問題は、この結び付きがいかなる性質のものなのか、という点にある。特定の因果的紐帯なのか、それとも別の性質の連結なのか。革命的ポテンシャルはあくまでも、搾取されている大衆との関係において、すなわち、所与のシステムにおける「最も弱い環」に関わる形で実現される。この実現はいかになされるのか。搾取されている大衆、最も弱い環は彼らの場において、すなわち、新たな社会体《ソシウス》へと向かう原因／目標の秩序の中で行為するのか。それとも彼らは、予見不能な突発的闖入、すなわち、原因／目標の破断を通じて社会体をもう一つの別の面へと逆転させる、欲望の闖入の場かつ代行者《エイジェント》となるのか。服従集団においては、欲望はまだ、原因／目標の秩序によって規定されるにとどまる。そこでは、新たな主権形成体の下で幾つかのマクロ集合を決定する巨視的関係が前提とされており、欲望はそうした巨視的関係からシステム全体を自ら組み立てるものとしてある。反対に、主体集団は、因果性の破断、革命的逃走線こそをその唯一の原因とする。因果性の破断を可能にする客観的要因は、確かに、最も弱い環などとして、因果的連鎖の直中に見出され得るものであり、また、見出されねばならないものだが、しかしそれでもなお、特定の瞬間、特定の場でこの破断によって示される現実を説明するのは、欲望の秩序に属するもの、欲望の闖入に関わるものだけなのだ。すべては共存し混ざり合っているが、そうした共存と混合がいかに生じるのかは容易に知れる。力関係の既知の因果秩序に従わずに、むしろ、何らかの破裂口に入ってゆくことで特異的な仕方で物事を急展開させるようなプロレタリア革命、そうしたプロレタリア革命がいまこそ直ちに可能だとボリシェヴィキ集団が、あるいは少なくともその一部が気付くとき（逃走あるいは「革命的祖国敗北主義」）、そこでなされる「レーニン的切断」においては実際、すべてが共存する。第一に、この可能性をそもそも信じることができずにいる者たちがおり、彼らにおいては、躊躇の状態にとどまる前意識的備給がある。第二に、新たな社会体の実現可能性を「見て取る」が、あくまでも、党を新たな主権形成体として予め位置付けるようなモル状因果秩序の中でそうした社会体を構想している者たちがおり、彼らにおいては革命的な前意識的備給がある。そして最後に、欲望の秩序によって因果性を真に破断させる備給、革命的な無意識的備給がある。多種多様な備給の共存、服従集団と主体集団の相互浸透は、しかしまた、あれこれの瞬間に、同一人物のうちにも生じる。これら二つの集団はカントにおける決定論と自由に比較し得るものだ。二つの集団は同一の「対象《オブジェ》」を共有し、また、社会的生産が欲望的生産と別のものになることは決してないが、しかしなお、それらは同じ法則あるいは同じ体制の下にはない。革命的ポテンシャリティの現勢化は前意識的因果状態の中で起こるが、しかし、この状態によってよりもむしろ、然るべき瞬間に生じるリビドー的切断の実効性によってこそ説明されるものであり、欲望をその唯一の原因とする分裂《スキーズ》によってこそ、すなわち、現実界そのものにおいて歴史の書き換えを強い、すべてが可能となるような奇妙に多義的な瞬間を産み出す因果性の破断によってこそ、説明されるものなのだ。もちろん、この分裂は原因／目標の下で、利害の下での働きによって準備されたものに他ならない。［…］しかしこの分裂は、目標も原因も欠いた欲望がそれを描き出し、それに一体化することなしには、現実存在するには至らない。この分裂は原因的秩序がなければ不可能だが、しかし、それとは異なる秩序に属するものによってのみ現実となるのだ。すなわち、欲望、砂漠としての欲望、革命的欲望の備給である。そしてこれこそがまさに、資本主義をその下部から掘り崩すものなのである。［AŒ, 452-454／(下)二九九―三〇一］

「分裂分析はそれ自体としては提案すべき政治プログラムを一切持たない。〔…〕分裂分析はそれ自体としては、革命からどのような社会体が帰結すべきかを問題にしない。〔…〕何らかの社会体が与えられた場合に、そこで分裂分析が問うのは、それが欲望的生産にどのような場を確保しているか〔…〕ということだけだ」〔AŒ, 456／(下)三〇四—三〇五〕とドゥルーズ＝ガタリは説明している。「それ自体としては」という強調はやはり重要である。なぜなら、先に長く引用した一節でドゥルーズ＝ガタリが行っているのは、まさに分裂分析だけではないからだ。彼らは分析に先立って分析対象を自ら選択している。「レーニン的切断」すなわちロシア革命は、ドゥルーズ＝ガタリにとって「与えられた」ものでは微塵もない。**『アンチ・オイディプス』期の彼らにとって、分裂分析の対象はロシア革命でなければならなかったのだ。**本書第二部、第三部で見る通り、『千のプラトー』そして『哲学とは何か』でも分裂分析が捨てられることはないが（ただし後者ではこの用語はもはや用いられない）、しかし、その対象は、いずれにおいてもロシア革命ではもはやない。『アンチ・オイディプス』がそれに続く二冊から区別されるのは、何よりもまず分裂分析の対象においてなのだ。対象の選択というこの過剰な振舞いによってこそ、『アンチ・オイディプス』で展開される分裂分析は、まさしく「プログラム」あるいは戦術を提案するものとなる。

「分裂分析」理論の要点は次の一節にある。「**革命的ポテンシャリティの現勢化は前意識的因果状態の中で起こるが、しかし、この状態によってよりもむしろ、**〔…〕**欲望をその唯一の原因とする分裂によってこそ説明される**」。「資本主義をその下部から掘り崩す」ことができるのは「欲望をその唯一の原因とする分裂」（無意識的リビドー切断）だけであるが、しかし、この分裂は「前意識的因果状態」の中でしか、すなわち、「搾取され支配されている大衆」の「利害」との関係の中でしか生じない。次の一節でも同じことが問題になっている。「因果性の破断を可能にする客観的要因は、最も弱い環などとして、因果的連鎖の直中に［…］見出されねばならないものだが、それでもなお、［…］この破断によって示される現実を説明するのは［…］欲望の闖入に関わるものだけである」。資本主義をその下部から掘り崩す分裂は、搾取され支配されている大衆の利害に沿った「因果的連鎖」の破断として現象し、利害的な秩序の直中に欲望が闖入することによってのみ可能となるが、しかし、欲望のそうした闖入は、利害の働きが既に生じているところでしかなされ得ない。

利害の働きなしには欲望の闖入はない。「搾取され支配されている大衆の利害」とは、『アンチ・オイディプス』では、プロレタリアの階級利害のことであるが、これについてドゥルーズ＝ガタリは、マルクス主義の従来の説を踏襲し、前衛党なしには潜勢的にとどまるものだとする。プロレタリアの階級利害が現勢的なものとなるためには、それが前衛党によって一つの「意識」（階級意識）として表象され体現されなければならない。「もちろん、生産の水準（剰余価値を簒奪される者たち）または貨幣の水準（賃金を所得とする者たち）でのプロレタリア階級の理論的規定ということも考え得るが、しかし［…］、この規定によって階級利害として定義される客観的存在は、一つの意識によって体現されることのない限り、純粋に潜勢的な状態にとどまる。階級利害はこの意識によって創造されるものではないが、この意識によって、一つの組織化された党、国家装置の奪取を目指す党として現勢化されるのである」［AŒ, 304／㊦七九―八〇］。**『アンチ・オイディプス』の著者たちは、前衛党、意識**

または前意識、プロレタリアート（プロレタリア階級）といった社会主義革命運動の諸要素の実効性を信じている。

階級利害の現勢化なしには革命的ポテンシャリティの現勢化はあり得ない、とドゥルーズ＝ガタリは主張するが、彼らの分裂分析の重要な特徴の一つは、これら二つの現勢化を峻別するという点に存する（この点においてドゥルーズ＝ガタリはマルクス主義を刷新する）。階級利害あるいはプロレタリアートの現勢化（社会主義革命運動）は、それ自体としては「資本主義をその下部から掘り崩す」ものには決してならないとされ、二〇世紀の歴史的経緯に照らしてその理由が説明される。「レーニンとロシア革命とによる偉業は、客観的存在あるいは客観的利害に適った一つの階級意識を創り出したということ、また、そのことを通じて資本主義諸国に階級の二極性を認めさせたということに存する。しかし、この偉大なるレーニン的切断は、社会主義それ自体において国家資本主義が復活するのを許してしまったばかりでなく、従来の資本主義がまさにモグラのような仕方でこの切断を回避するのを阻止することもできなかった。資本主義は切断の切断を続けることで、新たに認知された階級の幾つかのセクションを自らの公理系に取り込みつつ、未制御の革命的諸要素（資本主義によってだけでなく社会主義によっても制御されていない要素）については周縁やその飛び地へと排除したのだ」［AŒ, 305／(下)八一、強調引用者］。

社会主義体制は、その内部に資本主義を国家独占資本主義《スタモキャップ》として復活させてしまう。「何らかの国家が社会主義と見なし得るものになるためには、生産の変革、生産単位や経済計算の変革が必要である。しかし、そうした変革は、既に勝ち取られた国家が、余剰生産物や剰余価値の抽出、蓄積や吸収、市場や通貨計算といった問題、すなわち、公理系をめぐるこれまでと同じ問題に直面することなしにはなされ得ない」［AŒ, 304／㊦八〇］。それゆえに、社会主義国家においては、結局のところ、前衛党の支配下で官僚やテクノクラートが事実上の「ブルジョワジー」として振舞うようになるのを避けることができない（ロシア革命あるいは社会主義革命は、『アンチ・オイディプス』では以上のようにあくまでも資本主義に抗する試みとして論じられているが、その後の共著、とりわけ『哲学とは何か』では、本書第三部第一章で見る通り、産業資本主義と民主主義からなる国民国家の樹立としての近代市民革命、相対的な内在的脱領土化という枠組の中にその「二つの極」として包摂され、ブルジョワ革命と本性上区別されないものとして扱われることになる）。

ロシア革命のインパクトは「階級の二極化」として資本主義諸国においても現象するが、これもまた、資本主義公理系に吸収されてしまい、資本主義をその下部から掘り崩すものとはならない。ドゥルーズ＝ガタリは、資本主義にはたった一つの階級しか存在しない、ブルジョワジーだけが唯一の普遍的な階級として存在する、と考えている。「カースト」や「身分」といった前近代的制度はフローのコード化、「階級」はその脱コード化とそれぞれ規定され、両者は区別される。フランス革命を始めとした、貴族や封建制に対するブルジョワジーの闘争はコード全般に対する闘い、脱コード化の運動であり、その意味でこそ階級闘争だった。「階級はカーストや身分のネガをなすものであり、脱コード化された秩序、脱コード化されたカースト、脱コード化された身分なのだ。［…］コードに対する闘いを進め、フローの脱コード化の全般化と一体化するという資格においてブルジョワジーは、階級として存在する唯一のものとなる」［AŒ, 302／㊦七七］。階級の二極化とは、従って、**資本主義社**

会において唯一の階級として存在するブルジョワジーからプロレタリアートが割って出るということだ。しかし、新たな障碍に出くわすたびに新たな「公理」の追加によってそれを同化し、自らの内的極限《リミット》の拡大再生産を続ける公理系として作動する資本主義にとっては、プロレタリアートの出現も、団結した労働者による利害闘争も、新たな公理の追加とそれによる自己拡張とで乗り越え可能な障碍でしかない。「資本主義は従来の公理に新たな公理（労働者階級や労働組合を対象とした公理）を追加することによって初めてロシア革命を消化し得たが、しかし、そもそも資本主義には公理を追加する準備が常に整っており、ロシア革命に限らず、それよりずっと小さな事態、取るに足りないような事態に対しても、公理の追加を常に行っている。公理の追加は、資本主義に固有のパッションであり、それによって何かが本質的に変わるといったことは一切ない」［AŒ, 301／㊦七六］。逆に言えば、階級の二極化を通じたプロレタリアートの利害闘争はそれ自体、雇用や賃金、生活水準などに関する新たな公理の追加を資本主義に迫る闘争として現象する他ない、ということであり、また、闘争がそのように利害と公理の水準で展開されるものにとどまる限り、それによって資本主義がその下部から掘り崩されるといったことは決してない、ということだ。新たな公理の追加、また、それによる資本主義公理系の内的極限の拡大再生産は、確かに「中心においては賃上げや生活水準向上を可能にする」が、しかし、中心におけるそうした「小島」の産出には「中心から周縁への最も厳しい搾取形態の移動」（周縁が第三世界として組織されて資本主義システムの一部とされること）や「中心の直中における過剰搾取の飛び地の増殖」（第三世界が中心それ自体の内部に飛び地として組織されること）が必然的に伴う［AŒ, 448／㊦二九三］。要するに、**プロレタリアートはそれ自体としてはブルジョワジーの真の敵**

には決してなり得ない、ブルジョワジーに真に敵対するのはプロレタリアートそれ自体ではない、ということである。

3　切断の切断、その二つの体制

以上のような意味でこそ、ドゥルーズ＝ガタリは次のように言う。「私たちが革命的審級として欲望に訴えるのは、資本主義社会は利害の表出には多くの場合耐え得るが、逆に、欲望の表出にはいかなる場合も耐え得ない、と考えているからである」［AŒ, 455／㊦三〇三］。ドゥルーズ＝ガタリの分裂分析の主軸をなす利害／欲望の区別は、下部構造／上部構造というマルクス主義における従来の区別には重ならない。彼らは利害／欲望の両者を下部構造の直中に求め、マルクス主義の伝統では上部構造に属するとされてきた欲望的要素を下部構造の一部として位置付け直すことで、上部構造という考え方自体を退ける。分裂分析は上部構造を知らず、イデオロギーの存在を一切認めない分析であり、文字通りの基底還元論なのだ（ドゥルーズ＝ガタリによる資本主義分析の魅力は、何よりもまず、その徹底した基底還元論に存する。これは『千のプラトー』そして『哲学とは何か』でも変わらない）。

ドゥルーズ＝ガタリは、下部構造（経済）をポリス経済（一般的な意味での「経済《ポリティカル・エコノミー》」）とリビドー経済とに区別し、これら二つの経済がそれぞれ、社会野（歴史的かつ社会的に規定された現実）という同一対象への二つの異なる備給様式に対応するとした上で、ポリス経済の水準での社会的備給を

「利害または階級の前意識的備給」、リビドー経済の水準での社会的備給を「欲望または集団の無意識的リビドー備給」と区別する［AŒ, 124-125, 413／㊤二〇〇—二〇三、㊦二四〇］。二つの社会的備給のこの区別からさらに、「革命的な前意識的備給」（階級利害の現勢化）と「革命的な無意識的備給」（革命的ポテンシャリティの現勢化）という二つの革命的備給（「対抗備給」）の区別、また、それらによって産み出される二つの切断（「分裂《スキーズ》」）の区別が派生する。ここでドゥルーズ＝ガタリが強調するのは、**革命的な前意識的備給による切断なしには革命的な無意識的備給はあり得ないが、しかし、革命的な前意識的切断と共に生じる無意識的リビドー備給がそれ自体としても革命的なものであるとは限らない**、という点だ。

前意識の観点からは革命的と見なし得る目標と総合が産み出され、それらに対応した新たな力能、新たな身体にリビドーが一体化する場合であっても、無意識的リビドー備給がそれ自体としてもそこで革命的となっているかどうかは定かではない。無意識的欲望の次元と前意識的利害の次元では、問題となる切断が同じではないからだ。革命的な前意識的切断は、新たな社会体の開発と定義すれば十分だ。すなわち、何らかの新たな社会体が、新たな目標を携えた充実身体として、また、新たな条件の下に欲望的生産を従属させる力能形態あるいは主権形成体として開発される、ということである。しかし、無意識的リビドーがこの新たな社会体への備給を担うにしても、その備給が前意識的備給と同じ意味で革命的なものになっているとは限らない。革命的な無意識的切断は実際、社会体の極限《リミット》としての器官なき身体に関わるものであり、この切断においては逆に、力能が反転され、従属関係が反転される限りで、欲望的生産こそが社会体を従属させる。前意識的革命において問題となるのは、社会的生産の新たな体制が新たな目標、利害を創出し、配分し、充足させるということだが、無意識的革命において問題となるのは、そうした変化を力能形態として条件付ける社会体だけではなく、器官なき身体へと反転された力能としてその社会体内部に見出される欲望的生産の体制なのだ。両者においてフローや分裂《スキーズ》は同じ状態にはない。一方の切断は二つの社会体の間の切断であり、新たな社会体は、欲望のフローを利害の新たなコードあるいは公理系に導き得るかどうかという能力によって評価される。他方の切断は社会体内部の切断だが、この切断が可能となるためには、社会体に、欲望のフローをそれらのポジティヴな逃走線に沿って流す能力、生産的な切断の切断に従って欲望のフローを切断し直す能力がなければならない。[AŒ, 416／㊦二四四—二四五、強調引用者]

革命的な前意識的備給によって産み出される切断は、新旧二つの社会体の間の切断であるのに対して、革命的な無意識的備給によって産み出されるはずの切断は、社会体の表裏二つの面の間での切断、すなわち、充実身体としての社会体それ自体と、「そのもう一つの面」としての器官なき身体との間での切断だとされる（原始共同体では大地が、専制国家では専制者すなわち王が、資本主義では貨幣資本がそれぞれ充実身体をなすとされる。社会的生産のそれぞれの形態において充実身体は、それ自体としては反生産的要素としてあるが、それゆえにこそまた、あらゆる生産がそこから生じるかのような準原因として振舞う[AŒ, 16／㊤二九]。他方、器官なき身体は、大地や王、貨幣資本といったすべての充実身体にとって、共通の外的極限をなすとされる)。二つの切断または分裂を以上のように区別した上で、ドゥルーズ＝ガタリは、革命的な前意識的切断(レーニン的切断)なしには無意識的切断はあり得ないが、この前意識的切断と共に生じる無意識的リビドー備給がそれ自体としても切断をなすかどうか、すなわち、革命的な切断となるかどうかは定かではない、別様に言えば、階級利害の現勢化が革命的なポテンシャリティの現勢化を導くかどうかは定かではない、という点を強調する。『アンチ・オイディプス』での戦術論により引き寄せて言い直せば、**レーニン的切断において無意識的リビドー備給がそれ自体としても革命的なものとなるためには、レーニン的切断そのものが切断されなければならない**、とされるのだ(「生産的な切断の切断」)。

ここでドゥルーズ＝ガタリが問題にしているのは、二つの異なる「切断の切断」の間の敵対性だと言うこともできるだろう。先に見た通り、資本主義によるレーニン的切断の「消化」もまた、この切断を切断することによってなされるとされていた。レーニン的切断は、一方で資本主義から社会主義への移行(二つの社会体の間の切断)として、他方で階級の二極化(ブルジョワジーとプロレタリアートの間の切断)として現象するが、いずれにおいてもレーニン的切断は資本主義によってそれ自体、切断されてしまう。前者のレーニン的切断(社会主義国家の樹立)は、国家独占資本主義という形態での資本主義の復活によって切断され、後者のレーニン的切断(プロレタリアートの形成)は、新たな公理の追加を通じた資本主義公理系の内的極限の拡大再生産によって切断される。レーニン的切断は、それ自体としては、資本主義による切断を避けることができない。

しかし同時にまた、レーニン的切断は、資本主義による切断とは異なる「切断の切断」の可能性を創出するものでもある。この「生産的な切断の切断」こそがまさに、資本主義をその下部から掘り崩すのだ。前意識的備給が革命的なものであり切断をなすものであっても、そこで生じる無意識的リビドー備給は、この前意識的備給に従属した状態にある限り、すなわち、利害的因果性に従属した状態にある限り、さらに換言すれば、「原因」としての資本主義から「目標」としての社会主義へと向かう階級利害の現勢化過程に従属した状態にある限り、それ自体としては「反動的な」ものにとどまる。この反動的な無意識的備給を、ドゥルーズ＝ガタリは「偏執狂《パラノイア》的備給」と呼ぶ。反対に、レーニン的切断の直中において無意識的リビドー備給がそれ自体としても「革命的な」ものとなるためには、前意識的備給への従属が反転され、利害的秩序に基づく因果的連鎖が欲望の闖入によって破断されなければならない。革命的な前意識的備給と共に生じつつもなおその前意識的備給を欲望的生産に従属させる無意識的リビドー備給こそが、革命的な無意識的備給なのであり、これをドゥルーズ＝ガタリは偏執狂的備給と対置して「分裂者《スキゾ》的備給」と呼ぶ。

偏執狂的備給と分裂者的備給は、無意識的リビドー備給の二つの対極としてある。前者は欲望的生産を主権形成体とそこから生じる群的集合とに従属させるものだが、後者はこれとは逆の従属関係を実現するもの、すなわち、力能を反転させ、群的集合を欲望的生産の分子状多様性に従属させるものだ。［…］無意識的リビドー備給のこれら二つの極はそれぞれ、利害の前意識的備給とは別の関係、別の関係形態を有する。利害の備給は実際、その本質として、偏執狂的欲望の備給を自らのうちに隠しており、隠すことによってそれをいっそう強化してもいる。利害の備給は

> 利害、原因、手段、目標、理性からなる秩序の存在の下に偏執狂的欲望備給の非理性的性格を隠しているのだ。〔…〕前意識的備給が優れて革命的なものであっても、革命において優先されるべき利害、因果性の不可避的な連鎖といったものの名の下で新たな社会体に欲望的生産が従属させられる限り、リビドーの水準では偏執狂的備給がそっくりそのまま維持されることになる。前意識的利害は反対に、別のタイプの備給が必要であることを発見し、目標や利害を問いに付す形で因果性を破断させなければならない。〔…〕充実身体として新たな社会体を構築するだけでは不十分であり、それに加えてまた、この新たな社会的充実身体のもう一つの面へと、すなわち、新たなモル状集合を自らに従属させた形で分子状欲望形成体が実現され、書き込まれる面へと向かわなければならない。そのときこそ初めて私たちは、リビドーの革命的な無意識的切断と革命的な無意識的備給に達するのだ。〔AŒ, 451-452／㊦二九八―二九九〕

プロレタリア革命はそれ自体としては資本主義をその下部から掘り崩すものとはならない。この「それ自体としては」は、最も簡潔には、そこでの無意識的リビドー備給が偏執狂的備給にとどまる限りでは、と言い換えることができるだろう。階級利害に欲望が従属し、社会的生産（新たな社会体、その主権形成体、そのモル状集合といったものの生産）に欲望的生産が従属し、前意識的切断に無意識的リビドー備給が従属している限り、プロレタリア革命は資本主義をその下部から掘り崩すものとはならない。**偏執狂的備給を反転させて、階級利害を欲望に従属させ、社会的生産を欲望的生産に従属させ、前意識的切断を無意識的リビドー備給に従属させる分裂者的備給を作り出すことによってのみ、**

プロレタリア革命は資本主義をその深奥から覆すことができるのである。

ドゥルーズ＝ガタリは利害の水準での集団形成を「階級《クラス》」（モル状あるいは群的集合）、欲望の水準での集団形成を「集団《グループ》」（分子状あるいは横断的多様体）と呼んで区別するが、この観点からはさらに、階級への集団の従属、前意識的階級利害への無意識的集団欲望の従属についても同じことが指摘できるだろう。「集団」についてドゥルーズ＝ガタリは、階級利害に従属する「服従集団」と、この従属関係を転倒させ、欲望的生産にのみ従う「主体集団」とを区別し、次のように論じている。「前意識の観点からは革命的と見なし得る集団でも服従集団にとどまる。権力を勝ち取った集団でも、その権力が欲望的生産を自らに従属させて圧し潰す限り、服従集団にとどまる。［…］反対に主体集団とは、リビドー備給それ自体が革命的なものとなっている集団のことだ。主体集団は欲望を社会野に浸透させ、欲望的生産に社会体や力能形式を従属させる［…］」［AŒ, 417／㊦二四六］。**プロレタリア革命が前意識的革命だけにとどまることなく、無意識的革命にまで達するためには、階級利害に従属して欲望的生産を圧し潰す「服従集団」を転倒させ、欲望的生産のみに従う「主体集団」を構築しなければならない、**ということだ。

4　なぜ欲望なのか

新たな社会体へのリビドーの偏執狂的備給（レーニン的切断それ自体）ではなぜ資本主義をその下部

から掘り崩し得ないのか、なぜドゥルーズ＝ガタリがそう唱えているのか、という点については既に見た。それではなぜ欲望なのか。なぜ欲望が「革命的審級」をなすと言われるのか。革命的な前意識的切断への無意識的リビドー備給の従属の反転、分裂者的備給こそが資本主義をその下部から掘り崩すとされるのは、いかなる理由によるのか。ドゥルーズ＝ガタリは、**資本主義がそれ自体、利害によってではなく、欲望によって定義される、**と考えている。この意味でこそ彼らは、「資本主義社会は〔…〕欲望の表出にはいかなる場合も耐え得ない」と主張するのである。

> 資本家は資本主義に利益《インタレスト》を見出す。この平板な事実確認は、しかし、別のことを言うためのものだ。すなわち、資本家たちが資本主義に利益を見出すのは、資本主義から彼らが得る利潤徴収によってのことでしかなく、この利潤徴収は、それがいかに莫大なものであっても、資本主義を定義するものではない、ということを。資本家において、資本主義を定義するもの、利潤の条件をなしているものは、利害《インタレスト》とは性質を異にする備給、リビドー的かつ無意識的な欲望備給である。この備給は、それ自体が利潤の条件となっている以上、利潤によって説明されるものではなく、むしろ反対に次のことを説明する。すなわち、大した利潤も希望もない小規模の資本家であっても常に、資本家としてのすべての備給をまるごと維持しているということ。〔…〕資本主義を定義するのは、要するに、真に無意識的なリビドー、一切の利害から解かれた愛なのである。〔…〕以上の同語反復的な事実確認から、次のことも理解できる。すなわち、利害の前意識的備給が資本主義に向かわない、あるいは、向かい得ないような人々であっても、資本主義に適い、

資本主義をほとんど脅かさないような無意識的リビドー備給を維持している場合がある、ということだ。〔AŒ, 449／(下)二九四―二九五〕

資本主義が欲望の水準で定義されるものである以上、資本主義をその下部から掘り崩す闘いもまた欲望の水準でなされなければならない。マルクス主義の書としての『アンチ・オイディプス』のとりわけ際立った貢献の一つは、実際、原始共同体や専制国家、資本主義といった社会体（社会機械）の定義を利害ではなく欲望に求めた、という点にある。彼らは、「あらゆる集団形成の企てに洪水をもたらしかねない大いなる生命的かつ宇宙的記憶」〔AŒ, 225／(上)三五九〕としての欲望の存在を前提とした上で、それぞれの社会体は、それ自体が第二の記憶として機能することでこの欲望を制御するその仕方によって定義されるとする（精確には第三の記憶と言うべきだろう。というのも、ドゥルーズ＝ガタリにおいて人間は、有機的生命体としての原初の記憶すなわち本能を忘却した特殊な動物、これに代わって、自らの死を招きかねない非有機的な第二の記憶を欲望として獲得した動物、だからこそまた、その制御のために第三の記憶として制度を必要とする動物だとされるからである）。さらに彼らはまた、『道徳の系譜学』におけるニーチェの有名な議論を全面的に踏襲する形で、**いずれの社会機械においても欲望の制御は負債あるいは債権債務関係を通じて行われる**、と論じている。

マルクスの生産様式段階論が負債の観点から読み替えられるのだ。原始共同体（大地的原始機械）においては現住者（土着民）の間で負債が水平に移動し、その軌跡が欲望のフローの通り道となる。贈与が負債を産み出し、その負債の解消のために新たな贈与が行われる（ドゥルーズ＝ガタリが「交換」理論を採用しないのは、それが負債を捨象してしまい、ゆえに欲望を問題にできないからである）。バケツリレーのようなやり方で、大地の平面上で水平に負債を移動させることでなされる欲望のフローのこの制御を、ドゥルーズ＝ガタリはフローのコード化と呼ぶ。それに対して専制国家（専制的野蛮機械）は、天空に突然、余所者が到来することで始動する。天空の余所者は、地上の現住者たちに対して無限の贈与を一挙に行い、これによって無限の債務を負わされる現住者たちは、余所者に無際限の返済を強いられることになる（ここでも、現住者同士での「万人の万人に対する戦争」とその回避のための君主への主権委譲といった類いの、利害に基づく交換論は採られない）。ご恩と奉公のようなやり方で天空と大地の間に垂直に打ち立てられる債権債務関係が、欲望のフローの通り道となる。ドゥルーズ＝ガタリは、この専制的負債様式をフローの超コード化と呼ぶ。資本主義（資本主義的文明機械）においては、欲望のフローが、原始共同体によるコード化からも、専制国家による超コード化からも、解かれることになる（フローの脱コード化）。原始共同体においては水平に、専制国家においては垂直に債権者／債務者が配置されていたが、資本主義においては、現住者一人ひとりが個々に無限債務を内面化し、自分自身への無際限返済を強いられることになる。各人の内面に解消不能な債権債務関係がセットされることでなされる欲望のフローのこの制御は、フローの公理化と呼ばれる（「資本主義によって、フローは脱コード化されると同時に公理化される」［AŒ, 293／㊦六二］）。オイディプスあるいは家族が問題にされるのは、まさにここにおいてのことだ。無限債務の内面化とは、超自我の内面化としての現住者の文明化（オイディプス化）のことに他ならないからである。[2] **いずれの社会機械の創設（革命）も、それ自体としてはいかなる必然性もない完全に突発的な贈与（負債の贈与）の一撃によっ**

てなされる。たとえこの贈与が何らかの利害的な因果性の中で準備されたものだとしても、社会機械の創設それ自体は突発的な贈与による切断によって欲望の水準でなされるのである。ドゥルーズ＝ガタリが次のように言うのは、この意味でのことだ。「世界史とは偶然性の世界史であり、必然性のそれではない」［AŒ, 163／㊤二六四］（この歴史観は、基底還元論と共に、『千のプラトー』そして『哲学とは何か』でも維持される。基底還元論に基づく必然史観としての弁証法的唯物論に対して、ドゥルーズ＝ガタリは、基底還元論に基づく偶発史観としての史的唯物論を構想する）。[3] そして同じことは、資本主義をその下部から掘り崩す革命についても真であるはずだ。

内面化された無限債務への無意識的リビドーの偏執狂的備給こそが、資本主義あるいはブルジョワ社会を定義する。この意味でこそ、他の社会体と同様、資本主義もまた利害によってではなく欲望によって、交換によってではなく負債によって定義されると言われるのである。欲望は利害を条件付けるものであって、それ自体としては一切の利害から解かれている（「無意識的リビドー備給によってこ

2　『アンチ・オイディプス』におけるこの債務様式論を誰よりも早く的確に理解し、誰よりも手際よくまとめてみせたのが、若き浅田彰である。『構造と力』（勁草書房、一九八三年）に収められた論文「コードなき時代の国家」は、現在もなおその明晰さにおいて他の追随を許さないものであり続けている。また、この負債様式論に依拠して新自由主義を分析した良書に、マウリツィオ・ラッザラートの以下の著作がある。Maurizio Lazzarato, *La Fabrique de l'homme endetté: Essai sur la condition néolibérale*, Éditions Amsterdam, 2001. 邦訳『〈借金人間〉製造工場――〝負債〟の政治経済学』、杉村昌昭訳、作品社、二〇一二年。

3　この点については、第三部第一章、第二章において再論する。

そ私たちは、ある特定の側へと利益を求めに向かい、ある特定の道に目標を定める。愛によってそこへと追い立てられているのだから、そこにこそチャンスがあるはずだと私たちは確信するのだ」［AŒ, 413／㊦二四〇］）。同様にまた、負債こそが交換を条件付けるものであって、その逆ではない。**資本主義の本質は、資本家による「飽くなき利潤追求」にあるのではなく、その条件をなす無限債務の内面化にこそあり、この内面化、オイディプス化は資本家に限られた現象では微塵もなく、まさしく唯一にして普遍的な階級としてのブルジョワジーの形成に万人を巻き込むものなのだ。**だからこそ、「利害の前意識的備給が資本主義に［…］向かい得ないような人々」、すなわち、搾取され支配されている大衆であっても、「資本主義に適い、資本主義をほとんど脅かさないような無意識的リビドー備給を維持している場合がある」と言われるのである。

5　プロレタリアートから分裂者《スキゾ》へ

レーニン的切断（資本主義から社会主義が割って出ること、ブルジョワジーからプロレタリアートが割って出ること）がそれ自体としては資本主義による切断の切断（国家独占資本主義、新たな公理の追加）を招く他なく、資本主義を脅かすことがないのは、つまるところ、そこでの無意識的リビドー備給が、内面化された無限債務への偏執狂的備給にとどまっているからだと言えるだろう。資本主義との真の闘いは、従って、この偏執狂的リビドー備給との闘い、この備給を導く負債様式との闘いでなければならず、その意味において、オイディプスあるいは家族との闘いでなければならない。だからこそドゥルーズ＝ガタリはまた、**資本主義において唯一の階級をなすブルジョワジーに真に敵対するのは、そこから新たな階級として割って出るプロレタリアートではなく、絶対的な階級外をなし、欲望的生産にのみ従う分裂者であり、分裂者たちが形成する主体集団**だとするのである。

理論上の対立は二つの階級の間に存するのではない。なぜなら、階級という概念それ自体がすべてのコードの「ネガ」を意味するものである限りにおいて、階級は一つしかないということを含意しているからだ。理論上の対立は〔…〕、脱コード化されたフローのうち、資本の充実身体上で階級的公理系に入ってゆくものと、専制的シニフィアンからだけでなく階級的公理系からも自らを解き放つもの、すなわち、専制的シニフィアンのなす壁とこの壁に対して公理系がなす壁（壁の壁）をいずれも乗り越え、器官なき充実身体上を流れようとするものとの間にある。理論上の対立は階級と階級外の間に、機械に奉仕する者たちと機械あるいはその部品を吹き飛ばす者たちとの間に、社会諸機械の体制と欲望諸機械の体制の間に、相対的な内的極限と絶対的な外的極限の間に存する。さらに言えば、理論上の対立は資本主義者たちと分裂者《スキゾ》たちの間にあり、両者は脱コード化の水準では本質的に近しい関係にあるが、公理系の水準では本質的に敵対しているのである（一九世紀の社会主義者たちが構想したプロレタリアート像における、プロレタリアートと完全な分裂者との類似は、この点に由来する）。［AŒ, 303／㊦七九、強調引用者］

理論上の対立、すなわち、理論的に同定される真の敵対性は欲望の水準にあり、ブルジョワジーと分裂者の間に、階級と階級外の間にある。この議論において、しかし、何よりも私たちの関心を引くのは、『アンチ・オイディプス』の著者たちがこの敵対性を、あくまでも「理論上の」ものだと強調している点、より踏み込んで言えば、この強調によって彼らが、理論的に同定される真の敵対性に実践において達するためには、別の敵対性、実践上の敵対性、利害の水準でのブルジョワジー／プロレタリアートの敵対性をまず創出し、それを通過しなければならない、という考えを示している点だ。実際、以上に引用した箇所には次の一文が続く――「だからこそプロレタリア階級という問題はまずは実践に属する」。この一文はプロレタリアートについて、それが実践においてのみ生じる問題であって真の問題ではない、として退けるものではない。「まずは実践に属する」とあるように、著者たちはここで、プロレタリアートを理論的な敵対性にも開かれたものとして位置付けているのだ。ドゥルーズ＝ガタリはプロレタリア革命を捨てない。理論的に同定された敵対性を実践的に創出するには、プロレタリアートの実践性を通過しなければならない。実践上は、ブルジョワジーから直ちに分裂者が割って出る、ということはあり得ない。**ブルジョワジーから分裂者が割って出るためには、実践的には、まずブルジョワジーからプロレタリアートが利害の水準で割って出た上で、このプロレタリアートから分裂者が欲望の水準で割って出なければならない。切断（レーニン的切断）とその切断（生産的な切断の切断）、すなわち、階級利害に依拠したプロレタリアートによるプロレタリア革命（レーニン的切断）と、欲望的生産に依拠した分裂者による主体集団の実現（生産的な切断の切断）とからなるこの過程こそが、『アンチ・オイディプス』で提案される「プログラム」**なのだ。

しかし、ドゥルーズ＝ガタリはなぜ、革命的ポテンシャリティの現勢化の条件として、階級利害の現勢化の必要性を説くのだろうか。真の敵対性が理論的に既に明確に同定されているにもかかわらず、彼らはなぜ実践上の偽の敵対性を重視し続けるのだろうか。『アンチ・オイディプス』には私たちのこの疑問に答えるような記述はない。そこではただ、「革命の帰趨が搾取され支配されている大衆《マス》の利害だけに結び付いている、ということは明白極まりない」とされ、利害の水準での闘いなしにはいかなる革命過程も始まらない、ということが自明視されているだけだ。階級利害の現勢化についてドゥルーズ＝ガタリが問題にしているのは、その二重の不可能性だと言えるかもしれない。搾取され支配されている大衆は、まさにその資格において、階級利害の現勢化へと向かわずにはいられない（第一の不可能性）。しかし同時にまた、階級利害の現勢化はそれ自体としては、彼らを搾取し支配する資本主義そのものの内的極限の拡大再生産しか導き得ない（第二の不可能性）。革命的ポテンシャリティの現勢化は、階級利害の現勢化をめぐるこの二重の不可能性（あるいは、それによって形成されるダブル・バインド）に強いられて実現される、と言えるのではないか。レーニン的切断のその二重の不可能性こそが、この切断そのものの生産的切断へと人々を追い立てるのではないか。ブルジョワジーからプロレタリアートが割って出ることの二重の不可能性こそが、プロレタリアートから分裂者として割って出ることを人々に強いるのではないか。これと同じことは、しかし、ドゥルーズ＝ガタリの議論それ自体についても言わなければなるまい。『アンチ・オイディプス』の著者たち自身もまた、プロレタリアートという形象の二重の不可能性を自ら創造することで、それに強いられて分裂者という新たな形象を創造したのだ、と。

補論　分裂分析と新たな主観性／主体性の生産
――ガタリ『アンチ・オイディプス草稿』

ここまでで私たちは、『アンチ・オイディプス』における「分裂分析《スキゾアナリーズ》」が、資本による主体の服従化と「服従集団」の形成を欲望の水準で転倒し、「分裂者《スキゾ》」による横断的、多様体的、水平的な「主体集団」を形成することを企図していた、という点を明らかにしてきた。ところで、そのような成果をもたらした『アンチ・オイディプス』執筆のためのドゥルーズとガタリの共同作業において、ガタリはどのような理論的貢献を果たしたのだろうか。その貢献は精神分析の分野に限定されるのだろうか。また、ガタリの理論的貢献は、いかなる意味でドゥルーズの理論を変容させたのだろうか。本章において私たちは、これらの問いから出発して、ドゥルーズ＝ガタリの共同作業におけるガタリの貢献について論じてみたい。

そうした目的に沿って本章では、『アンチ・オイディプス』の執筆過程でガタリが書いたノートを精神科医ステファヌ・ナドーが編集、出版した『アンチ・オイディプス草稿』[1]を読解し、ガタリそしてドゥルーズ＝ガタリに固有な「分裂分析」の意味を考察する。その考察を通じて私たちは、「分裂分析」というガタリの理論が、ラカン的な構造主義的精神分析理論へのオルタナティヴとして、「機械」、「横断性」といった概念を導入しつつ、(1)権力の内面化によって確立される超越論的主体の審級を廃棄し、それを通じて新たな集団的主観性／主体性[2] [subjectivité] を生産すること（主体集団の形成）、(2)さらにはそうした集団的主観性／主体性の生産に基づいて、ヒエラルキー的支配なき横断的社会を実現すること（革命的切断）、を探求するものであったことを明らかにする。その過程で私たちは、ガタリがドゥルーズに影響されつつ書いた論考「機械と構造」、そしてガタリに影響を与えることになるドゥルーズ『差異と反復』、『意味の論理学』も分析の対象とし、ガタリとドゥルーズの交錯的な影響関係を明らかにするだろう。

1　ラカン的「構造」から「欲望機械」へ

『アンチ・オイディプス』におけるガタリの貢献を評定するために、まず私たちは基礎作業として、「機械と構造」[3]（一九六九年）というテクストを参照しよう。『精神分析と横断性』に収録されたこのテクストは、『アンチ・オイディプス』で全面的に導入された「機械」概念を初めて素描したものであり、ドゥルーズとガタリの共同作業に大きな影響を与えたテクストである。一九六九年六月にドゥルーズとガタリが初めて出会ったとき、ガタリはパリ・フロイト派における研究発表としてこのテクストを準備していたところだった。[4]ガタリからその構想を聞いたドゥルーズは、「構造」概念を批判し、それを乗り越えようとする「機械」概念に魅了される。後に二人の共同作業において練り上げられたこの概念は、最終的に『アンチ・オイディプス』の中心概念となるだろう。

本論文でガタリは、特権的シニフィアンとしてのファルスによって支配されたシニフィアン連鎖、というラカン的「構造」概念に代えて、諸々の部分対象の自由な接続と切断を原理とする「機械」概念を導入し、絶えざる変容を原理とする「欲望諸機械」を「分裂分析」の核心に据えることを企図している。この「機械」概念は、ガタリによれば「産業社会の機械を換喩的に表現したもの」[5]であるが、同時に理論的には、**オイディプスなしで無意識を考えるために**[6]、言い換えるなら、**特権的シニフ**

1　Félix Guattari, *Écrits pour l'Anti-Œdipe*, textes agencés par Stéphane Nadaud, Lignes & Manifeste, 2004. 邦訳『アンチ・オイディプス草稿』、國分功一郎・千葉雅也訳、みすず書房、二〇一〇年。以下、EAŒ と略記する。

2　ガタリにおける « subjectivité » とは、他の諸機械との接続、切断によって変容を繰り返す機械状の主観（無意識と意識の両者を包含する前人称的諸特異性の領野）のあり方、すなわち「主観性」を意味すると同時に、その主観から帰結する主体（無意識の主体と意識の主体の両者を包含する主体）のあり方、すなわち「主体性」を意味する。従って私たちは、« subjectivité » を一貫して「主観性／主体性」と翻訳する。

3　Félix Guattari, « Machine et structure », in *Psychanalyse et transversalité*, Maspero, 1972, rééd. Découverte, 2003; exposé à l'École freudienne de Paris, 1969; paru dans la revue *Change*, n° 12, Seuil, 1972. 邦訳「機械と構造」、『精神分析と横断性』、杉村昌昭・毬藻充訳、法政大学出版局、一九九四年。以下、PT と略記する。

4　François Dosse, *Gilles Deleuze, Félix Guattari: Biographie croisée*, Découverte, 1997, p. 13. 邦訳『ドゥルーズとガタリ――交差的評伝』、杉村昌昭訳、河出書房新社、二〇〇九年、一二―一三頁。

5　Félix Guattari, Lettre à Gilles Deleuze, le 19 juillet 1969. 以下に引用されている。*Gilles Deleuze, Félix Guattari: Biographie croisée*, p. 17. 邦訳『ドゥルーズとガタリ――交差的評伝』、一六頁。

ィアンとしてのファルスによって支配されたシニフィアン連鎖というスタティックな「構造」概念を内部から爆破し、主体と社会体の変容の思考を可能にするために考案された概念なのである。ここでガタリが、無意識を「構造」（ラカン的な意味での言語構造）ではなく、生産的欲望としての「機械」として定義しようとしていることに注意しなければならない。構造は、言語構造のようなスタティックな差異の体系として存在するが、**機械とは、部品を組み替えられ、他の機械と接続され、コンピューターのようにプログラミングされ、ネットワークに接続されることで無限に変容し得る、文字通り横断的な接続をその原理とする。**その意味で、「機械と構造」というタイトルは、「構造に対立する機械」として読まれねばならない。[7]

ガタリによれば、構造とは言語構造のような「諸要素の相互参照」のシステムであり、主体的行為も言語によって分節されるという意味でそこに包摂される。それに対して機械は、「主体的行為とは中心を異にしており[excentrique]」、「時間経過[temporalisation]」の中での変容や、まったく新しい要素の「生起[surgissement]」によって定義される[PT, 241／三七八―三七九]。ガタリは、ドゥルーズ『差異と反復』[8]（一九六八年）、『意味の論理学』[9]（一九六九年）を参照しつつ、自らの「機械」概念を、「差異を伴う反復」、「パラドックス的要素」という変容の原理と近接させて、次のように定義する。

> ジル・ドゥルーズが導入したカテゴリーを援用するなら、私たちがここで取り上げる意味での構造は、特殊なものの取り替えもしくは置き換え可能な位置によって特徴付けられる一般性のカ

テゴリーに入るだろう。それに対して機械は、「取り替え不可能、置き換え不可能な特異性に関わる行動や視点として」[DR, 7／(上)二二] 反復の次元に属するものであろう。

ジル・ドゥルーズによる構造一般の定義の三つの最低条件の中から、私たちは初めの二つだけを取り上げることにする。

(1)少なくとも二つの異質なセリーが必要で、そのうち一方はシニフィアンとして、他方はシニフィエとして規定される。

(2)これらのセリーの各々は、それらが互いに保持する諸関係によってしか存在し得ない諸々の項によって構成される。

三番目の条件――「この二つの異質なセリーは、それらを異化するもの [différenciant]」[ドゥ

6　次の重要な手紙を参照。Gilles Deleuze, Lettre à Félix Guattari, le 29 juillet 1969. 先に引用したガタリの手紙への返信と思われるこの手紙において、ドゥルーズは次のように記している。「無意識に直接（つまり通常の家族的形象を経由せずに［…］）作用し得る社会‐経済的メカニズムとはどのようなものか、という私の問いに対して、あなたは「それは機械である」と答えています」[Gilles Deleuze, *Lettres et autres textes*, Minuit, 2015, pp. 39-40. 邦訳『書簡とその他のテクスト』、宇野邦一・堀千晶訳、河出書房新社、二〇一六年、五六頁]。

7　*Gilles Deleuze, Félix Guattari: Biographie croisée*, p. 269. 邦訳『ドゥルーズとガタリ――交差的評伝』、二四一頁。

8　Gilles Deleuze, *Différence et répétition*, PUF, 1968. 邦訳『差異と反復』上・下巻、財津理訳、河出文庫、二〇〇七年。以下、DR と略記する。

9　Gilles Deleuze, *Logique du sens*, Minuit, 1969, p. 66. 邦訳『意味の論理学』上・下巻、小泉義之訳、河出文庫、二〇〇七年。以下、LS と略記する。

ルーズの原文では、「差異化＝微分化」を意味するdifférentiantと書かれている」としての一つのパラドックス的要素へと収斂する」［LS, 66／(上)一〇〇—一〇一］——は逆に、もっぱら機械の次元に関係するものであろう。［PT, 240, n.／三九〇、注］

ここでガタリは、『差異と反復』に依拠しつつ、構造を「取り替え可能なもの、置き換え可能なもの」としての一般性の次元に、機械を「取り替え不可能、置き換え不可能な特異性に関わる」ものとしての反復の次元に、それぞれ位置付けている。つまり構造は、スタティックな「一般性」である「同一性の反復」として、機械は、変容する「特異性」である「差異を伴う反復」として定義される。

また彼は、『意味の論理学』における構造の定義（第八セリー「構造について」）を参照しつつ、シニフィアン／シニフィエという二つのセリーを「異化」、すなわち変容させるような第三の要素としての「パラドックス的要素」を、「機械の次元」にあるものと考える。

それでは、こうした変容の原理としての機械の概念は、構造に包摂され、特権的シニフィアンとしてのファルスによって規定されるスタティックな主体概念に代えて、どのような主体概念を提示するのだろうか。ガタリは次のように述べている。

機械にとって歴史の主体は、他の場所、すなわち構造の中にある。実のところ、構造の主体を、非全体化された全体のシステムと疎外関係にあるものと考えてみると、その主体はむしろ「自我性［moiïté］」の現象に関係付けるべきものであろう。というのも、自我はこの場合、ラカンの述べた原理――あるシニフィアンは、他のシニフィアンに対して主体を代理表象する――に対応するものとしての無意識の主体に対立するものだからである。そのようなものとしての無意識の主体は、機械の側に［du côté de la machine］、言わば機械の傍らに［*à côté de* la machine］ある。機械のいかなる断絶［rupture］も存在しない。切断［coupure］は機械の手前と向こう側に存在する。［PT, 241／三七九］

構造の主体は自己同一的な自我（意識の主体）である。それに対して、機械は無意識の主体をその傍らに持つ。なぜなら、無意識の生産的欲望としての機械は、シニフィアン連鎖を「切断」することによって、刻々と変容する「無意識の主体」を、「残滓」として、その傍らに作り出すからだ。[10] ここで機械とは無意識的な欲望機械のことであり、無意識の主体がその「傍らに」生産されるとは、無意識の主体が意識の主体とは異なった脱中心化された主体であり、それゆえに、無意識的な欲望機械の作用によって常に変容を繰り返す、ということを意味している。言い換えるなら、スタティックな構造

10　『アンチ・オイディプス』の以下の箇所は、「機械と構造」の先の引用［PT, 241／三七九］に基づいて執筆されたと思われる。「器官なき身体の上の諸々の離接の点は、欲望諸機械の周囲に幾つかの収斂する円環を形成している。こうして主体は、機械の傍らに［à côté de la machine］残滓として生産され、機械に隣接する付属物あるいは部品として、円環のあらゆる状態を通過し、一つの円環から次の円環へと移っていく。中心は機械によって占められ、主体自身は中心にいるのではなく周縁に存在し、固定した同一性を持たない。それは常に中心を外れ［décentré］、自分が通過する諸状態から帰結するものでしかない」［AŒ, 27／(上)四七］。

の再生産に変容をもたらすのは、無意識的欲望としての機械なのである。その点は、次の引用において明確になる。

> シニフィアン連鎖を超えた切断としてのこの無意識的主観性／主体性が、個人や人間集団から離れて機械の次元へと移行する、ということが正しいとしても、それでもなお、その無意識的主観性／主体性は、機械に固有の次元においては表象不可能なものであり続ける。無意識の構造的連鎖から離脱した［détaché］あるシニフィアンこそが、機械の表象代理［*représentant* de la représentation］の資格において機能するだろう。
>
> 　機械の本質とはまさしく、構造的に確立された事物の秩序とは異質の、代理するもの［représentant］としての、「異化するもの［différenciant］」としての、因果関係の切断［coupure causale］としての、あるシニフィアンの離脱［*détachement d'un signifiant*］の作用なのである。機械を、欲望的主体［sujet désirant］と、それに対応する様々な構造的秩序を基礎付ける根源の地位、という二重の面を持った登録域に結合するのは、この作用に他ならない。特異的なものの反復としての機械は、個人的あるいは集団的平面上の一般的なものの秩序における主観性／主体性の多様な形態を一義的に表象する、一つの様態、あるいは唯一可能な様態を構成する。［PT, 243／三八二］

機械の本質は、「あるシニフィアンの離脱」に、すなわち、差異の体系として構造化されたシニフィアン連鎖の秩序を「切断」し、それを「異化」することにある。[11] ガタリは別の箇所で「あるシニフィアン」を「対象ａ［objet « a »］」あるいは「機械－対象ａ［objet-machine « a »］」と名指している。「構造的な座標系に還元不可能、同化不可能なこの「機械－対象ａ」の存在、切断や換喩といった様式においてしか構造の諸要素と関係しないこの「それ自身でしかないもの」は、言語格子を使ったそ

11　ラカンはセミネール『精神病』（一九五五―五六年）において、コンピューターという「機械」を比喩として用いながら、精神病（分裂症）における、シニフィアン連鎖からのある特定のシニフィアンの「排除」のメカニズムについて語っている。ここから、「あるシニフィアンの離脱」が、分裂症におけるシニフィアンの「排除」のメカニズムから構想された、という可能性を考えることもできる。後述するように、ガタリはこのセミネールに参加していた。「抑圧を受けたものは回帰します。というのも、抑圧と抑圧されたものの回帰は、同じ事態の表裏でしかないからです。抑圧されたものは常にそこにあり、完全に分節化された形で、症状や他の多くの現象に表現されています。それに反して、排除［Verwerfung］を受けたものは、まったく異なった運命を辿るのです。この点については、私が昨年度の講義で行った、象徴的次元の諸現象と現代的意味での機械に起こることとの比較を思い起こしていただくと役に立つと思います。この機械は、まだ話をするわけではまったくありませんが、まもなく話し始めるでしょう。その機械に様々な数字を入れることによって、私たちがすれば恐らく一〇万年はかかる計算に、この機械が答えてくれるのを待つのです。しかし、その機械の固有のリズムを乱さないという条件で初めて、その回路に様々なものを入れることができます。さもなければ、それは下に落ちてしまい、回路に入ることができません。イメージがわきましたでしょうか。つまり、排除［Verwerfung］という意味で、象徴的な次元で拒否されたすべてのものが現実界に再び現れる、ということが起きるのです」［Jacques Lacan, *Le séminaire*, Livre III « Les psychoses », texte établi par Jacques-Alain Miller, Seuil, 1981, p. 21. 邦訳『精神病』上巻、小出浩之他訳、岩波書店、一九八七年、一八―一九頁］。この点については、小泉義之氏から示唆を得た。

れ自身の表象が、ある袋小路、反復的他者性の断絶点、招集点にしか導かない、という地点にたどり着く」[12] [PT, 244／三八四]。「機械－対象a」とは、この意味で、構造化されたシニフィアン連鎖の秩序を「切断」し、それに変容をもたらすような「仕掛け爆弾 [machine infernale]」[PT, 244／三八四]なのである。

先の引用でガタリは、『差異と反復』における「一般性の反復」としての同一性の反復（「裸の反復」）と、「特異性の反復」としての差異を伴う反復（「着衣の反復」）という区別を、自らの「機械」概念に取り入れている。そして、同一性の反復としての構造的因果関係を「切断」し、欲望的生産のメカニズムに従って絶えず差異を生産していくような、「欲望的主体」としての「欲望機械」という概念を打ち立てる。そもそもラカンにおける「対象a」が「欲望の対象－原因[13] [objet-cause du désir]」と定義されていたことを想起すれば、ドゥルーズ＝ガタリによって「対象a」が、欲望的生産に貫かれた「欲望機械」という概念に変容されたことは、それほど不思議ではない。**シニフィアン連鎖を切断する「対象a」とは欲望の動因であり、それが欲望機械の作動を可能にするのである。欲望の動因である「対象a」は、超越論的シニフィアンによって安定的に組織化されたシニフィアン連鎖を切断し、諸機械を他の諸機械と接続、切断して、絶え間のない変容を生み出すだろう。**『アンチ・オイディプス』が提示した「欲望機械」の概念は、ここで既に予告されている。

ガタリのこうした「機械」概念を取り入れることで、『アンチ・オイディプス』は、「欲望機械」という新たな概念を創造し、主体概念を根本的に刷新した。欲望機械とは、諸々の部分対象としての「機械」同士が接続、切断を繰り返すことによって、エネルギー生産と消費を横断的に実現し、変容を繰り返す過程のことだ。根本的に欲望的生産に貫かれたこの過程を、ドゥルーズ＝ガタリは、生産の生産、登録の生産、消費の生産という概念によって説明する。例えば、口機械は母乳を生み出す乳房機械に接続され、母乳というエネルギーのフローを切断し、消費する。諸機械の横断的接続を通じて実現されるエネルギーのフローの生産、登録、消費という一連の過程は、同時に、「器官なき身体」という登録平面に対置される。そして、こうした生産、登録、消費の過程を通じて、連接された諸機械の傍らに、常に変容を繰り返す「主体」が生産されるのである。『アンチ・オイディプス』は次のように述べている。

> 「過程」という言葉の意味に従って、生産の上に登録が折り重ねられるが、この登録の生産そのものは、生産の生産によって生み出される。同様に、この登録に消費が続くが、消費の生産は登録の生産によって、また登録の生産の中で生み出される。つまり、ある主体の秩序に属する何かが登記の表面の上に見出される、ということだ。これは、固定した自己同一性を持たない奇妙な

12　ガタリ「機械と構造」における「対象a」の概念については、以下の解釈から示唆を受けた。*Gilles Deleuze, Félix Guattari: Biographie croisée*, Ch. 12 « La machine contre la structure ». 邦訳『ドゥルーズとガタリ――交差的評伝』、第一二章「構造に対立する機械」。千葉雅也、『動きすぎてはいけない――ジル・ドゥルーズと生成変化の哲学』、河出書房新社、二〇一三年、一七四―一七八頁。

13　Jacques Lacan, *Le séminaire, livre X* « L'angoisse », texte établi par Jacques-Alain Miller, Seuil, 2004, p. 120. 邦訳『不安』(上)、小出浩之他訳、岩波書店、二〇一七年、一五五頁。

主体であって、器官なき身体の上をさまよい、常に欲望諸機械の傍らにあって［à côté des machines désirantes］、生産物からどの部分を取るかによって定義される。この主体は、至るところで生成変化あるいは転身から報償を受け取り、自らが消費する状態から生まれ、それぞれの状態において生まれ変わる。「だから、これは私である。だから、これは私のものである……」。
［AŒ, 22-23／(上)四〇―四一］

欲望的生産のメカニズムに基づいて連接された欲望諸機械がエネルギーのフローの生産、登録、消費を繰り返すたびに、その傍らに主体が「残滓」として生産されるのだから、その主体は欲望諸機械に対して脱中心化され、常に変容を繰り返す自己同一性を欠いた主体となる。**欲望諸機械という概念は、エネルギーのフローの生産、登録、消費という過程に依拠して、変容の主体という新たな主体概念を提示するのである。**そのとき、ガタリの言う「対象aによるシニフィアン連鎖の切断」とは、欲望諸機械によるエネルギーのフローの生産、登録、消費の過程を素描しており、それはまさしく「欲望機械」を意味している。

ここで私たちは、先に引用した「シニフィアンの離脱」と「対象a」に関するパッセージを、『アンチ・オイディプス』における次のパッセージと関連付けて読み、シニフィアンの離脱、切断を諸々の部分対象の接続と切断として解釈してみよう（ガタリは一九九〇年の講演「諸機械について」において、「機械」概念とは、精神分析的意味での部分対象としての「対象a」の概念を、外部環境との接続と切断の原理として再定義したものである、と明言している[14]）。

真の本性上の差異は、象徴界と想像界の間にあるのではない。そうではなくて、欲望的生産を構成する機械的なものの現実的境域と、想像界と象徴界からなる構造的総体との間に存するのである。構造的総体は、もっぱら一つの神話とその諸々のヴァリアントを形成するに過ぎない。差異は、オイディプスの二つの使用法の間にあるのではない。そうではなくて、包括的、無制限的離接の非オイディプス的使用と、排他的離接のオイディプス的使用の間に存するのである。[…]ラカンは神経症さえ分裂症化して、精神分析の領野を覆すことのできる分裂症のフローを交通させた。対象aは、仕掛け爆弾［machine infernale］として、構造的均衡の直中に侵入する。それは欲望機械なのである。［AŒ, 99／(上)一六二―一六三］

対象aとは欲望的生産において接続と切断を繰り返す任意の部分対象であり、その接続と切断の原理

14　「今から二〇年前を参照するなら、私たちは「欲望諸機械」を想起することができる。欲望諸機械とは、精神分析の部分対象の理論、欲望機械としての対象aの理論を、人体に隣接した対象には還元できない要素という形式で手直ししたものである。そこでは反対に、問題なのは、欲望の諸対象、欲望諸機械、欲望の諸対象‐諸主体、部分的主体化のヴェクトルであり、それは身体、家族関係を超えて、社会的、宇宙的諸集合と、あらゆる性質の参照領域へと通じている」［Félix Guattari, « A propos des machines » (1990), in *Qu'est-ce que l'écosophie?*, Lignes / IMEC, 2013, p. 116. 邦訳「〈機械〉という概念をめぐって」、『エコゾフィーとは何か』、杉村昌昭訳、青土社、二〇一五年、一〇七頁］。

はまさしく機械の原理そのものである。従って、諸々の部分対象の自由な接続と切断こそが欲望的生産の特性をなす。対象ａの自由な接続と切断は、ラカン理論における特権的シニフィアンとしてのファルスが均衡させるシニフィアン連鎖を、異化、変容させ、爆破する。任意の部分対象相互の偶発的な接続と切断によって、構造的な因果関係（構造の同一的な再生産）が切断されるのであり、それによって、構造のようにスタティックな体系ではない、ダイナミックな変容を原理とした欲望機械と機械状接続が生み出されるのである。

また同時に、ガタリはドゥルーズの言う「パラドックス的審級」を「機械」として読み替えていた。ドゥルーズは、『意味の論理学』第六セリー「セリー化」において、ラカンの言う「手紙」＝ファルスを「パラドックス的審級」と定義し、ポーの『盗まれた手紙』におけるように、それが「空白の桝目」として複数のセリーを循環し、複数のセリーからなる構造を組織化する、ということを明らかにした。さらにドゥルーズは、第八セリー「構造について」において、「パラドックス的審級」をレヴィ＝ストロース的意味での「ゼロ記号」として再解釈し、構造の成立する条件を次の三つの条件として定義する。第一に、シニフィアン、シニフィエのような、少なくとも二つの異質なセリーが存在する。第二に、これらのセリーの各々は、それらが互いに保持する諸関係によってしか存在し得ない諸々の項によって構成される。第三に、二つの異質なセリーは、それらを差異化させる［différentiant］「パラドックス的要素」に向かって収束する。「パラドックス的要素」はゼロ記号として、シニフィアン、シニフィエという二つのセリーを絶えず循環して両者を差異化させ、同時に、両者を関係付ける特異点を配分、再配分することによって両者を変容させる［LS, 65-66／(上)一〇〇―一〇一]。ここで重要なのは次の点である。「対象＝x」（ドゥルーズはカントを参照しながら、対象＝xは「任意の」対象を示すと定義している［LS, 118／(上)一七八］。同時に、これがラカンの「対象a」を意識したものであることは想像に難くない）とも呼ばれるこの「パラドックス的要素」は、もはや欠如を意味するラカン的ファルスではなく、むしろ**互いに矛盾した諸要素を代入し得るゼロ記号として再解釈されている**のである。ここから私たちは、**ガタリ以前に既にドゥルーズが、欠如のシニフィアンであるラカン的ファルスを、互いに矛盾した諸要素を代入し得るゼロ記号である「パラドックス的要素」として再解釈し、構造の変容の動因としている、**という点を理解することができる。**ラカン的ファルスが、他者との関係性における原初的な欠如を契機として、（無意識の）主体という構造を組織化するものであったのに対して、ドゥルーズ的「パラドックス的審級」あるいは対象＝xは、互いに矛盾した諸要素を代入可能で複数のセリー間を循環するゼロ記号へと言わば「複数化」され、複数のセリーからなる構造の組織化のみならず、構造の変容の動因として再定義されているのである。**『意味の論理学』においてドゥルーズは次のように述べている。

> パラドックス的要素の機能とは、二つのセリーを相互に連接すること、二つのセリーを相互に反映させること、二つのセリーを交流、共存、分岐させることである。また、二つのセリーに対応する諸特異性を「錯綜した歴史」の中で結び付けること、諸特異性の割り当てから別の割り当てへの移行を保証すること、要するに、諸特異性の再配分を遂行することである。また、パラドックス的要素が過剰として現れるセリーをシニフィアンとして、パラドックス的要素と相関的に不

> 足として現れるセリーをシニフィエとして規定すること、とりわけ、シニフィアンのセリーとシニフィエのセリーという二つのセリーにおける意味の贈与を保証することである。［LS, 66／(上)一〇二］

パラドックス的要素は、このように、シニフィアンとシニフィエという二つのセリーを循環し、両者の近傍に位置して両者を結合する特異点の配分を変更し、セリーからなる構造そのものを変容させる。従って、パラドックス的要素は、欠如のシニフィアンとしてのラカン的ファルスではなく、**ガタリがドゥルーズの本文を誤記したその字義通り、構造を「異化するもの［différenciant］」なのである。**

ラカン的ファルスのこうしたゼロ記号への「複数化」、そして構造の変容の動因としての再解釈という方向性は、主体の同一性を解体し、変容の主体（あるいは差異を伴う反復）を構築することを主要な戦略とする『差異と反復』において、既に明確化されている。

> それら二つの現在［古い現在と現在の現在］が、諸々の実在的なものからなるセリーの中で可変的な間隔を置いて継起する、ということが真実だとしても、それら二つの現在はむしろ、別の本性を持った潜在的対象［ファルス］に対して共存する二つの現実的なセリーを形成しているのである。しかも、その別の本性を持った潜在的対象はまた、それら二つの現実的なセリーの中で、絶えず循環し、置き換えられる（たとえ、それぞれのセリーの諸々の位置、項、関係を実現する諸人

物、つまり諸主体が、それらとしては依然、時間的に区別されているにしても)。反復は、一つの現在からもう一つの現在へと構成されるのではなく、むしろ潜在的対象（対象＝x）に即してそれら二つの現在が形成する共存的なセリーの間で構成される。潜在的対象は、絶えず循環し、自己に対して置き換えられるからこそ、その潜在的対象がそこに現れてくる二つの現実的なセリーの中で、すなわち二つの現在の間で、諸項の変容と、想像的諸関係の変化を規定するのである。［DR, 138／(上)二八四―二八五］

ここでは、潜在的対象（対象＝x）としてのファルスが、欠如のシニフィアンではなくゼロ記号として再解釈され、過去の現在と現在の現在という二つのセリーを循環し、各セリーの諸項とそれらの関係性を変容させる役割を果たしている。つまり、『差異と反復』において既に、ラカン的ファルスは、複数のセリーからなる構造の変容の動因として再解釈されているのである。

ここでガタリに戻ろう。**ガタリはドゥルーズの「対象＝x」あるいは「パラドックス的要素」を「(機械−)対象a」と読み替え、それを、構造から離脱し、構造を「異化」させ、構造の再生産の因果性を破綻させる要素として、また、構造のようにスタティックな体系ではなく、絶えず変容する機械状連接を生み出す欲望の動因として再定義した**のである。

2　分裂分析とは何か

次に私たちは、ドゥルーズ＝ガタリが精神分析を批判的に乗り越えるべく提案した、「分裂分析」というプログラムの意味について考察する。そのために、『アンチ・オイディプス』第四章「分裂分析への序論」における分裂分析の定義を参照しよう。

彼らによれば、分裂分析の第一原理は、欲望を生産的機械として、社会的生産との関連において捉えるという点にある。「分裂分析の主張は単純である。欲望は機械であり、諸機械の総合であり、機械状動的編成《アレンジメント》であり、つまり欲望諸機械なのである。欲望は生産の秩序に属し、あらゆる生産は欲望的生産であり、社会的生産でもある」[15]［AŒ, 352／(下)一五二］。精神分析は、オイディプス、去勢といった原理によって、無意識を父の名という法へと従属させ、無意識の根本的な生産性を抑圧してしまう。それに対して、分裂分析が目指すのは、無意識的欲望を生産的機械として、社会的生産との関連において捉える、ということである。従って、**分裂分析とは、精神分析を根本的に社会化、唯物論化させるというプログラムなのである。**そこから、彼らは分裂分析の第一命題を、次のように定式化するだろう。

> 分裂分析の最も一般的な原理は、欲望が常に社会野を構成する、ということである。あらゆる点で、欲望は下部構造に属しているのであって、イデオロギーに属しているのではない。生産が欲望的生産として欲望の中にあるのと同様に、欲望は社会的生産として生産の中にある。［AŒ,

416-417／㊦二四五］

分裂分析の第一命題とは、あらゆる備給は社会的なものであり、欲望は社会野を構成する、というものである。なぜなら欲望とは、主体の意識ともイデオロギーとも異なり、社会的諸関係、さらには社会そのものを生産する、純粋に生産的なものであるからだ。そのような意味で「**欲望は下部構造に属している**」。

欲望が社会的生産を意味しており、それゆえ下部構造に属している、というまさにその点から、分裂分析の第二命題が導かれることになる。それは、「社会的諸備給において、集団または欲望の無意識的リビドー備給と、階級または利益の前意識的備給を区別せよ」［AŒ, 411／㊦二三七］、というものだ。この命題は、次のような問いと密接に結び付いている。

> 革命において客観的利益を持つ、または持つはずの多くの人々が、なぜ反動的な型の前意識的備給を保持するのか。より稀なことではあるが、客観的に反動的な利益を持つ若干の人々が、いかにして、革命的な前意識的備給を働かせることになるのか。［…］革命家たちがしばしば忘れ、

15　ガタリに由来する概念« agencement », « agencer »は、『アンチ・オイディプス』（宇野邦一による新訳）、『アンチ・オイディプス草稿』、『千のプラトー』邦訳ではそれぞれ「アレンジメント」、「アレンジする」と訳されているが、私たちは、この概念の動的な性格を強調するために「動的編成」、「動的に編成する」という訳語を採用し、必要に応じて「アレンジメント」、「アレンジ」とルビを振る。

あるいは認めようとしないことは、人が革命を欲し、これを行うのは、欲望によってであって、義務によってではない、ということである。［AŒ, 412-413／㊦二三八—二三九］

革命において客観的利益を持つはずの人々が反動的な型の前意識的備給を保持する、あるいは革命集団がヒエラルキー的で反動的な型の組織を保持する、などと両者が必ずしも一致しないのは、革命を抑制しているのが無意識の水準における主体化＝服従化だからである。言い換えるなら、無意識の水準で服従化された社会的備給こそが、前意識＝意識の水準における抵抗や革命を抑制しているのだ。例えば、労働者や社会的マイノリティのように利害において革命的であるべき人々が、しばしば反動的で保守的な政治的態度を示すのは、革命が無意識的欲望の水準において抑制されている、という点に起因する。従って、分裂分析の課題は、革命的で多様な無意識的かつ社会的備給を生産することに存している。

分裂分析の第三命題は、リビドーの社会的備給が家族的備給に対して優位にある、というものである。「分裂分析の第三命題は、事実と権利のどちらの観点からも、社会野のリビドー備給は家族的備給に対して優位にある、ということである。家族は、出発点においては任意の刺激であり、到達点における外因的結果でしかない。社会的生産における領野の性愛の形態においても、欲望的生産における非人間的な性の形態においても、非家族的なものとの関係が常に根本的である」［AŒ, 427／㊦二六〇］。リビドーの社会的備給が家族的備給に対して優位にあるとすれば、家族的備給は社会的備給のオイディプスへの写像あるいは折り重ねから生まれるに過ぎない。その意味において、家族的備給は主体化＝服従化の結果として生まれるのである。
最後に、分裂分析の第四命題は、第二命題と密接な関連を持つ。それは、リビドーの社会的備給の偏執狂的《パラノイア》、反動的、ファシズム的な極と、分裂者的《スキゾ》、革命的な極を区別せよ、というものだ。

分裂分析の第四の最後の命題は、リビドーの社会的備給の二つの極を、偏執狂的《パラノイア》、反動的、ファシズム的な極と、分裂者的《スキゾ》、革命的な極とに区別することである。［…］二つの極の一つは、欲望的生産と欲望諸機械が一定の力能形態や選別的主権形態の下で、大規模に構成する群居的集合への、欲望的生産と欲望諸機械の隷属によって定義される。他方は、それと反対の従属関係によって、力能の反転によって定義される。一方は、構造化されたモル的集合であり、諸特異性を破壊し選別し、自らがコードや公理系の中にとどめた諸特異性のみを正規のものとする。他方は、諸特異性の分子状多様体であり、逆に大集合を、精錬すべき素材そのものとして扱う。一方は、統合の線と領土化の線であり、フローを停止させ、堰き止め、システム内部の極限に応じてフローを逆転させ、切断し直し、それによってフローは、このシステムとこの集合に固有の内在野を満たす諸々のイメージを生産する。他方は、脱コード化し脱領土化したフローを後に従える逃走線であり、これは、新しいフローを生み出す固有の切断や非具象的分裂を発明し、欲望的生産とフローを分離するコード化された壁や領土的境界を絶えず乗り越える。先に述べたあらゆる規定を要約するなら、一方は服従集団によって、他方は主体集団によって定義される。［AŒ, 439-440／(下)二八〇—二八一］

偏執狂的《パラノイア》、反動的、ファシズム的な備給とは、諸特異性のフローが権力によって抑圧され、破壊され、モル化されたものであり、権力へと服従化され、領土化された「服従集団」を形成するような備給である。それに対して、分裂者《スキゾ》的、革命的な備給とは、諸特異性のフローを脱コード化するような逃走線であり、諸特異性の分子状多様体であって、権力へと服従化されない非ヒエラルキー的多様体である「主体集団」を形成する。ここから理解されるように、分裂分析の最終的な目的は、革命的な無意識的リビドー備給を作り出すことによって、諸特異性のフローを脱領土化し、無意識の水準で脱服従化された非ヒエラルキー的多様体としての「主体集団」を形成することに存するのである。

　ここで私たちは奇妙な点に気付かざるを得ない。私たちはここまでで「分裂分析」のプログラムを要約し、それがオイディプス中心主義的な精神分析を唯物論化し、それを社会関係の分析と革命的切断へと開くものであることを理解することができた。しかし、**なぜそのようなプログラムが「分裂分析」と名指されるのかは、『アンチ・オイディプス』においては明確にされていないのである。**ここで私たちは、次のような問いを立てることができる。**「分裂分析」**が、**革命的なリビドー備給を生産するために、精神分析を社会化、唯物論化するというプログラムであるとすれば、それはなぜ「分裂」分析と呼ばれるのだろうか。「分裂分析《スキゾアナリーズ》」と「分裂症《スキゾフレニー》」の関係はいかなるものだろうか。**私たちは、そのような問いに対する答えを、『アンチ・オイディプス草稿』の中に見出すことになるだろう。

3　第二次分節から第三次分節へ

ここまでの準備作業を踏まえて、私たちはいよいよ『アンチ・オイディプス草稿』を読解することにしよう。同書は、『アンチ・オイディプス』本体を準備するためにガタリがドゥルーズに送ったノートからなっており、それらのノートにはそれぞれタイトルが付されている。私たちはまず、「第三次分節について」と題されたノートを読解する。

「第三次分節について」の中で、ガタリは分裂分析の目的を次のように規定している。「**分裂分析には一つの目的がある。それは欲望の脱領土化、分裂《スキゾ》化である**」［EAŒ, 45／四五］。欲望の脱領土化、分裂《スキゾ》化とは、言表の主体と言表行為の主体の「一対一対応［bi-univocité］」を「多声性［polyvocité］」へと移行させること［EAŒ, 46／四六］、「言表行為の集団的行為主体《エイジェント》を構築して主体を廃棄すること」［EAŒ, 47／四七］、あるいは「人工的で前‐人称的な、言表行為の行為主体《エイジェント》（＝欲望的転覆単位＝基礎治療共同体）を生産すること」［EAŒ, 44／四四］、とパラフレーズされている。しかし、これらのパラフレーズはまだ過度に抽象的である。これらの概念は果たして何を意味しているのだろうか。その手がかりとして、次の引用を参照しよう。

> 欲望的接続［*connexion désirante*］は項から項へと移っていく。［…］
> 反生産的な連接［*conjonction anti-productive*］は、接続を一対一対応化する［*bi-univociser*］。そして私たちは、一つのシニフィアンと一つのシニフィエを手にする。複数の連接的な連鎖が互いに

> ピンで留められることになる（それが、差異化作用を持ったファルス的なものの役割、主体の役割である）。
> 第三次の離接的分節［*troisième articulation disjonctive*］。これは連接の裏面、欲望的「地接《アース》」への回帰である。言表の主体は存在せず、言表行為の集団的行為主体のみが存在する（人工的な再領土化）。それはメタ・コミュニケーションであり、言表行為である。それは離接であり、結び付き［union］と交差［intersection］との結び付きである。［…］
> 実際、言表行為の構造的で非生産的な集団的行為主体が存在している。分裂分析にとっての課題とは、これらの行為主体が自分自身で生産過程に入り、反生産を立ち去るようにすることである。［EAŒ, 42-43／四二―四三］

この箇所には用語として明確に現れていないが、ガタリは主体形成の過程において、第一次分節、第二次分節、第三次分節という三つの分節化があると考えている。

第一次分節とは、欲望的接続、すなわち複数の欲望のフロー（諸特異性のフロー）の接続である。この時点では、フローとフローの接続のみがあり、**いまだ主体は形成されていない**。

次に、第二次分節とは、反生産的な連接、すなわちシニフィエとシニフィアン、言表の主体と言表行為の主体の一対一対応［bi-univocité］の実現であり[16]、**主体化あるいは権力へと服従化された主体の形成である**。一対一対応化、すなわち主体化＝服従化とは、主体の象徴界（法的言表の主体）と現実界（言表行為の主体）への分割、さらには象徴界（社会的な法）による現実界（無意識）の支配を意味しており、それは、ラカン的な意味における欲望充足の断念の記号としての「ファルス」の機能によって実現される。社会的権力の効果として、主体は社会的で象徴的な法を取り込み、内面化し、自らの無意識を統御するようになる。これによって、権力に対して従順な、自律的で超越論的な主体が形成され、同時に、それら服従化された諸主体が垂直的に統合されることで、言表行為の非生産的な集団的行為主体（服従集団）が形成されるのである。法的言表の主体の特性を、ガタリは次のように規定している。

言表は、自らの論理的一貫性を、言語や法、血縁関係という法的関係、資本主義的生産の諸関係などについての構造主義から引き出している（言表の帝国主義、主権の形成＝二重分節の機械）。言表は法を作る。言表は抽象的な主体を生産し、この主体は諸々の状況を支配し、欲望諸機械を自分から疎外し、それら諸機械のうちに、言表行為の想像的でモル的な主体を投影する。［EACE, 49／四九］

言表は、法的関係や資本主義的生産の諸関係から形成される。そのような言表を内面化した主体、すなわち法的言表の主体が言表行為の主体（生産的無意識）に折り重ねられ、二重化されることによっ

16　「第二次分節」という概念は、シニフィエ（記号素）とシニフィアン（音素）の一対一対応化であるという意味で、アンドレ・マルティネの「二重分節」概念に影響を受けていると考えられる。この点については、哲学史と言語学を専門とする関沢和泉から示唆を受けた。

て、法的言表の主体が上位から言表行為の主体（生産的無意識）を超越論的に統御するという、モル的で服従化された主体が形成される。それこそがまさに、オイディプス化（法的言表あるいは大文字の他者の内面化）を経ることで服従化された主体、すなわち資本主義的主体の形成メカニズムである。まさしくそのような意味において、「資本主義の制度的秩序はオイディプスによって導き出される」［EAŒ, 51／五〇］。このオイディプス化、権力への服従化としての一対一対応化を図示すれば、次のようになるだろう。[17]

シニフィエ＝法的言表の主体（社会的な法）＝象徴界

シニフィアン＝言表行為の主体（生産的無意識）＝現実界

こうした第二次分節の理論は、ラカンの主体形成理論を、ガタリが主体化＝服従化という「社会的抑制」の理論として読み替えたものである。「政治活動の影響＝入射」というノートにおいて、ガタリは「ラカンが指し示していたのは、無意識ではなく、社会的抑制（超自我‐自我‐自我理想）の無意識的取り込みである」と述べ、ドゥルーズはそこに「無意識＝純粋な欲望……（法ではなく）」と書き込んでいる。[18] このようにガタリは、ラカンの主体形成理論を「社会的抑制」としての主体化＝服従化の理論と読み替えて、第二次分節の理論を作り上げた。さらにドゥルーズ＝ガタリは、「社会的抑制」としてのラカンの主体形成理論（象徴界＝社会的な法の無意識的引き受けによって主体が形成される）へのアンチテーゼとして、「純粋な欲望としての無意識」の理論を定式化したのである。

最後に第三次分節とは、離接的分節、すなわち言表行為の生産的な集団的行為主体の確立、反生産から生産への移行を意味している。第三次分節は、第二次分節によって形成された法的言表の主体（大文字の他者）を無化することで、言表の主体と言表行為の主体の一対一対応を解除し、服従化され

17　『アンチ・オイディプス』では、ガタリの図式は逆転され、言表行為の主体（オイディプス化された無意識）が言表の主体（社会的な意識主体）を上位から統御する、という図式に変更されている。「社会野において各人は、言表行為の集団的行為主体として、生産、反生産の行為主体として、作用し作用されるが、この社会野はオイディプスの上に折り重ねられる。オイディプスにおいて、今や各人は自分自身の片隅に閉じ込められ、個的な言表の主体と言表行為の主体へと分割する線によって切断される。言表の主体は社会的人物であり、言表行為の主体は私的人物である」[AŒ, 316／(下)九九]。これは、言表行為の主体が言表の主体を決定する、というヤコブソンの「シフター」理論と、それを取り入れたラカン理論に従って、ドゥルーズがガタリの図式を変更したからだと考えられる（この点については、第一部第一章を参照せよ）。これを図示すれば、次のようになる。

言表の主体＝社会的人物＝社会的な意識主体

言表行為の主体＝私的人物＝オイディプス化された無意識

18　「ラカンは、従って第二次分節の主体について、エクリチュールやフローの経済や専制的指示対象といった制約の下で話す主体についての理論を作っていたのかもしれない（共鳴し——オイディプス——、そして推論する——諸々の意味作用——二重分節）。だが、無意識の主体についての理論ではない。それは、まさしく無意識の主体は存在しない（デカルトへの回帰？　そしてフロイトへの？　フッサールへの回帰？）、無意識は話さない、議論しない、というもっともな理由からだ。無意識はそれなりの仕方で働き、冗談を言い、器用仕事《ブリコラージュ》をする。無意識は何も気にしない！　無意識は「言語のように構造化」されてはいない。これはやっかいなことだろうが、しかしそういうことなのだ［注：ラカンが指し示していたのは、無意識ではなく、社会的抑制（超自我‐自我理想）の無意識的取り込みである］［ドゥルーズの書き込み：無意識＝純粋な欲望……（法ではなく）］」[EAŒ, 266／二五六]。

た個的主体から、生産的無意識にのみ従う多様体としての集団的行為主体（言表行為の生産的な集団的行為主体）を作り出す。言い換えるなら、第三次分節とは、第二次分節が実現していた、法的言表の主体による生産的な無意識的欲望の抑制、すなわち「反生産」を、欲望諸機械による集団的な「生産」へと移行させるのである。それは、**大文字の他者が支配する主体の超越論的二重性を失効させることで、いかなる超越的、超越論的審級も持たない純粋内在性の主体を作り出し、それらを多様体的で横断的な仕方で機械状に連結すること（共立平面［plan de consistance］の構築）**を意味している。つまり、**第三次分節とは、第二次分節によって個的な存在として形成された主体を脱服従化し、服従化された個的諸主体からなる服従集団を多様体的で横断的な主体集団へと移行させることなのである。**

> 第三次分節は個人的な水準のものではあり得ず、社会的な言表行為の水準のものでしかあり得ない。個人は（二元論的な）主体の分裂へと折り重ねられねばならない耐えがたい瘤だ。それは「余計にはみ出す」何かであり、去勢される限りにおいて資本主義の中で機能する何かだ。個体というこの「残滓」をもってしては、制度的な秩序を展開することはできない。資本主義の制度的秩序はオイディプスによって導き出される。
> それに対して、言表行為の集団的行為主体の人工的で革命的な出現は、資本主義的秩序の転覆へと到達し得るし、この制度的な第三次分節を欲望の横断移動性の表面として推進することができる。［EAŒ, 50-51／五〇］

つまり第三次分節は、法的言表の主体を失効させ、法的言表の主体と言表行為の主体の一対一対応化、すなわちオイディプス化され服従化された主体を解体して、純粋な内在的主体を形成すると同時に、服従化された個的諸主体を垂直的に統合した服従集団を解体し、脱服従化された諸主体を横断的に接続して、言表行為の生産的な集団的行為主体（主体集団）を形成するのである。

さらに、先に論じたテクスト「機械と構造」の文脈から解釈するなら、こうした言表行為の生産的な集団的行為主体の形成は、シニフィアンとシニフィエの一対一対応化から離脱した「対象a」（生産的欲望としての機械状無意識）の作用によって実現されるだろう。まさしくその意味において、対象aとは、「因果関係の切断としての、あるシニフィアンの離脱」なのである。そして、**一対一対応化の解除による機械状無意識の生産性の展開、すなわち欲望機械の生起は、単に諸主体の変容を可能にするだけではなく、変容を続ける諸主体を、機械の接続原理に従って横断的に接続するだろう。**その意味において、**欲望機械が生み出す諸主体の絶えざる変容は、その効果として、諸主体の間に横断性を形成するのである。**

ここで私たちは、先に提示した問い、すなわち、**なぜこのようなプログラムが「分裂分析」と呼ばれるのか、それは「分裂症」とどのように関わっているのか、**という問いに答えることを試みよう。そのために私たちは、ラカンの一九五五—五六年のセミネール『精神病』を参照する。このセミネールのジャック＝アラン・ミレールによる校訂版が出版されたのは一九八一年だが、ガタリが一九五四—五五年のセミネール『フロイト理論と精神分析技法における自我』から長期間にわたってラカンのセミネールに通い詰めていたことが知られており[19]、また、同時代にセミネールのトランスクリプションが参照可能であった以上、ガタリはセミネール『精神病』の内容を知っていた、と考えるのが自然であり、その内容は当然ドゥルーズとの共同作業に生かされていたはずである。

セミネール『精神病』において、ラカンは神経症と精神病（分裂症）の差異について考察しながら、精神病の特性を明確化しようと試みている。同書において、ラカンは神経症の構造を次のように定義する。

パロールの大文字の他者ということをお話ししました。主体がそこで自らを再認し、また自らを再認させる、そうしたものとしての大文字の他者です。神経症において病態を決定しているのはそれであって、口唇的とか肛門的とか性器的とかいった関係の混乱ではありません。［…］問題なのは、シニフィアンの平面、「存在しているか否か」という平面、つまり自らの存在の平面において、主体に課せられる問いなのです。[20]

ラカンによれば、神経症においては、象徴界（社会的な法であると同時に言語そのものでもある）のメカニズムに従って、大文字の他者から主体への「問い」が症状を生起させる。換言すれば、神経症の症状は、大文字の他者から発せられた「問い」へのある種の「答え」として生起する。従って、その症状は言語的かつ隠喩的である。

それに対して、精神病（すなわち分裂症）の症状形成においては、神経症とは根本的に異なったメカニズムが働いている。

精神病の根底には、シニフィアンに関する行き詰まり、当惑があります。そこではあたかもこの行き詰まり、当惑に対して、主体が再構成や補償を試みることによって反応しているかのように、すべてが起こります。そして危機的な変化は、恐らく基本的には、何らかの問いによって引き起こされます。その問いとは何でしょう。私にはそれが何なのかわかりません。しかし恐らく患者は、シニフィアンの欠損を前にして、当惑すればするほどある他者によって確かさを得ようと反応するのだ、と私は考えます。そして、この他者そのものが、彼にとっては本質的に謎なのです。大文字の他者、シニフィアンの担い手としての大文字の他者が排除されているのだと私は申し上げましたが、この大文字の他者がそれだけ一層、この小文字の他者によって、つまりこの他者と患者の間で、小文字の他者の次元で、想像的な次元で強められます。精神病の症状を構成している間－私［entre-je］のすべての現象が現れるのはここにおいてです。つまり、他の主体、妄想において主導権を持っている主体の水準で、例えば、シュレーバーの場合のフレヒジッヒ教授、あるいは魅惑的に過ぎるためにその魅力によって、世界の秩序を危機にさらす神の水準で。[21]

19　*Gilles Deleuze, Félix Guattari: Biographie croisée*, p. 52. 邦訳『ドゥルーズとガタリ――交差的評伝』、五〇頁。
20　*Le séminaire*, Livre III « Les psychoses », p. 189. 邦訳『精神病』下巻、一六頁。
21　Ibid., p. 219. 邦訳同書、六三頁。

ラカンによれば、**精神病においては、大文字の他者が排除され失効しているため、象徴界が崩壊している。**従って、そこには複数の小文字の他者しか存在せず、想像界と現実界しか存在しない（一九七〇年代のラカンの概念で言えば、象徴界、想像界、現実界からなる「ボロメオの輪」が崩壊している）。そのような大文字の他者の排除による象徴界の崩壊こそが、精神病の症状を形成する。[22]

ここから私たちは、ガタリのノート「第三次分節について」に立ち戻って、「分裂分析」が含意する「分裂症」の意味を定義してみよう。ガタリは、「分裂分析」というプログラムと、それが実現を目指す第三次分節において、第二次分節の過程で社会的権力の取り込みの効果として生み出された法的言表の主体、すなわち社会的服従化のメカニズムを失効させ、法的言表の主体と無意識的言表行為の主体の一対一対応化を解除し、そこから、言表の主体に支配されず、無意識の生産性にのみ従う言表行為の集団的行為主体を形成することを企図していた。換言するなら、**生産的な「言表行為の集団的行為主体［agents collectifs de l'énonciation］」とは、法的言表の主体を無化し、生産的無意識にのみ従う純粋内在性の主体となり、欲望機械の接続原理によって他の諸主体と横断的に接続された集団的行為主体の謂いなのであり、個的な（「言表の主体［sujet de l'énoncé］」と一対一対応化された）ラカン的「言表行為の主体［sujet de l'énonciation］」に対するオルタナティヴなのである。**このように、**「法的言表の主体」（大文字の他者）による社会的服従化を失効させ、無意識の生産性にのみ従う純粋内在性の集団的行為主体（分裂者＝言表行為の生産的な集団的行為主体、すなわち主体集団）を生成する、というプログラムを、ガタリはラカンによる精神病（分裂症）の定義を参照しつつ、「分裂」分析と名指したのである。**[23]

ここで注意しなければならないのは、そのような分裂分析のプログラムが、決して精神病の発症とそれによる主体の崩壊を意味しない、という点だ。ドゥルーズ＝ガタリは、『アンチ・オイディプス』において、ラカンが先の引用において叙述していたような「臨床実体としての分裂症」（欲望的生産の過程が中断、停止された状態）とは根本的に異なる、「過程としての分裂症」（欲望的生産の過程が生動している状態）という概念を提起している[24]［AŒ, 115-162／(上)二五〇―二六二］。過程としての分裂症は、欲望的生産の過程の中断という事態を注意深く避けながら、外的権力の取り込みとしての大文字の他者による支配を失効させることを目指している。分裂分析のそのような戦略を、『アンチ・オイディプス』の次の箇所は明確に示している。

分裂分析の課題は、あくことなく自我とその諸前提を破壊すること、それらが閉じ込め、抑圧し

22　ラカンにおける神経症と精神病の差異について、以下の解釈から示唆を受けた。松本卓也、『人はみな妄想する――ジャック・ラカンと鑑別診断の思想』、青土社、二〇一五年、とりわけ第一部、第二部第三章。

23　その意味で、ガタリ的な第三次分節は、現在の資本主義社会の限界あるいは抑圧性を乗り越え得る「高次の狂気」としての「新たな人間」、すなわち「分裂者」（ニーチェ的意味での「超人」）であり、私たちの言う「新たな主観性／主体性」）を生産しようとするドゥルーズの一貫した戦略と一致する。そのような「新たな人間」あるいは「分裂者」は、さらには脱服従化された「来るべき人民」を構成するだろう。この点については、以下の書物から示唆を受けた。小泉義之、『ドゥルーズと狂気』、河出ブックス、二〇一四年。

24　「過程としての分裂症」と「臨床実体の分裂症」の区別については、第一部第一章において論じた。

ている前人称的諸特異性〔singularités prépersonnelles〕を解放すること、諸特異性を発し、受け止め、補足するフローを自由に交通させること、自己同一性の条件以下のところで、分裂や切断を絶えずより遠くに、より精妙に確立すること、それぞれの人を裁断し直し、この人を別の人々と一緒に集団にする欲望諸機械を組み立てることである。なぜなら各人は、言わば小集団〔groupuscule〕であり、またそのようなものとして生きなければならないからである〔…〕(統合され、モル化され、隠され、癒着させられた、非生産的な去勢の反対である)。分裂分析がそう呼ばれるのは、治療のあらゆる手順において、精神分析のように神経症化する代わりに、分裂症化するからである。〔AŒ, 434／(下)二七二〕

従って、分裂分析の目的は、主体に取り込まれた外的権力(大文字の他者)が無意識の生産性を抑圧し、統御するような主体の超越論的構造を失効させ、純粋内在性を形成することであり、主体の超越論的構造が領土化し、抑圧している前人称的諸特異性を脱領土化し、諸特異性のフローを自由に交通させることなのである。

そこから派生するもう一つの重要な論点は、ガタリが提起する「分裂分析」のプログラムが、社会化によって抑圧された無意識の生産性を解放する、といった単なる疎外論ではない、という点である。その点を検証するために、「精神分析と多声性」と題されたノートを参照しよう。その中でガタリは、**最初に多声的な**(すなわち多様な)**フローが存在するとしても、その段階ではまだ主体は存在せず、多声的なフローから個体的主観性／主体性が分離され、主体化が実現されることによって初め**

て主体の中に無意識の多声性（言表行為の主体）が確立される、と考えている。[25]すなわち、主体の中に無意識の多声性を確立するのは、主体化そのものなのである。それは、次のような過程を経ることになるだろう。

25　「出発点には主体などまったく存在していない。一般化された言葉——その「行為遂行性」はただ音声的なだけでなく、身振りを伴うものである——の多声性に、一対一対応のコード機械が押し付けられるとき、線形化され、一対一対応化されたシニフィアン連鎖の中に穴［creux］が穿たれる。この「穴」は言表の主体であり、ヤコブソンがシフター——これは転換子［embrayeur］と翻訳することができる——という語で指し示すものである。パースの用語を使うなら、ヤコブソンは、そのとき問題になっているのはシンボル－インデックスだと言っているのである。
多声的なものは「還元」されてしまったのであり、それはコンテクストに取り憑いている。ヤコブソンは言表行為の主体について、それは実存的なインデックスと一つの関係を保持していると述べているが、それに対して言表の主体は、疎外され［aliéné］、レンガで築かれた記号（非－結び付き［a-lien］＝一対一対応で結び付けること［lier］）、脱領土化されたシンボルとして機能し、可能なるダイアグラム的エクリチュールの支持体である記号に過ぎない。［…］
言表行為の主体はそれ以上のものであると私には思われる。それは一つの残滓、ただし、一つの新しい脱領土化された多声性（ダイアグラム化）の様々な潜在的能力を豊富に持つ放射－能動的な残滓である。この豊富さは不透明にされ、覆い隠され、イコン化され、アルカイック化されており、そのためにダイアグラム化の侵入にブレーキがかけられる。同時に、それは社会的疎外の諸々の支配的イコンの力の通り道でもある」［EACE, 95-96／九八—九九］。

罪責感は言表行為の（意識を持った）主体を基礎付ける。言表行為の主体と言表の主体との切断、そしてそれらの主体が領土化された力能の集団的主観性／主体性から分離されること、それこそは多声的なものに対する一対一対応的秩序の交差である。多声的なものに関する欲求不満と抑圧、シニフィアンの主体に関する去勢、社会体に関する抑制、フローに関する喪失。

この多声性は主体を知らない。諸々の力能記号［signes de puissance］を知っているだけである。それは次のものを創造する脱領土化である。

(1)一つの個体的主観性／主体性の分離
(2)この主観性／主体性を言表行為の主体と言表の主体へと変化させる切断
(3)この主観性／主体性の錯綜、そしてこの主観性／主体性の潜在的な錯綜解除のアルカイックな地平（グレマスの幻想）

言い換えれば、

(1)形象のフローの水準にあるのは、ナルシシズム機械、反映され、反映する意識の昇格、表象の非力能（非力能の力能）。多声的なものを抑圧する機械、それが言表の主体であり、ラカンの言う象徴界の秩序であり、いわゆる「科学の主体」である。
(2)「反イコン化」の水準にあるのは、自我の幻想、主観性／主体性の個体化、支配的なイコンの理想化と内部化、置き換えられた表象内容の大衆化、ダイアグラム化の遮断、社会的疎外＝言表行為の主体であり、この主体は反響し、斜視で、何かに沿って進み、ふらふらと揺れ動く。ラカンが虚辞の ne の機能によって描いているもの。

(3)抑圧され、脱領土化された残滓、すなわち新しい力能や非主体的な新しい系統の支持体の水準にあるのは、（ラカンの言う小文字の a に還元された）フロイトの Ics［無意識］であり、潜在的な昇華としてのダイアグラム化である（ラカンは、この多声性の秩序を、言語学化することによって清算しているように思われる。例えば彼が、一次過程はヤコブソンの言う隠喩と換喩に至ると宣言する際に、そうした事態が見られる。実践において分析を言語へと還元しようとする彼の狂信的態度は、分裂を分裂症化することへと至るわけだが、それは言うまでもなく完全にポジティヴなことである）。

［EAŒ, 94-95／九七―九八］

以上の過程を、次のように要約することができる。

(1)最初に多声的なフローがあるが、その段階ではまだ主体は存在しない。多声的なフローから個体的主観性／主体性を分離すること、すなわち第二次分節による主体化＝服従化。

(2)第二次分節によって、言表行為の主体、すなわち生産的で多声的な無意識が、主体の中に潜在的な仕方で形成される（主体化）。しかし、この無意識の多声性は、オイディプス的表象によって拘束され、法的言表の主体＝言表行為の主体という形で一対一対応化され、抑圧されている（オイディプス化＝服従化）。

(3)第三次分節によって、無意識におけるオイディプス的表象と法的言表の主体を失効させ、言表行為の主体をダイアグラム化、分裂症化、多声化、多様体化すること。

従って、**第二次分節における主体化が存在しなければ、無意識的な多声性としての言表行為の主体は存在しない。**だとすれば、**分裂分析の目標は、第三次分節によって法的言表の主体を失効させ、第二次分節が潜在的な仕方で作り出した言表行為の主体の多声性を脱領土化して、言表行為の生産的な集団的行為主体を形成すること、と定式化されるだろう。**そのような意味で、分裂分析とは、単に抑圧され失われた「多声性」を回復する、という疎外論のプログラムではない。最初に多声的なフローが存在するにしても、その時点ではまだ主体は存在しておらず、主体の「多声性」はむしろ、第二次分節における主体化によって、言表行為の主体すなわち生産的無意識として、潜在的な仕方で形成されるからである。

しかしながら同時に、**分裂分析は第二次分節におけるオイディプス化を不可欠のものと見なすのではなく、むしろオイディプス化なき主体化を探求するだろう。**「精神分析が無意識という人工的発明から出発することで、あるいはこの発明によって主体を個体 - 人称的なものへと遡らせるに至り、自我の上に（オイディプス三角形を土台として）諸断片を貼り直すことになるのだとすれば、分裂分析の方は、むしろオイディプス的段階をスキップして集団的偏執狂《パラノイア》――ダリの偏執狂《パラノイア》的認識、革命など――の可能性を「再建する」社会的 - 機械状の人工的諸表面を構成する」［EAŒ, 205-206／二〇三］。

従って、**分裂分析あるいは第三次分節は、第二次分節におけるオイディプス化を解除あるいはスキップし、オイディプスなき主体化、すなわち言表行為の生産的な集団的行為主体の形成を探求するので**

ある。

4　分裂分析と革命的切断

それではガタリは、分裂分析というプログラムにおいて、第三次分節あるいは革命的切断が、どのような仕方で実現され得ると考えているのだろうか。その点について考察するために、まず始めに「器官なき身体と不定詞化」と題されたノートを参照しよう。「不定詞化」とは、ガタリがドゥルーズ『意味の論理学』を参照して考案した概念であり、「木が緑化する」といった「動詞化」（生成変化の原理）のことである（第二セリー「表面の諸効果のパラドックス」）。このノートにおいてガタリは、脱領土化の要因は「モル的構造に住みつく機械状の要因」であると述べている。

脱領土化の要因とは、モル的構造に住みつく機械状の要因である。それこそが自らのエネルギーを力能記号に与える。このように、諸機械の効果には残留性のモル化作用がある。つまり、家族や職業などの表徴だ。服従化の過程の中には、資本や抽象的なフローの直接的入射［incidence］は決して存在しない。この入射が作用するのは、常にモル化作用を持った諸々の媒介を通じてである。［EACE, 129／一二七］

主体の服従化は、資本や抽象的フローの直接的入射ではなく、家族を通じたオイディプス化、そしてオイディプス化を通じた主体への外的権力の書き込み、すなわちモル化によって実現される。しかしガタリは、そのモル化の中に「モル的構造に住みつく機械状の要因」が存在し、それが脱領土化の要因になる（ガタリはそれを「力能記号」と名付けている）、と考えている。それはすなわち、権力によって主体化＝服従化された主体の中に、絶対的脱領土化すなわち革命的切断の契機（生産的無意識の「多声性」）が潜在的な仕方で存在している、ということだ。従って、革命的切断の課題は以下のように定式化される。

革命の問題とは次のようなものである。
(1)モル的なものと分子状のものの間の去勢－切断を終わらせること。
(2)脱領土化されたモル的なものの事物化を阻止すること（人工的反生産＝モル的再全体化、すなわち生産－反生産のペアに取って代わる変換を促すこと）。
(3)人工的なアルカイズムの上に再領土化された不定詞に取って代わる、不定詞化の倫理－実践を誘発すること（＝超－言語学的で横断移動的な不定詞化）。
(4)この不定詞化によって、文字、構造、言説性などを完全に氾濫させること。そしてこの不定詞化を、横断移動的な脱領土化のあらゆる現実的形態へと到達させること。［…］
精神分析と革命［の課題］は、次のようなものになる。
－切断の実践

－人工的表面の生産
－制度的対象の生産
かつてフローの線分性に基づく諸階級があったところに、今やコード化された国家構造に基づく諸カーストがある。そして今や……〔注：提案――「欲望的転覆単位［unité de subversion désirante］」、「局所的転覆集団［groupe de subversion locale］」、「分析的コミューン［commune analytique］」など〕がある。ふさわしい言葉を見つけなければならない。文字の脱領土化への究極的関係における、欲望諸機械の動的編成の人工性を表象するようなものを。諸々の対象――国家独占資本主義の政治経済的な諸記号――の彼岸。文学的、産業的といった領域において具体化されるべき、純粋な意味作用の生産［…］。［EAŒ, 132-133／一二九―一三〇］

つまり、革命的切断は以下のような過程によって実現される。
(1)切断の実践。社会、主体におけるモル化の構造を失効させ、分子状、生産的、横断移動的脱領土化を実践すること。
(2)人工的表面の生産。権力によって服従化された主体の超越論的構造を廃棄し、純粋内在性の主体を構築すること。また、それら純粋内在性の主体を横断的に接続し得るような、社会的－機械状の人工的諸平面を構築すること。
(3)制度的対象の生産。国家独占資本主義の政治経済的な諸記号を廃棄し、政治的、文化的、芸術的、科学的な制度的対象が生産され横断的に接合され得るような、横断移動的脱領土化を実現すること。

ガタリの考えによれば、このような革命的切断を実現するために重要なのは、「脱領土化の要因」としての「力能記号［signe de puissance］」である。「力能記号」とは、端的に述べれば、思考の水準における「多声性」を物質的に現勢化する記号のことである（例えば、DNAのような遺伝情報を伝達、現勢化する記号を想起せよ）。この点について、「力能記号と共立平面」と題されたノートを参照しよう。

力能記号とは、その実質が現実そのものである記号、あるいは身振りや音声、書かれたもの、電子的、遺伝学的、化学的なものなどである記号である。コードの剰余価値を実現する記号、ということだ。

私はマルクスにおける「力能」という語の用法に注目した［…］。「実践において人間は、自らの思考の真理性を示さねばならない、すなわち、その現実性、力能、物質性を示さねばならない」。

あるいはまた、「労働の分割による個人的な諸力能（諸条件）の客体的な諸力能への変形は、一般的な表象を厄介払いすることによっては退けられない。ただ、諸個人が改めてそうした客体的な諸力を自らの支配下に置き、労働の分割を廃することによってのみ退けられる」。

「表象において諸個人はブルジョワジーの支配下にある」というマルクスの考えは、オイディプス三角形化による支配と同じことだ――「階級に対する諸個人の従属は、あらゆる種類の表象に対する従属へと変形される」。個人は「階級という条件によって規定されている」等々。ただし「反対に、革命的プロレタリアの共同体」においてはそうではなく、そこでは「彼らの、そして〈社会〉のあらゆる他の成員の実存的条件を自らの管理下に置く」ことになる。そこでは、個人と特異性が再発見される……。これが集団主体と移行的幻想、コードの剰余価値である。

従って、次のような二点の間に萌芽的な区別がある。

– 生産諸力［forces］、生産の行為主体と、

– 思考の諸能力［puissances］、思考の物質化。

表象を離れ、思考の物質化に向かうなら、言語活動の生産と現実の間に横断性が可能となる。

それがコードの剰余価値の行う作業である。［EACE, 351-353／三三三―三三四］

（「言語とは実践的意識である」）

このノートにおいてガタリは、マルクスを参照しつつ、「力能記号」の概念を練り上げている。「力能記号」とは、思考の潜在的な多声的力能を物質化し、現勢化する記号であり、諸機械の横断的接続を実現する記号のことであり、さらに言えば、諸個人の横断的接続そのものを実現する、超越性を欠いた記号である。「力能記号」の対立概念として、ラカン的「ファルス」を想起することができる。ファルスという記号は、法的言表の主体と言表行為の主体の一対一対応、すなわち服従化された主体を実現する特権的シニフィアンである。

しかしながら、ガタリのノートにおいて、「力能記号」という概念は一貫して抽象的な概念に留ま

っている。つまり、「力能記号」が具体的に何であり、それがどのように革命的切断を実現し得るのかが判然としないのである。そこで私たちは一つの仮説を提示したい。それは、**共同作業のパートナーであるドゥルーズが、ガタリの言う「力能記号」を、革命的切断の動因である「欲望的生産」として定式化した、**という仮説である。この点について、『アンチ・オイディプス』からの以下の引用を参照しよう。

> 欲望記号［signe du désir］とは、決して法の記号［signe de la loi］ではなく、力能記号［signe de puissance］である――それにしても誰がこの事実を敢えて法と呼ぼうとするのか。欲望が自らの力能を措定、発展させ、欲望が存在するところにはどこにでも、諸々のフローを交通させ、諸々の実質を切断する、というこの事実を[26]［…］。［AŒ, 132-133／(上)二一四］

この一節によれば、欲望とは「法の記号」ではなく、「力能（を持った）記号［signe de puissance］」である。欲望的生産は、諸々のフローを多声的かつ自由に交通させることによってすべての抑圧的社会構造を破綻させ、その帰結として革命的切断を実現する力能を持つ。その意味において、欲望とは諸々のフローの多声性そのものを体現する「力能記号」であり、それゆえ革命的切断を実現する「力能（を持った）記号」である。そこからドゥルーズ＝ガタリは次のように述べるだろう。「欲望はその本質において革命的である。［…］どんな社会も、真の欲望の立場を受け入れるなら、搾取、隷属、ヒエラルキーの諸構造を危険に曝すことになる」［AŒ, 138／(上)二二三］。このように、ドゥルーズとガタリの共同作業の成果である『アンチ・オイディプス』を参照すれば、欲望とは、諸々のフローの多声性を体現する「力能記号」として本質的に革命的であって、抑圧的社会構造を破綻させ、革命的切断を実現する「力能（を持った）記号」である、と解釈することができる。つまり、**主体の潜在的な「多声性」をどのように社会的に実現し、革命的切断を形成するか、というガタリの問いに対して、ドゥルーズは、「欲望」こそが最も「多声的」かつ「革命的」であり、欲望的生産のみが「力能記号」として革命的切断（プロレタリア革命＝レーニン的切断をさらに先へと進めて、横断的、多様体的、水平的な主体集団を実現すること、すなわち生産的な切断の切断）を実現し得るのであり、それを行い得るのは欲望的生産のみに従う分裂者に他ならない、と考えたのである。**[27] ノート「力能記号と共立平面」において、ガタリはそのような革命的切断を、「現実的出来事の生産」と名指している。

力能記号による共立平面の多様体の理論のみが、コードの剰余価値という現象を考察することができる、と私には思われる。つまり、記号の水準において作動するものは現実において実効的であり、また現実的出来事の生産［production d'un événement réel］である（可能性の形式が、（拡張された意味での）「命題的」なシニフィアンの水準から、「可能性を実現する物質的審級［instances

26　この一節は、『アンチ・オイディプス草稿』の以下の一節を展開させたものだと思われる。「欲望とは、一対一対応によって遂行される減算から逃れるものだ。それは「力能記号」へと変化する痕跡である」［EAŒ, 165／一六〇］。

27　この点については、第一部第一章で詳述した。

matérielles qui effectuent la possibilité]」［LS, 143／(上)二四七］［注：あなたによるシニフィエの定義］の水準へと移行する）。

> 力能記号は、それが廃棄と接するところにおいて、欲望の器官なき身体に書き込まれる。それは、個体——「無限の分析的命題」——に、人称——「有限の総合命題」——に、未開の領土性に、原国家に、オイディプス的ファルスに、主体集団に、あるいは形而上学的表層に書き込まれる。それぞれの平面で、多かれ少なかれ欲望から切り離された——脱‐横断化された——対象の過渡的な個体化がある。［EACE, 356-357／三三七］

「力能記号」は、「主体集団」を実現し、「現実的出来事の生産」すなわち革命的切断を実現する。**ドゥルーズはこのような「力能記号」と「現実的出来事の生産」を、欲望的生産にのみ従う分裂者による「主体集団」の実現、というプログラムとして読み替えたのである。**

最後に私たちは、革命的切断を通じて「力能記号」すなわち生産的欲望が実現する「共立平面」の概念について考察するために、「力能記号と共立平面」、「共立平面」という二つのノートを参照しよう。「共立平面」とは、第三次分節（革命的切断）によって実現された純粋内在性としての諸個人が「欲望諸機械」として横断的に結合され、展開される場のことである。ガタリは次の引用において、「共立平面」を、資本主義の表象化すなわちオイディプス化体制から区別している。

> 二点を区別したい。

(1)言語の意味形成的二項機械――エクリチュール／パロール――による表象の帝国主義と、
(2)主体的共立平面の横断変換と設立。
第一の場合にあるのは、観念論者が言う意味での純粋な個人、すなわち「絶対的に孤立させられた個人」である。しかし、第二の場合にあるのは、あらゆる構成平面において異化した主観性／主体性である。

第一の場合は、排他的で、斜線を引かれ、去勢され、全体化された主体。しかし、後者では、主体的オペレーター、共立平面。

力能記号とは、主体的共立平面の実現を表現するものである。それは実現の出来事[l'événement de l'effectuation]であり、現実の発生である。こうして、あなたの『意味の論理学』のカテゴリーから再出発することができるだろう。すなわち、

―シニフィアンは、現実的なもの（意味に結び付けられた現実的なもの――イェルムスレウにおいてそうであるように、意味の手前において人は記号から形象へと移る）において、力能記号へと生成する。

―命題のシニフィエ、現実の側の相関物＝二元化されたシニフィアンの非力能性。

指示作用は、力能記号の側においては、欲望諸機械の横断変換的接続である。表象の側においては、階層化され離散的な形象の排他的、拡張的な接続がある。[EAŒ, 353／三三四―三三五]

ガタリによれば、**欲望諸機械の共立平面とは、欲望の公理系に従って欲望諸機械が横断的に結合、展**

開される最も脱領土化された平面のことであり、そこにはヒエラルキー的支配の原理としてのいかなる超越性も存在しない。欲望の公理系は、共立性＝一貫性と同時に非共立性＝非一貫性の原則を含んでいる［EAŒ, 408／三七九］。その意味で、共立平面とは、欲望の力能が純粋な差異の原理である「多声性」としていかなる超越性にも還元されることなく横断的に連結、展開される、絶対的に脱領土化された平面である。そのような多声性の原理を、ガタリは「離接的総合」と呼んでいる。「最も脱領土化された共立平面には、非限定的で強度的な横断移動がある――オイディプス的で資本主義的な用法が、離接的総合を支配しない限りにおいて」［EAŒ, 408／三八〇］。

　しかしながら、ここで急いで注記しておくなら、無意識的欲望によって形成される純粋内在性の主体は、単に無秩序なものとして存在するのではない。それは「超越論的無意識」として、「諸規準の内在」によって常に秩序化されている。それを明確にしているのは、ドゥルーズとガタリの共同作業の成果『アンチ・オイディプス』である。

> カントが自ら批判的革命と呼んでいたことにおいて提起したことは、意識の総合の正当な使用と不当な使用とを区別するために、認識に内在する規準を発見することであった。だから彼は、超越論的哲学（諸規準の内在）の名において、形而上学に見られるような諸総合の超越的使用を告発したのである。同様に私たちは、精神分析はその形而上学すなわちオイディプスを持っていると言わなければならない。また一つの革命、今度は唯物論的革命が起こり得るのは、このオイディプスの批判を通じてでしかないと言わねばならない。つまり、オイディプス的精神分析に見ら

れるような、無意識の総合の不当な使用を告発すること。こうして、諸規準の内在によって定義される超越論的無意識［inconscient transcendantal défini par l'immanence de ses critères］と、これに対応する分裂分析という実践を取り戻すこと。［AŒ, 89／(上)一四六］

従って、純粋内在性における「諸規準の内在」は、純粋内在性としての言表行為の集団的行為主体に変容の原理と共にある種のまとまり（「諸規準」）を与え、それら行為主体同士の横断的結合のための条件を形成する。**分裂分析というプログラムはまさしく、このような「諸規準」を内在した生産的無意識、そして純粋内在性としての言表行為の集団的行為主体の横断的結合を実現し、「主体集団」という新たな集団的主観性／主体性を構築するためのプログラム**なのである。

5　新たな集団的主観性／主体性の生産

結論として私たちは、「分裂分析」というプログラムによって『アンチ・オイディプス草稿』、そして『アンチ・オイディプス』が目指した革命的切断の戦略を明確化しておこう。『アンチ・オイディプス草稿』におけるガタリの戦略は、社会的言表の主体（大文字の他者）の審級を失効させることで、社会的言表の主体と言表行為の主体との一対一対応を解体し（主体における超越論的審級の支配の廃棄）、純粋内在性の集団的主体を構築する、という戦略であった。**純粋内在性の**

集団的主体とはすなわち、権力を欲望し資本主義を再生産するオイディプス化された欲望を放棄した分裂者の謂いであり、そうした分裂者たちが生産的な集団的行為主体として主体集団を構成する。一対一対応化され、服従化された個的主体を、言表行為の生産的な集団的行為主体、すなわち分裂者へと変容させることで、服従化された個的主体の垂直的統合としての服従集団を、諸特異性の横断的結合としての主体集団へと変容させること――これこそが、分裂分析の目指した「新たな集団的主観性／主体性の生産」なのである。そしてこの戦略は、『アンチ・オイディプス』における、オイディプス化によって服従化されたヒエラルキー的な服従集団、あるいは階級利害にのみ従う服従集団を、欲望的生産にのみ従う横断的、多様体的、水平的な主体集団へと変容させる、という戦略と一致する。

欲望諸機械とその登録平面としての共立平面（純粋内在性）の構築と、（内面化された超越的権力としての）超越論的権力の廃棄という戦略は、ドゥルーズ『差異と反復』における、前人称的諸特異性とその登録平面としての存在の一義性の構築と、主体の同一性の廃棄という戦略に対応する。ただし『差異と反復』には、主体が資本主義権力＝オイディプス化権力によって超越論的に服従化される、という視点は存在しなかった。ガタリは『アンチ・オイディプス草稿』において、ラカン的主体形成理論を権力による主体化＝服従化の理論として読み替え、そのような服従化された主体の解体と「新たな集団的主観性／主体性の生産」を模索した。そのような権力分析と脱服従化の戦略は、ドゥルーズ＝ガタリの戦略として、『アンチ・オイディプス』に全面的に取り入れられる。

『アンチ・オイディプス』は、資本主義を深層において転覆させるためには、階級利害の水準における革命、すなわち「レーニン的切断」に加えて、階級利害を欲望的生産へと従属させ、欲望的生産にのみ従う主体集団の構築が不可欠である、と提起した（ドゥルーズによるガタリの「力能記号」の解釈）。そのような主体集団の構築によって、ヒエラルキー的な権力構造は解体され、横断的、多様体的、水平的な社会集団が実現され、資本主義はその下部から掘り崩される。そしてドゥルーズ＝ガタリは、そのような社会集団を実現し得る新たな集団的主観性／主体性を持った「新たな人間」のことを、「分裂者」と名指したのである。

＊

ガタリの提起した「分裂分析」というプログラムのその後の生についても、簡潔に素描しておこう。ガタリはアントニオ・ネグリとの共同作業の成果である『自由の新たな空間』[28]（一九八五年）において、もう一つの「新たな集団的主観性／主体性の生産」のプログラムを提示している。ガタリ＝ネグリは、『アンチ・オイディプス』が提示したような「諸特異性」の登録平面としての純粋内在性の構築、そして諸々の言表行為の行為主体の横断的結合（「諸特異性の集団的解放」）というプログラムが、コミュニズム的労働（「労働とは本質において、集団的、理性的、連帯的であろうとする傾向を持つ人間の存在様態である」[29]）を通じてのみなされる、と規定する。彼らにとってコミュニズムとは、まさしくそのような意味で、「個的かつ集団的な諸特異性を解放する手段[30]」に他ならない。『自由の新たな空

28　Félix Guattari et Toni Negri, *Les nouveaux espaces de liberté*, D. Bedou, 1985, nouvelle édition augmentée, Nouvelles Éditions Lignes, 2010. 邦訳『自由の新たな空間』、杉村昌昭訳、世界書院、二〇〇七年。
29　Ibid., p. 17. 邦訳同書、一一頁。

間』から引用しよう。

　重要なのは社会的価値の抽象化ではなく、多様体としての、時‐空間的運動性、変異性としての、創造性としての、特異的なものを開示することである。これこそが今や、そうした基盤に基づいて労働を再構築することができる唯一の価値なのだ。私有財産の形態の下に結晶化することのない労働、生産用具それ自体を目的化せず、それをただ特異性の幸福、その抽象的かつ／あるいは具体的な機械状リゾームを拡大するための媒体として捉える労働、ヒエラルキー的支配を拒否する労働、労働を権力の問題そのものに関わるものとして置き、社会的策略と搾取の機能を明らかにし、自分自身の実存と生産性の間に介入しようとするあらゆる妥協、あらゆる媒介を拒否する労働（これらすべてのことは、生産の変容と動的編成の内部に、自由の直接的実践の枠内に、労働の概念を再定位することへと向かう）。新たな集団的主観性／主体性の諸様態が、生産性に関わる質と欲望の変異を強化することになる。この新たな主観性／主体性の生産は以後、権力を、諸特異性の集団的解放の地平として、この目的性に極性化された労働としてのみ捉える——言い換えれば、諸特異性の自己生産、自己価値化として捉えるのである。[31]

この箇所に明確に現れているように、**ドゥルーズ＝ガタリとネグリ＝ガタリ（さらにはネグリ＝ハート）の差異は、革命的集団形成の契機を労働概念に見出すか否かにある。**ドゥルーズ＝ガタリにとって、主体集団の形成は、第三次分節によって実現される、欲望諸機械の横断的な接続原理に従うものであった。第三次分節は、無意識的欲望の生産性を脱領土化することによって、諸主体の変容と同時に、諸主体の横断的結合、すなわち主体集団を実現するのであり、それ以外の集団形成の契機は存在しない。それに対してネグリ＝ガタリは、コミュニズム的「労働」に集団形成の契機を見出した。彼らにおいて、労働の実現する協働こそ、諸主体が集団性の経験を獲得、習得する場であり、またそのような経験こそが、ヒエラルキー的支配と社会的搾取を拒否する労働を実現し、個的かつ集団的な諸特異性を脱領土化するコミュニズム樹立への契機となる。こうした仮説は後に、アントニオ・ネグリとマイケル・ハートによる『マルチチュード』（二〇〇四年）において、資本主義の非物質的労働への傾向性（そこで支配的なのは、労働者が相互的コミュニケーションを生産しながら協働するという労働形態である）がもたらす新たな集団的主観性／主体性――すなわち還元不可能な諸特異性、多様性、変容の原理としてのマルチチュード――の生産として再定式化されるだろう[32]。

ここから私たちは、ドゥルーズ＝ガタリとネグリ＝ガタリの差異を次のように定式化することができる。ドゥルーズ＝ガタリにおける革命的集団形成の契機は、欲望の生産性の脱領土化による欲望諸機械の横断的接続という理論的な局面に見出されるが、ネグリ＝ガタリにおけるそれは、労働という

30　Ibid., p. 11. 邦訳同書、五頁。
31　Ibid., pp. 42-43. 邦訳同書、三六―三七頁。
32　Cf. Michael Hardt and Antonio Negri, *Multitude: War and Democracy in the Age of Empire*, Penguin Press, 2004, ch. 3.3 “Democracy of the Multitude”. 邦訳『マルチチュード――〈帝国〉時代の戦争と民主主義』下巻、水嶋一憲・市田良彦監訳、ＮＨＫブックス、二〇〇五年、３－３章「マルチチュードの民主主義」。

実践的な局面に見出される、と。理論と実践を不可分のものとして捉える立場から私たちは、**ネグリ＝ガタリあるいはネグリ＝ハートの実践的パースペクティヴが、ドゥルーズ＝ガタリの理論的パースペクティヴを実践の側から補完するための彼らへの応答であった、**という可能性を示唆しておきたい。理論と実践、欲望諸機械の横断的接続とコミュニズム的労働――私たちはこの点において、ドゥルーズ＝ガタリと、ネグリ＝ハートの間に、共通点と同時に切断点を見出すのである。

第二部『千のプラトー』

COLLECTION « CRITIQUE »
GILLES DELEUZE
FELIX GUATTARI
CAPITALISME ET SCHIZOPHRÉNIE 2
MILLE PLATEAUX
LES ÉDITIONS DE MINUIT

Mille Plateaux 上

Capitalisme et schizophrénie

Gilles Deleuze / Félix Guattari

ジル・ドゥルーズ＋フェリックス・ガタリ

千のプラトー

資本主義と分裂症

宇野邦一・小沢秋広・田中敏彦・豊崎光一・宮林寛・守中高明 訳

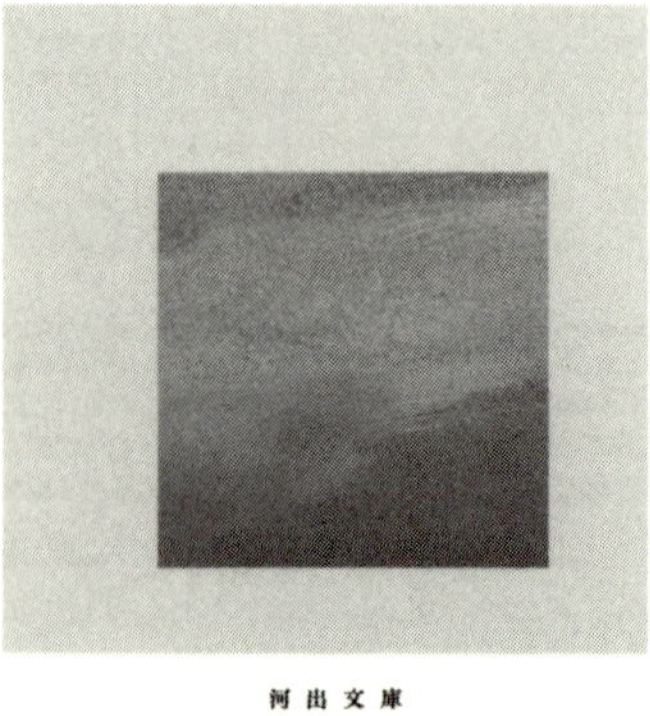

河出文庫

第一章　リゾームと横断性

『アンチ・オイディプス』は、プロレタリアートの利害闘争を媒介とした社会体の全面的な変革（「レーニン的切断」）と、その無意識的切断による主体集団の実現（「切断の切断」）を企図したものだった。それに対して『千のプラトー』[1]（一九八〇年）は、同時代のマイノリティ諸集団の公理闘争を媒介とした「万人によるマイノリティ性への生成変化」という戦術を提案する。マクロ政治の軸が東西から南北へと移行し、またそれに伴って、従来の労働者運動とは異なる「新たな社会運動」、様々なマイノリティ闘争（女性、ＬＧＢＴ、（旧）植民地、少数民族、有色人種などの解放闘争）が勃興する、というグローバルな歴史展開を前にして、ドゥルーズ＝ガタリは戦術を更新する必要に駆られたのである。

『千のプラトー』ではまた、資本主義社会が一九七〇年代初頭のニクソン・ショック以後に経験しつつあった大きな内的変容が論じられている。帝国的社会の機械状隷属化を廃棄し、新たに社会的服従

1　Gilles Deleuze et Félix Guattari, *Mille Plateaux: Capitalisme et schizophrénie, t. 2*, Minuit, 1980. 邦訳『千のプラトー——資本主義と分裂症』上・中・下巻、宇野邦一他訳、河出文庫、二〇一〇年。以下、MPと略記する。

化を導入しつつ始まった資本主義社会だが、そこにおいて機械状隷属化が新たな形で再導入されつつある、という議論であり、後にドゥルーズが「規律《ディシプリン》」から「制御《コントロール》」への移行として語るものである。第一章では、とりわけこの権力理論に焦点を当てながら、『千のプラトー』を総論的に描き出す。第二章では、各論的な観点から、マイノリティによる公理闘争を媒介とした「万人によるマイノリティ性への生成変化」として同書が提案する戦術を分析する。東西関係から南北関係へのマクロ政治の軸の移行も、社会的服従化から機械状隷属化への権力形態の移行も、資本主義社会内での「労働者」という形象の周縁化という、一つの同じ歴史現象の現れと見なすことができるだろう。第一章では、『アンチ・オイディプス』がフーコーの権力理論に与えた影響、『千のプラトー』におけるフーコーの議論への応答、そしてドゥルーズ＝ガタリとフーコーの権力理論の差異について考察するが、補論ではさらに、『千のプラトー』執筆期のドゥルーズの権力理論（フーコーへの私信「欲望と快楽」で展開される）がフーコーの議論に与えた影響、そして、フーコーがその最晩年に展開した議論のドゥルーズによる読解を分析する。

1　リゾームとは何か

『千のプラトー』が提案する戦術《タクティクス》（マイノリティによる公理闘争を起点としたもの）は『アンチ・オイディプス』のそれ（プロレタリアによる階級闘争を起点としたもの）とは大きく異なるが、しかし、戦略に一切変更はない。『千のプラトー』において、戦略のこの一貫性を冒頭から示すのが、「リゾーム」という概念である。同書の「リゾーム」論は、『アンチ・オイディプス』で「主体集団」として論じられていたものの再論に他ならない。

『千のプラトー』の第一プラトー「リゾーム」を参照しよう。それによれば、リゾームの原理とは、(1)連結の原理、(2)非等質性の原理、(3)多様性の原理、(4)非意味的切断の原理、(5)地図作成の原理である。つまりリゾームとは、ヒエラルキー的なツリー状主権形成体とは異なり、「……と……と［…et…et］」の原理によって異なった諸要素を水平的、横断的に接続し(1)、(2)、(3)、ツリー状組織に取り込まれないよう逃走線を引き(4)、それによって開かれた地図作成を行う(5)、横断的な多様体なのである。ドゥルーズ＝ガタリは、ツリー状組織をそのヒエラルキー的性格において拒絶する。

ツリー状システムはヒエラルキー的システムであって、それは意味性と主体化の中心、組織化された記憶装置のような中心的自動装置を含んでいる。つまり、これに対応するモデルでは、一つの要素がある行為の統一からのみ、そして主観的な配置が予め設定されたつながりからのみ情報を受け取るのだ。そのことは情報科学と電子機械の現在の諸問題においてはっきりと見て取られ、それらは一個の記憶装置ないし一個の中心機関に権力を与えている限りにおいて、いまだに最も古い思考を保存している。「指揮系統のツリー状組織という比喩像」（中心化された諸システムまたはヒエラルキー的諸構造）を告発する見事な論文において、ピエール・ロザンスティールとジャン・プティトーはこう指摘している――「ヒエラルキー的構造の優位を認めることはツリー状構造を特権視することに帰着する。(…)ツリー状形態はトポロジー的な説明を認める。(…)ヒエラルキー的システムにおいては、一つの個体はたった一つの活動的隣接者しか、つまり序列の上で彼に対して上位にあるものしか認めない、(…)伝達の経路は予め設定されている——ツリー状組織はその中のある決まった場所に統合される個人に先立って存在している」(意味性と主体化である)。著者たちはこの点について、たとえ私たちが一個の多様体に到達したと信じるときでさえ、この多様体は偽のもの——私たちが側根タイプと呼ぶもの——であるかもしれないと指摘している。というのは、見かけ上は非ヒエラルキー的なその体裁ないし言表は、実際にはまったくヒエラルキー的な一個の解決しか認めないからである。[MP, 25-26/(上)四二—四三]

彼らはヒエラルキー的組織の問題点を、情報理論に基づいて指摘している。ヒエラルキー的組織は、一個の中心機関に意思決定の権力を集中させる点で、非民主的組織である。このようなヒエラルキー的組織は、主権形成体のような「大文字の権力の構造」[MP, 26/(上)四三]そのものであり、『アンチ・オイディプス』における「服従集団」に対応するだろう。

それに対して、リゾーム的多様体は、開かれた非中心化システムである。

こうした中心化システムに、著者たちは非中心化システム、有限な自動装置のネットワークを対立させるのであり、そこではコミュニケーションは、ある隣接者から別の任意の隣接者へと行われ、茎や経路は先立って存在することがなく、個体はどれもみな交換可能で、単にある瞬間にお

> ける状態によって定義される。そのため、局地的《ローカル》な操作は相関的に組織され、包括的《グローバル》な最終結果は中心的審級から独立して自らを同期するのである。［MP, 26／(上)四四］

「著者たち」とは先の引用のロザンスティールとプティトーを指しているが、それは同時に、ドゥルーズ＝ガタリのことでもある。政治的諸主体はヒエラルキー的権力によって組織化されるのではなく、横断的な接続の原理に従ってネットワーク状に連結され、自由に逃走線を引く多様体へと生成変化する。そしてそこには、ヒエラルキー的な権力の原理は一切介在しない。従って、**リゾームとは純粋な横断性、多様性であり、『アンチ・オイディプス』における「主体集団」をさらに明確にダイアグラム化した概念なのである。**このように、ドゥルーズ＝ガタリは『千のプラトー』において、『アンチ・オイディプス』の「服従集団」と「主体集団」を「ツリー」と「リゾーム」として再定式化した。リゾーム状主体集団は、諸々の政治主体を横断的、水平的、ネットワーク的に連結する開かれた組織形態を取る。そして、リゾーム状主体集団は、ツリー状主権形成体＝服従集団を解体に追い込むべく、「戦争機械」としてそれに闘いを挑むのである。

2　『千のプラトー』の権力理論——マクロ権力とミクロ権力

次に私たちは、『千のプラトー』がいかなる新たな権力概念を提示したかを考察しよう。従来、ドゥルーズ＝ガタリの権力分析はミクロ権力に焦点を絞ったものだと考えられてきた。しかし、実際にはそのような考えは精確ではない。『千のプラトー』を綿密に読めば、彼らの権力概念がミクロ権力と共にマクロ権力を重視していることを明確に理解できるはずである。というのも、彼らは権力分析に際して、資本のフローを整流する公理系や国家装置といった概念を重視しているからだ。[2]

第九プラトー「ミクロ政治と線分性」を参照しよう。彼らはここで、抽象機械の二つの極について考察する。超コード化の抽象機械と脱コード化のそれである。第一に、彼らは超コード化の抽象機械を次のように定義する。

> 一方には超コード化の抽象機械がある。硬質な線分性［segmentarité］、マクロの線分性を規定するのはこの機械だ。複数の線分《セグメント》［segments］を生産、いやむしろ再生産して、線分を二つずつ対立させ、すべての中心を共振させた上で、仕切られた分割可能な等質空間を、あらゆる方向に展開するからである。このような抽象機械は国家装置［appareil d'État］に結び付く。とはいえ私たちは、この抽象機械と国家装置そのものを混同するわけではない。例えば、抽象機械を幾何学的なものと規定することもできるだろうし、また別の状況では「公理系」によって規定することもできるだろう。しかし、国家装置は幾何学でも公理系でもない。国家装置とは、一定の枠内で、また一定の条件下で超コード化の機械を実現する再領土化の動的編成《アレンジメント》に過ぎないのである。国家装置は自らの実現する抽象機械とある程度まで一体化する傾向がある、と言えるだけである。［MP, 272-273／㊥一二六―一二七］

国家装置は、超コード化という機能に依拠して（また後述するように、資本主義においては超コード化ではなく、脱コード化したフローの組織化という機能に依拠して）、脱コード化した資本のフローや大衆の分子状フローを整流し、再領土化する。その意味において、ドゥルーズ＝ガタリにとって、国家装置とは再領土化の装置である。それは、社会体を複数の線《セグメント》分に分割し、それら線《セグメント》分を二項対立的に組み合わせたり、あるいは、共振させたりすることによって、社会の隅々にまで権力の効果を波及させる。

しかし、ドゥルーズ＝ガタリにとって、権力諸装置を構成する国家装置、公理系は、そこから逃れ出ていく逃走線を必ず伴っている。従って、他方の極には脱コード化の機能があるが、これは超コード化（あるいはフローの組織化）の機能よりも本源的である。

もう一方の極には、脱コード化と脱領土化によって作動する突然変異の抽象機械がある。逃走線を引くのはこの機械である。つまり量子を持つフローを方向付け、フローの創造－連結を保証し、新たな量子を放出するのだ。この機械そのものが逃走の状態に置かれ、自らの線上に戦争機械を組み立てる。これが先ほどとは別の極となるのは、硬質な、あるいはモル状の線《セグメント》分が、亀

2　ギヨーム・シベルタン＝ブランも、以下の研究で、ドゥルーズ＝ガタリにおけるマクロ権力理論を重視する視点を採用している。Cf. Guillaume Sibertin-Blanc, *Politique et État chez Deleuze et Guattari: Essai sur le matérialisme historico-machinique*, PUF, 2013.

> 裂を塞ぎ修復して、逃走線を遮断し続けるのに対して、突然変異の抽象機械は、硬質な線分の「間」を抜け、別の、亜分子の方向に逃走線を流してやるからだ。［MP, 273／㊥一二七］

脱コード化の機能は、超コード化の機能に対して逃走線を引き、フローを脱コード化させて、国家装置や公理系に対する抵抗を、すなわち戦争機械を構成する。**ドゥルーズ＝ガタリにとって脱コード化の機能の方が超コード化の機能より本源的なのは、超コード化が、脱コード化したフローをヒエラルキー的に組織化するものだからである。**超コード化の作用がすべての局面で完璧に作用するわけではない以上、それは脱コード化したフローすべてを整流することはできず、その整流作用から漏出するフローが必ず存在する。そのことが、超コード化に対して脱コード化を本源的なものにするだろう。

ところで、ここまで私たちは「線分《セグメント》」という言葉を説明なしに使ってきた。「線分《セグメント》」とは社会体の中の境界で区切られた部分であり（そもそも数学において「線分《セグメント》」とは、二点によって限定された線の一部分を意味する）、それがある程度の独立性を持つ場合、ドゥルーズ＝ガタリはそれを「硬質な線分《セグメント》」と呼んでいる。[3] では国家装置は、どのようにしてすべての線分《セグメント》へとその権力作用を浸透させるのだろうか。

> 権力の中心、あるいは権力の焦点とは何かという問いは、線の錯綜を示すのに適している。軍隊の権力、教会の権力、学校の権力、公的な、あるいは私的な権力など、様々な権力が語られる……。権力の中心は、言うまでもなく硬質な線分《セグメント》に関係している。モル状の線分には必ず一つ、

あるいは複数の中心がある。［…］線分化した部分と中央集権化した装置とは、決して矛盾するものではない。まず一方で、最も硬質な線分性ですら、中央集権化を妨げることがない。すべての線分に共通する中心点は、他のすべてが混在するような地点として作用するのではなく、地平線の彼方で、他のすべての点の背後に隠れた共振の点として作用するからである。国家は、他の点をすべて引き受ける単一の点ではなく、すべての点を共振させる共鳴箱なのである。［…］もう一方の、これとは逆の観点からすると、最も厳密な中央集権化ですら、中心と線分と円環の区別を消滅させることはない、と考えることができる。事実、超コード化をもたらす線が引かれると、何らかの線分が必ずもう一つの線分に勝り（二項的な線分性の場合）、特定の中心に他の中心を共振させる相対的な力が与えられ（円環的な線分性の場合）、超コード化の線自体が経由する支配的な線分が強調される（線形的な線分性の場合）。こうした意味で、中央集権化は常にヒエラルキー的であり、ヒエラルキーは常に線分的である。

また、権力の中心はその一つ一つが分子状であり、ミクロ論理的な組織体に作用していく。その場合、権力の中心が存在するには、拡散や散乱の状態で、減速し、ミニチュア化し、絶えず位置を変えては微細な線分化を繰り返しつつ、細部の世界で、それも細部のそのまた細部で活動す

3　« segment », « segmentarité » は『千のプラトー』邦訳ではそれぞれ「切片」、「切片性」と訳されているが、私たちは、これらの概念の「線」との関係性を強調するために、一貫して「線分」、「線分性」と翻訳する。ドゥルーズ＝ガタリ自身、これらの概念を「線」として図表化している。例えば、以下の図表を参照。MP, 25 (n. 12), 266／㊤三四二（注一二）、㊥一一七。

るしかない。フーコーの言う「規律」、あるいはミクロ権力（学校、軍隊、工場、病院など）の分析が、こうした「不安定性の中心［foyers d'instabilité］」の存在を立証している。そこでは再編成や集積、逃避や逃走が衝突し合い、さらには立場の逆転すら起きる。［MP, 273-274／㊥一二八―一二九］

社会体は複数の線分《セグメント》に分割されているが（軍隊、教会、学校、工場、病院など）、それら複数の線分が互いに相対的に独立した領域として活動するとしても、それら線分の間には、超コード化の装置、あるいは脱コード化したフローの整流と再領土化の装置としての（中央集権化された）国家装置によって、ある関係性が作り出される。そうした関係性を、ドゥルーズ＝ガタリは「共振」と呼んでいる。国家装置は、諸々の独立した線分を高次から共振させ、諸線分の間にヒエラルキーを形成して、資本と国家の再生産のために協働させるのである。

　ここで「線分《セグメント》」とは、フーコーの言う規律権力、あるいはミクロ権力の諸装置を包含する。フーコーは『監獄の誕生』（一九七五年）において、規律権力間の作動様式の共通性、すなわち「監視と処罰」のメカニズムについて詳細に分析したが、規律権力と国家装置の関係性については明確化しなかった。それに対して、**ドゥルーズ＝ガタリはここで、フーコーの言う規律権力に対して国家装置が強い影響を及ぼしていることを明確化する。**[4] 権力の中心は各線分、各ミクロ権力の諸装置ごとに複数あり、それら複数の中心は、国家装置によって「共振」させられる。言い換えるなら、国家装置のもたらす「共振」において、ミクロ権力の諸装置はそれぞれの領域において、資本と国家へと服従化された主体を作り出すのである。そして、そのような服従化の過程は、同時に権力関係の逆転の可能性、すなわち逃走線の可能性をも内包している。[5]

ここで私たちは、**『千のプラトー』のドゥルーズ＝ガタリが、自らの権力理論にフーコーの権力理論を接合し、同時にフーコーの権力理論に対して応答を試みている**、という点に最大限の注意を払わなければならない。『アンチ・オイディプス』が出版された時点では、フーコーの権力理論はまだその練り上げの途上にあり（『監獄の誕生』の出版は一九七五年、『知への意志』の出版は一九七六年）、むし

4　フーコーは、規律権力と国家装置の関係性について、講義『処罰社会』（一九七二―七三年）で詳細な分析を展開しているが、その論点は『監獄の誕生』ではほぼ消去されている。ただし、当時出版されていなかった『処罰社会』の講義内容を、ドゥルーズ＝ガタリが詳細に知っていたとは考えにくい。Cf. Michel Foucault, *La société punitive, Cours au Collège de France 1972-1973*, Gallimard / Seuil, 2013. 邦訳『処罰社会――コレージュ・ド・フランス講義 1972-1973 年度』、八幡恵一訳、筑摩書房、二〇一七年。なお、『処罰社会』における規律権力と国家装置の関係については、以下で詳細に分析した。佐藤嘉幸、「フーコー――『処罰社会』と規律権力、国家装置」、『POSSE』第二九号、二〇一五年。

5　ドゥルーズ＝ガタリはここで、フーコーの以下の箇所を参照している。Michel Foucault, *Surveiller et punir*, Gallimard, 1975, p. 32. 邦訳『監獄の誕生』、田村俶訳、新潮社、一九七七年、三一頁。「権力諸関係は社会の濃密な深部にあり、市民に対する国家の関係、あるいは階級間の境界に位置付けられることはないし、（…）法あるいは統治の一般形態を再生産することに甘んじることもない。（…）権力諸関係は数え切れない対決地点、不安定性の中心を規定するのであり、そうした中心の一つ一つが、紛争や闘争の危険を、少なくとも一時的な力関係の逆転の危険を孕んでいる」［MP, 274, n. 25／㊥四一二、注二五に引用］。

ろ『アンチ・オイディプス』の方がフーコーの権力理論に大きな影響を与えている。『アンチ・オイディプス』は、オイディプス的家族というミクロ装置を通じて服従化された主体を生産する「ミクロ権力」の概念を既に提示しており（ただし「ミクロ権力」という用語そのものは用いていない）、フーコーは『監獄の誕生』において、そのようなドゥルーズ＝ガタリ的概念を応用しつつ、規律権力――学校、病院、軍隊、刑務所のようなミクロ諸装置を通じて服従化された主体を生産する権力――の概念を確立したのである。[6] そして、『千のプラトー』のドゥルーズ＝ガタリは、フーコーの権力理論を参照し、それに対する回答を試みるだろう。こうした観点から私たちは、**『千のプラトー』は、ドゥルーズ＝ガタリの影響下でフーコーが提示した権力理論に対する、ドゥルーズ＝ガタリからの回答である**、と考える。[7]

　ドゥルーズ＝ガタリの権力理論とフーコーのそれの関係について、考察の方向性を延長するために、『千のプラトー』第五プラトー「幾つかの記号の体制について」に付された次の注を参照しよう。

> ミシェル・フーコーは、次のような一連の問題に対応して継起する幾つかの水準に従い、言表の理論を展開した。(1)『知の考古学』でフーコーは、内容と表現という二種類の「多様体」を区別した。この二つは対応や因果性の関係に還元されるものではなく、相互に他を前提としている。(2)『監獄の誕生』では、互いに絡み合う二つの異質な形態を説明し得る一つの審級を探求し、それを権力あるいはミクロ権力の動的編成《アレンジメント》に見出した。(3)『性の歴史』はさらに別の方向に向かう。動的編成はこの場合、ダイアグラムに関係付けられ、直面させられるのではなく、抽象機械

としての「人口の生政治」に関係付けられる。私たちとフーコーの違いは、ただ次の点のみである。(1)動的編成は権力の動的編成ではなく、欲望の動的編成だと思われる。欲望は常に動的に編成《アレンジ》されており、権力は動的編成の地層化された次元である。(2)ダイアグラムあるいは抽象機械は、まず第一のものとして逃走線を有しており、この逃走線は動的編成にとって抵抗や反撃の現象ではなく、創造や脱領土化の点である。［MP, 175-176, n. 36／㊤三六三、注三六］

これによれば、フーコーとドゥルーズ＝ガタリの大きな差異は次の二点である。第一に、フーコーにとって問題なのは、規律権力のようなミクロ権力であり、ミクロ権力の動的編成《アレンジメント》であるが、ドゥルーズ＝ガタリにとって問題なのは、権力の動的編成ではなく欲望の動的編成であり、権力とは欲望の動的編成が地層化されたものである。つまり、**ドゥルーズ＝ガタリにとって、権力ではなくあくまでも欲望が本源的であり、それを編成して地層化するのが権力のテクノロジーなのである。**第二に、フーコーにとって、服従化された従順な諸主体を作り出す権力が、諸主体に優越する。反対に、**ドゥルー**

6　例えば、以下の注における『アンチ・オイディプス』への言及を参照。*Surveiller et punir*, p. 29, n. 1. 邦訳『監獄の誕生』、三五頁、注一九。また、講義『精神医学の権力』（一九七三―七四年）における『アンチ・オイディプス』への参照と規律権力の概念形成の密接な関係にも留意せよ。Michel Foucault, *Pouvoir psychiatrique: Cours au Collège de France 1973-1974*, Gallimard / Seuil, p. 88, n. 邦訳『精神医学の権力――コレージュ・ド・フランス講義1973-1974年度』、慎改康之訳、筑摩書房、二〇〇六年、一〇七頁、注。

7　なお、ドゥルーズ＝ガタリに対するフーコーの側からのさらなる応答については、第二部補論において詳述する。

ズ＝ガタリにとって、権力ではなく欲望が本源的である以上、欲望の脱コード化したフローを再領土化し、地層化する権力に対して、欲望の自由な運動である逃走線が優越する。しかし、この説明は私たちにとって、まだ過度に抽象的である。

これらの論点についてさらに詳細に考察するために、ドゥルーズ「欲望と快楽」（一九七七年）を参照しよう。[8]このテクストは、ドゥルーズが自分とフーコーの理論的差異について考察したノートを私信の形でフーコーに送ったものだが、その執筆時期が『千のプラトー』の執筆時期に重なる点から、**「欲望と快楽」に描き出されたドゥルーズとフーコーの権力理論の差異が、『千のプラトー』におけるドゥルーズ＝ガタリの権力理論を決定的に規定している、**と私たちは考える。

まず、先に指摘したフーコーとドゥルーズ＝ガタリの差異の第一点から検討する。

> フェリックス・ガタリと一緒に私が欲望の動的編成《アレンジメント》について語るのは、ミクロ諸装置が権力という用語で描写できるという確信が持てないからだ。私にとって、欲望の動的編成とは、欲望が「自然な」決定作用でも「自発的な」決定作用でも決してないことを明確にするものだ。［…］第一の軸によれば、欲望の動的編成において、事物の状態と言表行為（これはミシェルにおける二つのタイプの形成体［＝権力と知］もしくは多様体という区別に適合するだろう）とが区別される。もう一方の軸によれば、領土性あるいは再領土化と、動的編成を押し流す脱領土化の運動［…］とが区別される。権力諸装置は、たとえ抽象的なものであれ、再領土化が行われるところすべてに出現する。つまり、権力諸装置は、動的編成の一構成要素とされよう。しかし、動的編成は、脱

領土化の先端をも含むだろう。要するに、権力諸装置が動的に編成《アレンジ》するのでも構成するのでもなく、欲望の動的編成こそが、その諸次元の一つに従って、権力の構成体を振り分けるのである。このことが、私には必要だが、ミシェルには不必要な問いに答えることを可能にする。すなわち、いかにして権力は欲望され得るのか、という問いだ。だから第一の違いは、私にとって権力とは欲望の触発［affection］である、という点だ（欲望とは決して「自然な現実」ではない、と断った上で）[9]。

フーコーにとって、ミクロ諸装置とは権力と知を動的に編成《アレンジ》し、個々の身体に働きかけて規範化、規律化を行う諸装置である（ドゥルーズ＝ガタリは、それを「権力の動的編成《アレンジメント》」と呼んでいた）。それに対して、ドゥルーズ＝ガタリにとって、ミクロ諸装置とは権力を動的に編成《アレンジ》するものではなく、欲望を動的に編成《アレンジ》するものである（「欲望の動的編成《アレンジメント》」）。つまり、両者の差異は、権力から出発するか、それとも欲望から出発するか、という差異なのである。フーコーのように権力から出発すれば、権力諸装置が存在し、それが個々人の身体を規範化、規律化し、服従化された主体を生産する、という立論になる。しかし、ドゥルーズ＝ガタリはその立論に満足しない。なぜなら、彼らにとって重要なのは、

8　このテクストについては、第二部補論において、改めて別の観点から論じる。

9　Gilles Deleuze, « Désir et plaisir » (1977), in *Deux régimes de fous: textes et entretiens 1975-1995*, Minuit, 2003, pp. 114-115. 邦訳「欲望と快楽」、小沢秋広訳、『狂人の二つの体制 1975-1982』、河出書房新社、二〇〇四年、一七四―一七五頁。

「権力はなぜ欲望されるのか」というスピノザ的な問いだからだ。従って、彼らは欲望から出発し、欲望が触発され、整流され、権力を欲望するようになるメカニズムを問うだろう。欲望は本質的に自由なフローであるが、ミクロ諸装置はそれを整流、制御し、権力への服従化の欲望を形成する（「欲望の動的編成」）。権力諸装置とは、そのような欲望の触発、整流のために形成され、社会体の各部分に配置されるのである。

次に、フーコーとドゥルーズ＝ガタリの差異の第二点について検討しよう。

ミシェルの中には、歴史的な集団的決定因としての、逃走線、脱領土化の運動に該当するものはないようだ。諸々の抵抗現象にどのような地位を与えるか、という問題は私にはない。逃走線が第一の決定因であり、欲望が社会野を動的に編成《アレンジ》している以上、これらの［欲望の］動的編成《アレンジメント》によって生産されながらも、同時にそれらを圧し潰すか塞ぎ止めるのが、権力諸装置なのだ。[10]

フーコーにとっては、権力が最初に存在し、抵抗は権力に対する反撃として生起する。従って、**『監獄の誕生』に描かれたように権力が完璧に作用するなら、権力に対する抵抗の可能性は最初から閉ざされてしまう。**[11] 反対に、**ドゥルーズ＝ガタリにとって、権力ではなく自由な欲望が最初に存在する。従って、権力が欲望のフローを塞ぎ、再領土化しようとしても、それは逃走線として至る所から漏出していく。**逃走線と戦争機械について、ドゥルーズは次のように述べている。

抵抗線について、あるいは私が言う逃走線について、諸関係または諸結合、諸接続、統合過程をどのように構想すればよいのだろうか。私なら、動的編成がある瞬間に作られ、それが逃走線を引く場である集団的内在野はまた真のダイアグラムをも持つ、と言うだろう。そのとき、脱領土化の諸線や諸先端を接続することによって、このダイアグラムの実現を可能にする複雑な動的編成を見つけなければならない。まさしくその意味において私は、国家装置、軍事機構、また権力諸装置ともまったく異なる戦争機械について語ったのだ。従って、一方に国家――すなわち権力のダイアグラムがある（国家は、ダイアグラムのミクロ与件を組織化平面として実現するモル状装置だから）。他方に戦争機械――すなわち逃走線のダイアグラムがある（戦争機械は、ダイアグラムのミクロ与件を内在平面として実現する動的編成だから）[12]。

従って、逃走線と戦争機械の関係について定式化するなら、諸々の逃走線を接続して非ヒエラルキー的な内在平面を実現する動的編成として、戦争機械があることになる。一方に国家＝権力のダイアグラムがあり、他方に戦争機械＝逃走線のダイアグラムがある。国家装置とは、自由な欲望を服従化へ

10　Ibid, p. 118. 邦訳同書、一七九頁。

11　この点については、以下で詳細に論じた。佐藤嘉幸、『権力と抵抗――フーコー・ドゥルーズ・デリダ・アルチュセール』、人文書院、二〇〇八年、第一章。

12　« Désir et plaisir », in *Deux régimes de fous*, p. 121. 邦訳「欲望と快楽」、『狂人の二つの体制 1975-1982』、一八三頁。

と組織し、主体の服従化を実現するモル状装置であり、戦争機械とは、そうした国家装置による欲望の組織化を逃れる諸々の逃走線を引き、それらを結合、接続して、ヒエラルキーなき横断的内在性、すなわち内在平面を実現する動的編成なのである。

ここまでの考察から、私たちは『千のプラトー』の権力理論が、フーコーの権力理論への応答として次のような意味を持っていたことを理解することができる。

第一に、フーコーは『監獄の誕生』において、マクロ権力よりもミクロ権力を重視したため、規律権力と国家装置の関係を明確化しなかった。それに対して、ドゥルーズ＝ガタリは『千のプラトー』において、ミクロ権力と共にマクロ権力を重視することで、国家装置が諸々の規律権力（複数の線分《セグメント》）を「共振」させ、それを通じて資本と国家に服従化された主体を生産している、と考える。

第二に、フーコーのように権力から出発して、権力諸装置（権力と知の複合体）が主体を服従化すると考えるなら、抵抗は権力への反作用としてのみ存在することになり、権力が完璧に作動するなら抵抗の可能性は閉ざされてしまう。そのような袋小路を避けるために、ドゥルーズ＝ガタリは自由な欲望から出発し、権力諸装置を欲望の触発と整流化（服従化）の装置と考える。**そのとき、権力諸装置が捕捉できない自由な欲望のフローが常に複数の逃走線として残存するのであり、それらを横断的に接続し、戦争機械を形成することで、権力に対する闘争を組織し得るのである。**

3 資本、国家、戦争機械

私たちはここで再び『千のプラトー』に戻り、そのリゾーム状主体集団の形成について、今度は資本、国家と戦争機械の関係から検討してみよう。

第一三プラトー「捕獲装置」を参照しよう。ドゥルーズ＝ガタリはそこで、資本主義における国家装置の役割を分析している。

> 国家装置が直面する任務は、既存のコードを超コード化することではなく、脱コード化した諸々のフローそのものの結合［*conjonctions*］を組織することになった。記号の体制は次のように変化したのである。すなわち、あらゆる点で、帝国的シニフィアンによる操作は主体化の過程に取って代わられ、機械状隷属化は社会的服従化の体制によって代替されるようになる。［MP, 563／(下)二〇五］

帝国的社会から資本主義社会への移行に際しては、既存のコードの超コード化から脱コード化したフローの接合、組織化（再領土化）へ、帝国的シニフィアンによる操作から主体化の過程へ、機械状隷属化から社会的服従化へ、という移行が観察される、とドゥルーズ＝ガタリは述べる。脱コード化したフローとは何だろうか。ドゥルーズ＝ガタリは、マルクス『資本論』に依拠しながら次のように説明する。「一方で、労働のフローは、もはや奴隷制や役務において規定されるのではなく、自由で裸の労働とならねばならない。他方で、富は、もはや土地、商品、金銭として規定されるのではなく、等質で自立した純粋資本とならねばならない。［…］資本主義は、質的な限定を受けない富のフローが、質的な限定を受けない労働のフローと出会い、それに接合されるときに形成される」[13]［MP, 565／㊦二〇八］。従って資本主義は、労働と富の自由なフロー、すなわち資本という脱コード化したフローを管理し、整流する公理系と共に形成されなければならない。例えば所有権のように、資本主義を可能にし、剰余価値と資本蓄積を可能にする法権利のシステムがそれに当たる。

「資本とは一つの法権利［droit］、より精確に言えば、一つの法権利として姿を現すような生産関係であり、この点で、生産機能における個々の瞬間に資本がまとう具体的な形態からは独立している」。私的所有はもはや、個々人の依存関係ではなく、唯一の絆を構成する一つの〈主体〉［＝資本］の独立を表現するものとなる。これは私的所有の進化における大変化である。法権利が私的所有の対象を土地、物、人とする代わりに、私的所有そのものが法権利を対象とするようになるのである。［MP, 565-566／㊦二〇八］

しかし、所有権のような法権利は、国家なしには設定されない。資本主義の運動を基礎付け、整流し、資本蓄積を可能にするためには、公理系の実現モデルとしての国家が必要であり、国家こそが資本のフローを管理し、整流しなければならない。

「公理系」という言葉を単なるメタファーとして使用しないためには、コード、超コード化、再コード化といったあらゆるコードから公理系を区別するものは何かを、明確にしなければならない。性質を特定されないまま、多様な分野で同時に無媒介的に実現される純粋に機能的な要素や関係を、公理系は直接的に取り扱う。それに対してコードとは、それぞれに固有の分野に関係し、規定された要素間の特定の関係を言表し、超越的または間接的にしか、上位の形式的統一性（超コード化）に到達しない。この意味で、内在的公理系は、様々な分野を通過するごとに、言わば様々な実現モデルを持つことになる。同様に、権利としての資本、「質的には等質、量的には通約可能」な要素としての資本は、様々な生産部門や生産手段において実現されると言える（これを、「総資本」が「細分化された資本」において実現されると言ってもよい）。しかし、様々な生産部門がそれだけで単純に実現モデルとなるわけではなく、実現モデルとなるのは、資源、人口、富、設備などに従って複数の生産部門を集め、組み合わせる諸国家である。だから、資本主義と共に国家が廃絶されるわけではなく、国家は形態を変え、新たな意味を担うようになる。国家は、国家を超える世界的公理系の実現モデルとなるのである。［MP, 567-568／㊦二一〇―二一一］

13　資本主義の成立に関する『資本論』の立論の解釈について、ドゥルーズ＝ガタリは『資本論を読む』におけるエティエンヌ・バリバールの論考を参照している。このように、ドゥルーズ＝ガタリのマルクス解釈は、アルチュセール派のマルクス解釈に大きな影響を受けている［MP, 565, n. 43／㊦三五六、注四三］。Cf. Etienne Balibar, « Sur les concepts fondamentaux du matérialisme historique », in *Lire le Capital*, t. II, Maspero, 1965, pp. 286-289; nouvelle édition revue, PUF, 1996, pp. 529-533. 邦訳「史的唯物論の根本概念について」、『資本論を読む』下巻、今村仁司訳、ちくま学芸文庫、一九九七年、一七七―一八二頁。

公理系とは、「性質を特定されないまま、多様な分野で同時に無媒介的に実現される純粋に機能的な要素や関係」である。それは、法権利のような抽象的な機能であり、それが実現する関係性のことである。それに対して、国家とは公理系の実現モデルであり、公理系の抽象機能を具体的な制度として実現する（「実現モデル」概念はマルクスの「実現形態」概念に由来する——例えば、利潤、利子、地代は、剰余価値という抽象機能の「実現形態」である）。国家はその資源、人口、富、設備に従って、生産力の増強のために生産部門を集積し、そのために公債、近代税制、間接税、工業の保護、保護貿易、植民地制度（外的植民地、内的植民地）のような道具を活用する［MP, 568／㊦二一二］。国家がこれらの道具を活用するのは、資本のフローを整流し、資本の自己増殖と資本蓄積を可能にするために他ならない。

それでは、資本と国家はどのように人々を支配し、統治するのだろうか。その点について、ドゥルーズ＝ガタリは「機械状隷属化［asservissement machinique］」と「社会的服従化［assujetissement social］」という二つの支配システムを区別する。機械状隷属化とは、「人間自らが、上位の統一性による制御と指揮の下で、人間同士で、あるいは他のもの（動物や道具）と共に合成する機械の構成部品になっている場合に現れる」。それに対して社会的服従化とは、「上位の統一性が、動物であろうと道具であろうと機械であろうと、外部のものとなった対象に関わる主体として人間を構成する場合に現れる」［MP, 570／㊦二一五］。つまり、機械状隷属化とは、人間を機械の作動過程の一部として機械に組み込むような支配形態であり、社会的服従化とは、社会的対象へと関わる主体として人間を構成する支配形態である。資本主義社会において、社会的服従化とはフーコーが述べた意味での「規律権力」に、機械状隷属化とはドゥルーズが論考「制御社会［société de contrôle］」で述べた意味での「制御権力」に対応するだろう。

まず、社会的服従化について考察しよう。社会的服従化において、資本とは主体化の点であり、資本に服従化された資本主義的主体を実現するべく機能する。例えば、マルクスの言う「二重の意味で自由な労働者」について考えてみればよい。労働者は自由な人格として、自分の労働力を商品として売ることができると同時に、生産手段から自由な存在として、自らの労働力以外に売る商品を持たない[14]。従って、労働者は資本を主体化の点として、資本の論理を自らの上位の自我として取り込み、自らを資本の論理に服従させることでしか生きることができない。これをドゥルーズ＝ガタリは、「資本家」という言表行為の主体に対する、「プロレタリア」という言表の主体の服従と表現する。

資本は、すべての人間を主体として構成する主体化の点として作用しているが、ここでは一方の「資本家」は、資本という私的な主体性を形成するための言表行為の主体であり、他方の「プロレタリア」は、不変資本を実現する技術機械に服従する言表の主体である。［MP, 571／(下)二一六］

14　Karl Marx, *Das Kapital*, Bd. I, *Marx-Engels Werke*, Bd. 23, Dietz, 1962, S. 183. 邦訳『資本論』(一)、向坂逸郎訳、岩波文庫、一九六九年、二九四頁。

言表行為の主体と言表の主体という概念は、ラカン派精神分析理論に依拠している。[15] 言表行為の主体はラカン的意味での無意識の主体に相当し、言表の主体は意識の主体に相当する。言表の主体は言表の主体の上位にあり、それを上位から統御する。ここで言表行為の主体は、資本の論理を取り込んで形成された、資本の論理の代行者《エイジェント》である。従って、言表行為の主体は上位から、言表の主体を資本の論理へと服従化させる役割を果たす。こうして資本主義的主体化は、資本の論理に従順に行為し、生産活動に尽力し、剰余価値を生産する労働者主体を生産するのである。ドゥルーズ＝ガタリによれば、こうした資本主義的主体化＝服従化は、公理系そのものによってではなく、その実現モデルである国民国家によって実現される。規律権力による主体化＝服従化は、学校や軍隊といった国家に属する規律諸装置、そして工場や企業など、国家がその枠組みを整備する資本主義的諸装置の中で実現されるのである。「資本主義が世界的規模での主体化の企てとして現れるとしても、それは脱コード化されたフローに対して公理系を形成することによってである。ところで、主体化の相関物としての社会的服従化は、公理系それ自体の中でというよりも、むしろ、公理系の実現モデルの中でこそ、はるかにはっきりと現れる。主体化の手続きとそれに対応する服従化が現れるのは、国民国家または国民的主体性という枠組みの中だからだ」[MP, 571-572／(下)二一六―二一七]。

資本主義の展開は、規律権力に加えて新たな形態の機械状隷属化を実現する。起源における機械状隷属化とは、帝国の超コード化において、巨大工事を実現すべく大量の人間を巨大機械として活用する、といった形で実現されるものだった。しかし、情報資本主義の時代における機械状隷属化は、情報技術によって人間主体を制御する、サイバネティックスのフィードバック回路において実現されるようになる。

公理系は［…］機械状隷属化システムを、技術化され刷新された形で、再建あるいは再発明する。もはや形式的な〈統一性〉という超越性の下にではなく、公理系の内在性の下に置かれているのだから、これは帝国機械への回帰では決してない。しかし、これはまさしく、人間がその構成部品となるような機械の再発明であり、人間はもはや機械に服従化された労働者や使用者ではなくなっている。動力機械を技術機械の第二世代とするなら、サイバネティックスとコンピュータは、技術機械の第三世代となり、全面的な隷属化の体制を再び作り出している。「人間－機械システム」は、人間と機械の関係を非可逆的かつ非循環的にしていたかつての服従化に代わって、この関係を可逆的かつ循環的にしている。ここで人間と機械の関係は、もはや使用や活動といった次元においてではなく、互いの内的コミュニケーションという次元において成立する。

［MP, 572／㊦二一七］

機械状隷属化において、コンピュータは人間主体の行為をデータ化し、データベースへと蓄積して、人間主体を取り巻く環境へとフィードバックして再帰的に人間主体の行為を制御する。その中で人間

15　言表行為の主体と言表の主体の概念については、第一部第一章、補論において詳述した。

は、「機械に属するフィードバックまたは循環として、内在的な構成部品となる」［MP, 573／(下)二一八］。現代の私たちは、『千のプラトー』が刊行された一九八〇年よりもさらに深化した機械状隷属化の直中で生きている。公共空間に設置された無数の監視カメラ、私たちが持つ携帯電話の位置情報、POSシステムによって収集される商品販売データ、インターネットを通じてやり取りされる電子メール、SNSへの書き込み、ウェブ・ページへのアクセス履歴、購買履歴などの膨大な情報は、データ化されてデータベースに蓄積され、私たちの環境へとフィードバックされて再帰的に私たちの行為を制御し（国家権力による監視カメラ、情報機器、インターネットを通じたセキュリティ管理を想起せよ）、さらには剰余価値を生み出してさえいる（ビッグデータに基づくマーケティングによって、また、アクセス履歴や購買履歴の解析から自動的に生成される各個人へのパーソナライズされた電子広告や「おすすめ」によって、人々はさらなる購買へと誘導される）。まさにこの意味でこそ、**ドゥルーズ＝ガタリは、可変資本（労働力）の搾取による剰余価値についてではもはやなく、不変資本と機械状隷属化が生み出す「機械状の剰余価値［plus-value machinique］」［MP, 572／(下)二一七］について語る必要を説くことになるのだ。**ドゥルーズが、ネグリによるインタヴュー「制御と生成変化」において述べたように、規律権力が閉鎖環境（監禁＝線分）における不断の規律化、規範化によって主体を服従化するとすれば、制御権力は「解放環境における不断の制御過程」[16]（直線）によって人間を制御システムの一部に組み込み、機械状に隷属化するのである。[17]

他方で、こうした資本主義的な「機械状隷属」に対応する国家のリビドー的服従化の装置を、ガタリは、『千のプラトー』の刊行直前に執筆された『逃走線』（一九七九―八〇年）において、「国家の分子状権力」、あるいは「記号的服従化［assujettissement sémiotique］」のための「集合的諸装備［équipements collectifs］」と呼んでいる。そのとき、学校、（精神）病院、軍隊、工場などの諸装置においてイデオロギーあるいは身体使用の水準で作用する権力の内面化メカニズムとしての「国家のイデオロギー諸装置［appareils idéologiques d'État］」（アルチュセール）や「規律権力［pouvoir disciplinaire］」（フーコー）、すなわち「国家のモル状権力［pouvoir molaire d'État］」に対して、諸個人のリビドーの水準で作用する記号的かつ欲望的な権力伝達のメカニズムとしての「欲望諸機械の分子状ネットワーク」、すなわち「国家の分子状権力［pouvoir moléculaire d'État］」が対置される。例えば、ガタリによる以下のフーコー『監獄の誕生』の分析は、それら二つの権力メカニズムを明確に分節化している。

こうしたミクロ政治的分析の観点から集合的諸装備の問題を捉えることは、単に伝統的な機能主義的アプローチから一線を画すだけでなく、ミシェル・フーコーの言う「考古学的」アプローチとの接続を見出すことにもなるだろう。フーコーはこのアプローチによって、精神病院、監獄、

16　Gilles Deleuze, « Contrôle et devenir » (1990), in *Pourparlers*, Minuit, 1990, p. 237. 邦訳「管理と生成変化」、『記号と事件』、宮林寛訳、河出文庫、二〇〇七年、三五一頁。

17　「制御社会」に関する詳細な分析として、以下を参照。北野圭介、『制御と社会』、人文書院、二〇一四年。「制御」のメカニズムを通じた資本主義権力、国家権力の支配の強化について、北野の観点は私たちの観点と極めて近い。なお、こうした制御権力のメカニズムを、私たちは以下において、新自由主義との関連で「環境介入権力」と定義した。佐藤嘉幸、『新自由主義と権力——フーコーから現在性の哲学へ』、人文書院、二〇〇九年。

学校などに関わる問題をどれほど刷新することができるかを示した。彼はこうした方向性を自ら私たちに素描してもいる。「いかに家族内の諸関係——特に親子という独房における——が、古典主義時代以降、学校、軍隊、医学、精神医学、心理学に関わる外的な図式を吸収しながら「規律化」され、また［et］、家族を「正常と異常」をめぐる規律的問題にとっての特権的な出現の場としたかを、いずれ明らかにしなければならないだろう」（『監獄の誕生』）。こうして私たちは、この二つのタイプのアプローチを、以下のように図式化することができるだろう。(a)明白なコード、すなわち明白に抑圧的な審級からなる外的なシステムを起点として機能する、権力形成体の外的な考古学を明らかにすること。それは例えば、ミクロ政治的、ミクロ物理学的な特定のテクノロジーに従って、家族、身体、個人、欲望を「外部から」造形する、学校、医学、精神医学に関わる権力の構成を明らかにすることである。(b)こうした権力形成体の出現を、それよりはるかに奥深い仕方で身体、家族、学校、軍隊などの水準を貫く、欲望諸機械の分子状ネットワークから標定すること。[18]

ここでガタリは、『監獄の誕生』の短い引用から、二つの異なった権力メカニズムを導き出している。[19](a)学校、軍隊、（精神）病院、監獄のような、諸個人（や家族）を「外部から」服従化する規律諸装置、すなわち「国家のモル状権力」、そして、(b)それら規律諸装置の影響を受けて、リビドーの水準において諸個人（や家族）が自己を服従化し、相互に服従化し合う「欲望諸機械の分子状ネットワーク」、すなわち「国家の分子状権力」である。

さらにガタリは、「国家のイデオロギー装置」に関するアルチュセールの理論に言及しながら、言語使用の水準において同じ二つの権力メカニズムを導き出している。「学校は、それが言葉や態度を操るだけと見なされているという事実から、イデオロギー的な上部構造に属しており、「最終審級において」経済的下部構造に依存する国家のイデオロギー装置に属しているに過ぎない、と主張することができるだろうか。そうではなく、学校が行う労働力の記号的加工は、資本主義社会において、生産諸関係のみならず生産諸力の基本的要素を構成してはいないだろうか[20]」。つまり、学校における言語を介した労働力の形成は、階級に応じた言語使用の習得というイデオロギー的な上部構造の水準（アルチュセール）において生産諸関係（資本＝賃労働関係）を構成するにとどまらず、命令に従う主体を作るという言語的かつリビドー的な「下部構造」の水準（ドゥルーズ＝ガタリ）において生産諸

18　Félix Guattari, *Lignes de fuite: Pour un autre monde de possibles*, L'Aube, 2011, pp. 81-82. 邦訳『人はなぜ記号に従属するのか──新たな世界の可能性を求めて』、杉村昌昭訳、青土社、二〇一四年、九三頁。

19　ガタリによるフーコーの引用は、そこから以上の二つの権力メカニズムを導き出すことができるよう、原文とは異なった形に（qui が et に）書き換えられている。フーコーの原文を精確に訳せば以下のようになり、そこからは(a)の規律権力しか導き出すことができない。「いかに家族内の諸関係──特に親子という独房における──が、古典主義時代以降、学校、軍隊、医学、精神医学、心理学に関わる外的な図式──それ［qui］が家族を、正常と異常をめぐる規律的問題にとっての特権的な出現の場とした──を吸収しながら「規律化」されたかを、いずれ明らかにしなければならないだろう」［*Surveiller et punir*, p. 217. 邦訳『監獄の誕生』、二一六頁］。

20　*Lignes de fuite*, p. 67. 邦訳『人はなぜ記号に従属するのか』、七六頁。

力（服従化された労働者の生産能力）を構成する。こうした記号的かつ欲望的な手段を通じた権力伝達の理論は、『千のプラトー』において、第四プラトー「言語学の公準」が詳述する「指令語」の理論として結実するだろう。

学校の女性教師は、文法や計算の規則を教えるとき、何か情報を与えるわけではないのと同じように、生徒に質問するときも、生徒から情報を手に入れるわけではない。彼女は「記号へと導き［ensigne］」、指示を与え、命令するのである。教師の命令は、教えられることの外側にあるのではなく、それに付け加えられるのでもない。命令は最初の意味から出てくるのではなく、情報の結果ではない。指示は常に既に、様々な指示に向けられており、それゆえに冗長性である。義務教育の機械は情報を伝えるのではなく、文法のあらゆる二項的な基礎と共に、記号的座標を子供に強要する（男性－女性、単数－複数、実詞－動詞、言表の主体－言表行為の主体など）。言語活動の基本的統一性、つまり言表とは指令語である。常識、情報を中心化する能力よりもむしろ、指令語を発し、受け取り、伝達する一つの忌まわしい能力を定義しなければならない。言語は信じるために作られてさえいないのであり、従うため、従わせるために作られている。［MP, 95-96／(上)一六五］

「指令語」を通じて、ミクロ権力はイデオロギーや身体使用の管理を経由することなく、言語的手段によってより直接的に欲望＝リビドーの水準へと浸透する。このような記号的かつリビドー的な権力伝達は、学校、（精神）病院、軍隊、工場のような「国家のイデオロギー諸装置」あるいは「規律権力」においても作用するが、同時に、その記号的かつリビドー的な服従化のメカニズムに従って、諸個人や家族のようなよりミクロな水準で分子状に作用する。こうした分子状服従化のメカニズムの例として、ガタリは次のような例を挙げている。「国家のモル状権力は、教育省の通達によって子供に家でやる宿題を出さないよう命じるが、他方、一般に父親と母親の極めて問題含みな共謀から生まれる家族内部の国家の分子状権力は、教師に対して宿題を出すよう要求する」[21]。こうした「家族内部の国家の分子状権力」こそ、ガタリが「ミクロファシズム」と呼ぶものに他ならない。

このような記号的かつリビドー的な分子状権力伝達は、新自由主義と機械状隷属化の時代である現在において、インターネットを通じた記号的かつリビドー的な分子状権力伝達として機能している（インターネットにおける排外主義的、人種差別的な言説の伝播を想起せよ）。新自由主義は、その市場原理主義、競争原理主義によって社会的諸矛盾を拡大させているが、そうした状況の中で、極右を含む右派勢力は、インターネットによるリビドー的な情報伝達を用いて、社会的諸矛盾から生まれる負のリビドーをマイノリティ排除（ミクロファシズム）へと整流し、人々を資本や「マジョリティ」（既存の支配階級）による支配の強化へと誘導しているのである。

『アンチ・オイディプス』は社会的服従化が主たる権力形態をなす時代の書であり、『千のプラトー』は、パラダイムをなす権力形態が社会的服従化から機械状隷属化へと移行しつつあった時代の書であ

21　Ibid., p. 75. 邦訳同書、八五頁。

る。権力形態のこの変化に応じて、ドゥルーズ＝ガタリは革命のための戦術《タクティクス》も変更する。『千のプラトー』では、もはやプロレタリアによる階級闘争は語られない。第二章で詳しく見る通り、それに代わって革命過程の起点に位置付けられるのは、マイノリティによる公理闘争である。しかし、利害の水準での闘争を起点として、そこから欲望の水準での闘争を展開する、という『アンチ・オイディプス』で示された戦略《ストラテジー》は、『千のプラトー』でも変わらない。この戦略を論じるために同書で新たに導入される概念が、「戦争機械」の概念である。**戦争機械こそが、利害への欲望の従属を反転させ、ツリー状服従集団からリゾーム状主体集団への切断的移行を導くのである。**同時にまた、『千のプラトー』では、利害闘争と欲望闘争が、「マクロ政治」と「ミクロ政治」、「歴史」と「生成変化」といった新たな語で語り直されてもいる。**『千のプラトー』において、資本主義を打倒するものとして展望されているのは、万人がマイノリティ性への生成変化の無限過程の上に自らを再領土化し、万人によるリゾーム状主体集団を形成する、という戦術である。**まず、戦争機械について考察するために、第一二プラトー「遊牧論あるいは戦争機械」を参照しよう。

　戦争機械とは何か。そうした問いを立てたとき、まず最初に思い浮かぶ疑問は、戦争機械の目標は戦争なのか、戦争機械はその手段として必ず戦争を用いなければならないのか、という疑問である。ドゥルーズ＝ガタリは次のように答えている。「アリストテレス的に言えば、戦争は戦争機械の条件でも目標でもないが、戦争機械に必然的に伴う、あるいは戦争機械を補完する、と言えるだろう。デリダ的に言えば、戦争は戦争機械の「代補」であることになろう」[MP, 520／㊦一三九]。従って、戦争とは戦争機械の代補であり、戦争機械は必ずしも戦争を目標としない。

それでは、戦争機械の目的は何か。**戦争機械の目的は、国家装置と闘争し、ヒエラルキー的主権形成体を解体してリゾーム状主体集団を実現することである。**しかし、国家が戦争機械を所有すれば、戦争機械の性質は根本的に変化してしまう。国家によって所有された戦争機械は、国家装置を解体しようとする戦争機械へと向けられ、また、国家間の関係では、自らが服従させようとする他の国家へと向けられる。国家装置によって所有された戦争機械は戦争を目標とし、同時に、戦争は国家の諸目的に従属させられるのである［MP, 521／(下)一四一―一四二］。

戦争機械が国家によって奪取され、国家装置に組み込まれたとき、戦争は何の創造ももたらさない単なる破壊行為に変容するだけでなく、資本主義を補完する運動に変質してしまう。国家装置に組み込まれた戦争機械は、軍事、産業、金融テクノロジーの複合体の一要素となり、純粋な破壊の力能となる。そのとき「戦争は明らかに資本主義と同じ運動を行っている」。戦争に投入される資本、物資（不変資本）が大きくなればなるほど、資本主義は軍事、産業、金融の複合体として、戦争による生産、消費、領土獲得、資源獲得によってますます大きな利潤を獲得する。それに比例して、人間は単なる服従化された主体（可変資本）でさえなくなり、戦争機械の一部、「純粋な機械状隷属化の一要素でしかなくなる」［MP, 582／(下)二三一―二三二］。こうして、資本主義の変容と共に、戦争は資本主義と同一の運動になるのである。[22]

22　資本主義と戦争の本質的な関係については、ドゥルーズ＝ガタリ的「戦争機械」概念を拡張しつつ資本主義の暴力性を分析した以下の著作を参照せよ。Eric Alliez et Maurizio Lazzarato, *Guerres et capital*, Editions Amsterdam, 2016.

しかし、戦争機械は、「戦争ではなく創造的な逃走線を引くこと、平滑空間とその中での人間の運動を編成することを目標とする」［MP, 526／㊦一四九］。戦争機械は、資本主義の公理系と、その実現モデルである国家に闘いを挑み、リゾーム状主体集団の創造へと向かうのだ。戦争機械の「代補」として、ドゥルーズ＝ガタリが一九五〇年代以後広範に生起した世界各地の植民地解放闘争、革命戦争（「ゲリラ、マイノリティ戦争、人民革命戦争」［MP, 527／㊦一五〇］）を念頭に置いていることは、ここから容易に理解できるはずである。歴史的な切断は、生成変化としての切断の「代補」であり、革命的な服従集団の形成は、革命的な主体集団の形成の「代補」である。歴史的な切断（戦争）は、その直中で生成変化（戦争機械の発動）が展開されるからこそ必要なのだ。

ゲバラ主義やナセル主義などといった旗印の下での第三世界の人々による民族解放戦争、マイノリティによる武装革命闘争のうちには、「マイノリティ性への生成変化［devenir-minoritaire］」という、戦争それ自体からは区別されるもう一つの過程が必ず含まれている、と『千のプラトー』の著者たちは強く期待している（サパティスタの武装闘争などといった今日のマイノリティ闘争を想起しても、ドゥルーズ＝ガタリの「期待」は正しい）。マイノリティと、マイノリティ性への生成変化について考察するために、再び第一三プラトー「捕獲装置」を参照しよう。ドゥルーズ＝ガタリによれば、マイノリティとはマジョリティに対する数的な少なさのことではない。マイノリティとはむしろ、南北関係における南（第三世界）、中心に対する周縁のことであり、また同時に、女性、有色人種、ＬＧＢＴ、少数民族、不安定労働者など、[23] 中心における周縁化された存在のことであって、自らの権利獲得を求めて闘争する者たちのことである。ドゥルーズ＝ガタリは同時代の情勢変化に応じて、『アンチ・オイディプス』ではプロレタリアによる階級闘争に見出していた「資本主義の最も弱い環」を、『千のプラトー』ではマイノリティの公理闘争に見出し直す。マイノリティによる公理闘争は、マジョリティあるいはその下部集合としてカウントされることを求める闘争だが、その直中で同時に進行するとされるマイノリティ性への生成変化、マイノリティがマイノリティになることとは、むしろ真逆に、カウントされ得ぬものになるということ、「数えられない集合」になる過程に入るということだ。「数えられないものを特徴付けるのは、集合でも要素でもなく、むしろ連結［connexion］、「と［et］」であり、それは要素と要素の間、集合と集合の間に発生し、両者のいずれにも属することなく、それらを逃れ、逃走線を形成する」［MP, 587／㊦二三八］。マイノリティは、カウントされ得ぬものになる過程において、特定の「集合」から脱して、集合と集合の「間」という新たな場（逃走線）を創出し、各々特定の集合に属してきたすべての要素を、その「間」の中に引きずり込む。従って「と」は、第一に、一つのマイノリティ集合（例えば女性）と別のマイノリティ集合（例えば黒人）の間のことであり、第二に、マイノリティ集合とマジョリティ集合の間のことである。女性と黒人は、それぞれ女性

23 『千のプラトー』には、新自由主義国家に関する分析［MP, 578／㊦二二五］も、不安定雇用に関する分析［MP, 585-586／㊦二三七］も既に存在する。ケインズ主義的な社会民主主義国家が公理の数を増加させることで脱コード化したフローを制御しようとするのに対して、新自由主義国家は逆に公理系を少数の公理だけに制限することで、対外経済のみを重視し、国内市場と人口を破壊する（世界資本主義による富の簒奪）。彼らはこの分析において、シカゴ学派が立案したピノチェト統治下のチリの経済政策を念頭に置き、これを「無政府資本主義［anarcho-capitalisme］」あるいは「全体主義」と呼んでいる。

集合及び黒人集合から自らを脱領土化し、両集合の「間」の上に、あるいはより厳密に言えば、両集合の「間」を創出する無限過程の上に、自らを再領土化する。マイノリティがマイノリティ集合とマジョリティ集合の「間」を創出する限りで、マイノリティのみならず、マジョリティもまた、自分がそれまで属してきた集合から自らを脱領土化し、「間」の上に自らを再領土化する。ここから**ドゥルーズ＝ガタリは、マイノリティ（女性、有色人種、ＬＧＢＴ、少数民族、プロレタリアート、不安定労働者など）のみならずマジョリティをも含む万人が、マイノリティ性への生成変化の無限の創造過程に入り、そこで横断的に連結し合い、リゾーム状主体集団を形成する、という革命戦術を提起するのである。**

> マイノリティの特性は、たとえたった一人のメンバーからなるマイノリティであっても、数えられないものの力能を際立たせることだ。これは多様性の公式なのだ。普遍的形象としてのマイノリティ、または万人になること。男であろうと女であろうと、私たちは皆、女性にならなければならない。白人であろうと黄色人種であろうと黒人であろうと、私たちは皆、非白人にならなければならない。［MP, 588／㊦二四〇］

私たちが皆、非白人になるとき、資本主義は既に廃絶されている。ただし、「代補」をめぐって先にも触れた通り、ドゥルーズ＝ガタリは公理の水準、すなわち法権利の水準における闘争を決して不必要だとは考えていない。彼らは、「私たちは公理の水準での闘争が重要でないと言っているわけではない。反対にそれは決定的なものである」〔MP, 588／㊦二四〇〕と注記してさえいる。従って、**公理の水準における闘争（利害に関わる闘争）は、マイノリティ性への生成変化（欲望に関わる闘争）の条件である。**しかし同時に、公理の水準における闘争を自己目的化することには限界が伴う。なぜなら、要求していた権利が権利として認められることは、その権利が新たな公理として資本主義公理系に追加されることでしかないからであり、その権利を要求していたマイノリティがマジョリティにその新たな下部集合として迎えられることに過ぎないからだ。「マイノリティ性への生成変化」なしに資本主義の打倒はあり得ない。生成変化は動詞的であり、一つの状態に還元されることを常に忌避する。従って、「マイノリティ性への生成変化」は、**無意識的欲望における脱服従化の運動であり、分裂分析が示した「新たな主観性／主体性の生産」、あるいはリゾーム状主体集団の形成過程そのものなのである。**

第二章　マイノリティによる公理闘争

1　プロレタリアートからマイノリティへ

「私たちの時代はマイノリティのものとなった」［MP, 586／(下)二三七］。プロレタリア革命（レーニン的切断）を分裂分析の対象としていた『アンチ・オイディプス』から『千のプラトー』が区別されるのは、何よりもまず、一九八〇年刊行のこの新たな共著において、非白人や少数民族、女性やLGBT、学生や不安定労働者といった者たちによる闘争、すなわち、六八年を転機として労働者による階級闘争に代わって闘争の新たなパラダイムをなすことになったと一般に見なされている所謂「新たな社会運動」が、分裂分析の対象に新たに位置付けられた、という点においてのことだ。

プロレタリアートからマイノリティへ。この移行はまた、東西軸に沿った議論から南北軸に沿った議論への移行だと言い換えてもよい。「中心で東西間の均衡が保たれるようになるにつれて［…］南北間の均衡は崩れて「不安定」となり、それが中心での均衡を不安定にする」［MP, 584／(下)二三五］。『千のプラトー』の執筆、刊行とちょうど重なる時期にフランス大統領を務めていたヴァレリ・ジスカール＝デスタン（一九七四―八一年在任）その人によっても唱えられた当時のこの通説を、ドゥルーズ＝ガタリはそのまま受け入れた上で、それについて次のように注釈している。「ここで南と抽象的に呼ばれているのが第三世界あるいは周縁のことであるのは明らかだ。また、中心の直中にも様々な南、様々な第三世界が見出されることも明らかだ。さらに、ここで問題にされている不安定化が偶発的なものなどではなく、資本主義の諸公理から（定理的に）導かれた帰結に他ならないこと、とりわけ、資本主義の作動に不可欠な公理、不等価交換の公理とされるものから導かれた帰結であることも明らかだ」[MP, 585／(下)二三五]。

マイノリティとは南のことだ。この南は周縁のみならず中心にも見出される。周縁からやって来た移民だけでなく、女性や不安定労働者、ＬＧＢＴもそれぞれが中心において南の飛び地をなしている。南は資本主義公理系によって創り出された。資本主義は新たな不等価交換公理の追加によって周縁および中心に南を創り出した。東西間の均衡が取れるとは、要するに、ブルジョワジーとプロレタリアートの間の交換が等価交換になるということだ。[1] しかし、『アンチ・オイディプス』でも既に次のように言われていた。「［レーニン的切断の後、］資本主義は切断の切断を続けることで、新たに認知された階級の幾つかのセクションを自らの公理系に取り込みつつ、未制御の革命的諸要素（資本主義によってだけでなく社会主義によっても制御されていない要素）を周縁やその飛び地へと排除した」[AŒ, 305／(下)八一、強調引用者]。中心における等価交換の確立は、不等価交換の新たな対象としての第三世界の創出なしにはあり得ない。資本主義はその作動のために常にどこかに不等価交換を必要としており、新たな等価交換公理の追加は新たな不等価交換公理の追加を必然的に伴う。新たな公理の追加による公理系の内的極限の拡大再生産とは、要するに、不等価交換の新たな対象の創出のことだ。不等価交換は、それがあくまでも「交換」であるという点で公理系の「内部」にあるが、「不等価」であるという点では公理系にとって「極限」をなす。**レーニン的切断とその持続的効果によってプロレタリアートが等価交換公理を勝ち取ったことにより、資本主義は新たな不等価交換公理を追加し、自らの新たな内的極限として様々な南すなわちマイノリティを創り出したのである。**

新たな不等価交換公理の追加による第三世界の創出を、『千のプラトー』の著者たちは「階級分断」という言葉で説明してもいる。この説明は、なぜ第三世界あるいは南がマイノリティすなわち「少数者」と呼ばれるのかをいっそうはっきりさせる。「第三世界に社会民主主義が適用される場合でも、そこで目指されるのは一群の貧しい人々を国内市場に統合するといったことではもちろんなく、むしろ反対に、階級分断を行うことで、統合可能な要素を選別するということである」[MP, 585／(下)二三六]（ドゥルーズ＝ガタリは『アンチ・オイディプス』において既に国家を「公理系の実現モデル」――ただしこの用語そのものは用いていない――と位置付けているが［AŒ, 279／(下)四一］、『千のプラトー』ではさらに、そうした実現モデルについて、国外市場よりも国内市場を優先させるために公理を増殖させる社会民主主義型と、反対に国外市場を優先して公理を最低限に抑える全体主義型（新自由主義型）という二つの極あるいは傾向を区別する［MP, 577-578／(下)二二四―二二六］）。社会民主主義は確かにプロレタリアートのための様々な等価交換公理を開発するが、そうした等価交換公理にはその適用対象としてのプロレタリアートの厳密な規定が必ず伴う。他方で社会民主主義はまた、確かにプロレタリアート以外の

1　北における資本による労働の「搾取」は、個々の労働者の個別的労働力を等価交換で購入した上でその総体を集団的労働力に転化し、集団的生産物を労働者自身に購入させることで、そこに内包されている剰余価値を実現することに存する。

様々な集合、様々なアイデンティティを承認するが、そうした承認は不等価交換公理の追加によってなされる。公理の追加によって、新たなアイデンティティはそれぞれ交換の対象として承認され、公理系内部に包摂されるが、その交換はプロレタリアートの場合とは異なって、等価交換ではない。

マイノリティを対象とした不等価交換公理の増殖は、プロレタリアートを対象とした等価交換公理の厳密化と表裏一体である。承認されるマイノリティが多様化すればするほど、それに応じてプロレタリアートを規定する要素もまた多様化する。非白人、女性、学生、移民、ＬＧＢＴ……といったように承認されるマイノリティの多様性が増すのに応じて、白人で、男性で、成人で、ヨーロッパの標準言語を話し、異性愛者で……といったようにプロレタリアートの規定も増殖してゆく［MP, 133／(上)二一九］。一つのアイデンティティを新たに承認するその同じ公理によって、プロレタリアートを規定する項目が一つ新たに増やされる、と言ってもよいかもしれない。**マイノリティを承認する公理の多様化が階級分断だとされるのは、第一に、それによってプロレタリアートが等価交換対象と不等価交換対象に選別されるからであり、第二に、それによってプロレタリアートが無数のマイノリティに断片化され、漸進的にその消滅へと近づくことになるからだ。**

2　公理闘争から生成変化へ

『千のプラトー』の著者たちにとって、一般に「アイデンティティ・ポリティクス」あるいは「承認の政治」などと呼ばれる闘争、不安定労働者の闘争、民族解放闘争といったものはすべて、それ自体としては、資本主義公理系によって周縁および中心に第三世界あるいは南として創出されたマイノリティが交換の等価化を求める闘争であり、その意味で、公理の水準での闘争である。『アンチ・オイディプス』では、資本主義をその下部から掘り崩す革命的実践は、資本主義システムの「最も弱い環」（内的極限）すなわち「搾取され支配されている大衆」（不等価交換の対象）の利害に結び付いた形でしか始まらないとされ、その「最も弱い環」は労働者（第二者）に同定されたが、『千のプラトー』でドゥルーズ＝ガタリは、彼らのこのマルクス＝レーニン主義的実践論をそのまま維持しながらも、「最も弱い環」を新たにマイノリティ（第三者）に同定する。その上で彼らは、マイノリティによる利害闘争、公理をめぐる闘争を次のように分裂分析してみせる。『アンチ・オイディプス』でのレーニン的切断を分裂分析した箇所に比し得る、『千のプラトー』において最も重要な一節だ。

> ここでもまた、公理の水準での闘争は［…］決定的なものである（参政権や中絶、雇用を求める女性たちの闘争、自治を求める諸地方の闘争、第三世界の闘争、東側地域のみならず西側地域でも展開される虐げられた大衆やマイノリティによる闘争など、公理の水準での闘争はこの上なく多岐にわたる）。しかし同時にまた、これらの闘争がそれと共存するもう一つの闘いの指標《インデクス》となっていることを示す何らかの徴候《シーニュ》が、そこには常に見出されるのだ。どんなに些細な要求であっても、人々が彼ら自身で自らの問題を提起し、そのより一般的な解決を可能にする個別的状況を少なくとも彼ら自身で定めてみせるとき、彼らの要求には必ず、公理系にとって耐えることのできない点が含ま

れることになる［…］。要するに、公理をめぐる闘争はフローと公理という二つのタイプの命題の間のギャップを表出させ、このギャップをそれ自体で穿つものであり、また、そうであるからこそいっそう重要なのだ。［MP, 588／㊦二四〇―二四一］

公理の水準でのマイノリティの闘争の直中に「それと共存するもう一つの闘い」の徴候を読み取る、ということここでの分裂分析の振舞いは、階級利害の現勢化としてのレーニン的切断の直中に「欲望をその唯一の原因とする」もう一つの革命的切断の徴候を読み取る、という『アンチ・オイディプス』での分裂分析の振舞いと重なる。また、公理をめぐる闘争が「もう一つの闘い」にとって「決定的な」条件をなすということでの主張は、ポリス経済の水準での前意識的切断なしにはリビドー経済の水準での無意識的切断はないとする『アンチ・オイディプス』での主張と重なる。マイノリティの公理闘争のうちでも、とりわけ民族解放闘争は武力による「戦争」という形態を取る場合が多々あるが、『千のプラトー』では、そのような武装闘争の直中に「何か別のもの」の創造――先取りして述べるなら、主体集団形成の試み――があると指摘される。「ゲリラ、マイノリティ戦争、人民革命戦争にとって戦争は「代補的」でしかないからこそいっそう必要な対象となる。［…］同時に何か別のものを創造する限りにおいて初めて戦争を行うことが可能となる」［MP, 527／㊦一五〇］。

しかし、ここにはまた、『アンチ・オイディプス』にはなかった議論が含まれてもいる。フローと公理の間の「ギャップ」についての議論である。ここでは新たに、公理をめぐる闘争が決定的なのは、それによって「フローと公理という二つのタイプの命題の間のギャップ」が生産されるからだと論じられる。『千のプラトー』の別の箇所では、このギャップが次のように論じられてもいる。「公理とは生きたフローを制御や決定の中枢に従属させ、あれこれの線分に対応させ、その量を測定するものであり、生きたフローと公理との間には根本的な差異が常に生じることになる」[MP, 579／㊦二二八]。もちろん、マイノリティによる公理をめぐる利害闘争は、それ自体、生きたフローとそれに課された不等価交換公理との間のギャップから生じるものであるだろう。しかし、マイノリティが等価交換公理を勝ち取ってもなお、彼らの生きるフローとその新たな公理との間にはギャップが残る。従って、ギャップは公理が不等価交換のそれであるから生じるのではなく、不等価交換のそれであろうと等価交換のそれであろうと、生きたフローが何らかの公理に出会う限り、あるいは、脱コード化されれ脱コード化するフローが公理系において何らかの集合の上に再領土化される限り、そこには常にギャップが文字通り「根本的な差異」として穿たれているのであり、この真理（理論的真理）を人々は、公理をめぐる闘争を通じて実践的に知るのである。そして、ギャップ（本書第一部第二章において、私たちが「二重の不可能性」の名で指摘したもの）のこの真理に強いられてこそ人々は、公理をめぐる闘争の直中において「もう一つの闘い」へと向かうのである。

この「もう一つの闘い」は、『アンチ・オイディプス』では「生産的な切断の切断」、すなわち、レーニン的切断そのものの生産的な切断として論じられていた。ブルジョワジーから割って出たプロレタリアートからさらに分裂者が割って出る、というのが『アンチ・オイディプス』の提案する革命運動の実践的プログラムだった。資本主義はブルジョワジーを唯一かつ普遍的な階級とする社会体であり、従って理論的には、このブルジョワ階級に真に敵対するのは絶対的な「階級外」としての分裂者たちであり、その主体集団だということになるが、しかし実践的には、ブルジョワ階級から分裂者集団が直接的に割って出ることはあり得ず、利害の水準での階級二極化によるプロレタリアート（プロレタリア階級）の形成を経なければならない。そのように論じた上で、『アンチ・オイディプス』のドゥルーズ゠ガタリは、プロレタリア階級から分裂者集団が割って出るという切断を「生産的な切断の切断」とし、欲望の水準でなされるこの第二の切断こそがまさに資本主義をその下部から掘り崩す、としていたわけだ。

分裂者主体集団形成としてのこの「生産的な切断の切断」は、『千のプラトー』では devenir すなわち「生成変化」または「……になること」として論じ直されることになる（『アンチ・オイディプス』にも既に「生成変化」という表現は存在するが、これが政治的概念にまで高められるのは『カフカ』〔一九七五年〕からのことである）。『千のプラトー』でドゥルーズ゠ガタリは、devenir-minoritaire すなわち「マイノリティ性への生成変化」、「マイノリティ的になること」を語り、これを「マイノリティ〔minorité〕」と区別する。既に見た通り、マイノリティそれ自体にも区別される二つの局面があった。マイノリティ（たとえば女性）はまず、資本主義によって新たな不等価交換の対象として創出される。次いで同じマイノリティが、公理闘争（武装闘争も含む）によって等価交換の対象としての承認を勝ち取る。しかし、ドゥルーズ゠ガタリにとっての問題は、マイノリティによるそのような公理闘争（権利闘争）が資本主義を些かも脅かさない、という点にある。そこでは、マイノリティがマジョリティの中にその下位集合として新たにカウントされるだけであり、あるいは、マジョリティの規定としてそれまでカウントされてきた項目のうちの一つが削除されるだけであって、資本主義がそこに別の項目を新たにカウントするのを妨げることも、また、新たな不等価交換の対象として別のマイノリティがカウントされるのを妨げることもない。プロレタリアートがその階級闘争を通じて直面した同じ問題、すなわち、利害闘争だけでは資本主義をその下部から掘り崩すことはできないという問題に、マイノリティもまたその公理闘争を通じて直面するのだ。**そこから、『アンチ・オイディプス』ではプロレタリアートから分裂者が割って出るという提案がなされたが、『千のプラトー』ではマイノリティからマイノリティ性が割って出るという提案がなされることになる。**

生成変化あるいは過程《プロセス》としての「マイノリティ性」と、集合あるいは状態《ステイト》＝身分としての「マイノリティ」とは、混同されてはならない。ユダヤ人やロム族は条件次第でそれぞれマイノリティを形成し得るが、しかし、マイノリティがそのように形成されるだけではまだ、それが生成変化へと転じるのに十分ではない。人々が自らを再領土化したり再領土化されたりするのは、状態としてのマイノリティの上においてのことだが、人々が自らを脱領土化するのは生成変化の中でのことだ。ブラック・パンサーたちがかつて言っていたように、黒人たちも黒人になる必要がある。女性たちも女性になる必要がある。ユダヤ人たちもユダヤ人になる必要がある（言うまでもなく身分《ステイト》＝国家を持つだけでは不十分だ）。しかしそうであるなら、ユダヤ人になること、ユダヤ人への生成変化は、ユダヤ人だけでなく非ユダヤ人にも必然的に関わることになるはずだ。女性になること、女性への生成変化は、女性たちだけでなく男性たちにも必然的に関わることになるはずだ。ある意味では、生成変化の主体は常に homme［人間＝男性］だと言える。ただし

hommeがそのような主体となるのは、何らかのマイノリティ性への生成変化に入り、自らのメジャーな同一性から引き剝がされる限りにおいてのことだ。〔…〕他方で逆に、ユダヤ人たちがユダヤ人になり、女性たちが女性になり、子供たちが子供になり、黒人たちが黒人にならなければならないのは、マイノリティだけが生成変化を始動させる媒体となるからだが、ただし、そうしたアクティヴな媒体となるためにはマイノリティもまた、マジョリティとの関係において規定される集合であることをやめなければならない。従って、ユダヤ人への生成変化や女性への生成変化では、二重の運動が同時に進行すると言える。一方には、一つの項（主体）がマジョリティから逃れる運動があり、他方には、もう一つの項（媒体あるいは代行者《エイジェント》）がマイノリティから外れる運動がある。不可分かつ非対称的な生成変化のブロック、同盟ブロックが形成されるのだ。〔…〕女性は女性へと生成変化しなければならないが、この生成変化は人間全体が女性へと生成変化する中でなされなければならない。ユダヤ人はユダヤ人へと生成変化するが、それはあくまでも、非ユダヤ人のユダヤ人への生成変化の直中においてのことだ。マイノリティ性への生成変化は、共に脱領土化された一対の媒体と主体とをその要素とすることで初めて可能になる。生成変化の主体は、マジョリティにおいて脱領土化された変項としてのみ見出され、生成変化の媒体は、何らかのマイノリティにおいて脱領土化する変項としてのみ見出される。［MP, 356-357／(中)二七四―二七六］

ユダヤ人やロム族、黒人や女性は、まず、資本主義公理系によって不等価交換の対象とされることでそれぞれ南（第三世界）、あるいは、北におけるその飛び地の上に再領土化される。次いで彼らは、公理闘争を通じて等価交換を勝ち取ることで、北の下位集合をなす小島の上にそれぞれ自らを再領土化する。しかし、闘争によるこの第二の再領土化を通じて彼らは、資本主義公理系をめぐる二重の問題を実践的に創出することになる。第一に、生きたフローと公理との間には根本的なギャップが常に存続するという問題。第二に、新たな等価交換公理の創出には新たな不等価交換の創出が必然的に伴うという問題。どちらも人間全体に関わる普遍的な問題であるが、実践的にはあくまでも一つひとつのマイノリティの個別的な闘争によって創出され、マジョリティによって創出されることはない。この二重の問題に直面し、それに強いられて、まず、マイノリティの上に再領土化されその変項とされていたフローが、このマイノリティ（北の小島、南における北の飛び地）から自らを脱領土化し、マイノリティ性の上に自らを再領土化する。ドゥルーズ＝ガタリがマイノリティによるマイノリティ性への生成変化（黒人が黒人になる、女性が女性になる）と見なしているのはこの局面だ。しかし、マイノリティはまた、彼らの創出する同じ二重の問題を、まさしくその普遍性において、マジョリティにも突きつけることになる。これによって、マジョリティの上に再領土化されその変項をなしていたフローもまた、マジョリティから自らを脱領土化し、マイノリティ性の上に自らを再領土化することへと導かれる（非ユダヤ人がユダヤ人になる、男性が女性になる）。

マイノリティによる公理闘争からそこでの普遍的問題の創出を経て「万人によるマイノリティ性への生成変化［devenir-minoritaire de tout le monde］」［MP, 134／㊤二二〇］**にまで至る以上のような過程こそが、『千のプラトー』で提案される実践的プログラムだ。**マジョリティとマイノリティに選別され、無数のマイノリティに断片化されていたプロレタリアートが、「資本の平面」（資本の充実身体）と共存するもう一つの平面としての「共立平面」（器官なき身体）においてマイノリティ性の上に自らを再領土化することで、自らを新たに構成し直す（『哲学とは何か』では前者の平面が「内在環境」、後者の平面が「内在平面」と呼ばれることになる）。イタリア・オペライズモの理論的指導者マリオ・トロンティの有名な議論を引いて、ドゥルーズ＝ガタリは次のように論じる。「一般に、マイノリティの立てる問題が統合や包摂によって解決されることはないし、公理や身分承認、自治権獲得や独立によっても解決されることはない。彼らの戦術は必然的にそれを経るものとなるが、しかし、彼らが革命的であるのは、それよりも深い運動、すなわち、グローバル公理系を問いに付す運動を彼らがもたらすからだ。マイノリティの力能、特殊性の力能は、その普遍的形象あるいは普遍的意識をプロレタリアのうちに見出す。しかし、労働者階級が身分の獲得を通じて規定される限り、あるいは、国家の理論的奪取を通じて規定される場合であっても、労働者階級はただ「資本」として、資本の一部（可変資本）として出現するだけであり、資本の平面からその外に出ることはない。〔…〕反対に、資本の平面からその外に出ることによってこそ、絶えずそうし続けることによってこそ、大衆は革命的になり続けるのであり、加算諸集合の支配的な均衡を破壊するのである」［MP, 589／㊦二四二―二四三］。

3　生成変化とは何か

マイノリティ性への生成変化は、『アンチ・オイディプス』において分裂者主体集団の形成とされていたのと同じものだと言ってよい（本書第三部で見る通り、この同じものは、『哲学とは何か』では相対的な内在的脱領土化の絶対化として論じられることになる）。分裂者主体集団の形成は、社会体への器官なき身体の従属の逆転であり、また、モル状あるいは群的集合への分子状あるいは横断的多様体の従属の逆転だと説明されていたが、この同じ説明はマイノリティ性への生成変化にもそのまま当てはまる（モル状／分子状の区分、多様体についての議論は、「生成変化」についての議論と同様、いずれも『アンチ・オイディプス』では実際には萌芽的に素描されるにとどまり、『千のプラトー』において全面展開されることになる）。**器官なき身体においてマイノリティ性の上に自らを再領土化することで、人間全体が一つの大いなる分裂者主体集団を形成する。**それでもなお『アンチ・オイディプス』と『千のプラトー』で表現が異なるのは、何よりもまず、既に見た通り、二〇世紀のグローバルな歴史展開に応じて資本主義におけるその「最も弱い環」として同定すべきものが変わり、それに応じて、提案される実践的プログラムが更新されたからだ。六八年直後に刊行された『アンチ・オイディプス』では、プロレタリアート（第二者）の階級闘争を経ることが不可欠だとされたが、その約一〇年後に刊行された『千のプラトー』では、マイノリティ（第三者）の公理闘争を経ることが不可欠であり必然であるとされることになった。

分裂者主体集団の形成を「生成変化」の概念で語り直すことは、しかしまた、敢えてナイーヴな言い方をすれば、議論をより精緻化するものでもある。「生成変化」は分裂者主体集団の形成の内容である、と言ってもよいかもしれない。女性への生成変化について、ドゥルーズ＝ガタリは次のように書いている。

女性への生成変化とは実体としての女性を模倣することではなく、それに姿を変えることでもない。しかしながら、一部の男性同性愛者において模倣が、あるいは、模倣の様々な契機が重要なものになっていることは無視できないし、また、実際に姿を変えてみせる女装者たちの見事な試みはさらにいっそう無視できない。私たちがここで言いたいのはただ、女性への生成変化と不可分なそれらの様相が、何よりもまず、別のこととの関連において理解されなければならない、ということだ。女性の姿かたちを模倣するのでも、女性の姿かたちをなすのでもなく、粒子を放ち、それらの粒子が運動と休止との特定の比率の中に、何らかのミクロ女性性の近傍ゾーンの中に入っていくようにすること。要するに、我が身において分子状女性を一つ生産すること、分子状女性というものを創造すること。私たちは、そのような創造が男性だけの専有物であると言いたいわけではない。反対に、モル状実体としての女性は女性になる必要がある。それによって初めて男性も女性になり、男性にとっても女性になることが可能となる。もちろん、女性たちが自分たちの組織体、自分たちの歴史、自分たちの主体性を勝ち取るためにモル状政治を進めるのは必要不可欠なことである。「女性としての私たち」が言表行為の主体として立ち現れる。しかし、そのような主体に甘んじるのはやはり危険なことだ。そのような主体は、源泉を枯渇させたりフローを停止させたりすることなしには機能しないからだ。［…］従って、何らかの分子状女性政治を構想し、その分子状政治をモル状男女諸対立へと滑り込ませ、その下を通過させるか、その

直中を横断させなければならないのである。［MP, 337-338／㊥二四〇―二四二］

まず確認すべきは、この一節に、これまで見てきたような『千のプラトー』の実践的プログラムのすべてが含まれている、という点だ。第一に、不等価交換対象の創出、第三世界としてのマイノリティの創出がある（モル状実体あるいはモル状集合としての女性）。第二に、このマイノリティによる利害闘争、等価交換（女性たちの組織体、歴史、主体性）を勝ち取るための公理闘争があり、それを闘うことの必然性が確認される（モル状女性政治によるマジョリティ／マイノリティ間でのモル状諸対立の創出）。第三に、モル状集合としてのマイノリティ（「女性としての私たち」）とその変項をなすフローとの間の根本的なギャップに直面し、これに強いられて、フローがマイノリティから自らを脱領土化し、マイノリティ性（ミクロ女性性、分子状女性性）の上に自らを再領土化する契機がある（女性が女性になる）。そして最後に、マジョリティの上に再領土化されその変項をなしていたフローがモル状集合としてのマジョリティから自らを脱領土化し、マイノリティから割って出たマイノリティ性の上に自らを再領土化する契機があり（女性が女性になることで初めて男性が女性になる）、マイノリティ性への人間全体のこの生成変化によって、モル状集合配分とそれを維持することに立脚した資本主義とがその下部から掘り崩される（分子状女性政治）。

しかしここではまた、男性同性愛者や女装者が分裂分析の対象とされ、彼らによる模倣や変身といったオペレイションの直中に分子状女性の生産として女性への生成変化が見出されることで、生成変化という過程一般の内実が素描されてもいる。模倣や変身は、それ自体としては生成変化ではない。

何らかのモル状実体の変項（個体）が別のモル状実体を模倣したり、この別のモル状実体に変身あるいは変態することは、それ自体としては生成変化ではない。生成変化は、何らかのモル状実体の上に再領土化されているフロー（粒子、分子）が別のモル状実体の上に自らを再領土化し直すことではない。一つのモル状実体から自らを脱領土化しても、別のモル状実体の上に自らを再領土化してしまうだけなら、モル状集合へのフローの従属は維持されたままとなり、そうしたフローのなす分子状多様体は服従集団にとどまって主体集団へと転じることはない。ただし、ここでドゥルーズ＝ガタリが模倣や変身（性転換も含む）といったモル的水準でのオペレイションを決して批判したり退けたりしない、という点はやはり注目に値する。これは、彼らが実践的プログラムの大枠において、プロレタリアート（『アンチ・オイディプス』）やマイノリティ（『千のプラトー』）によるモル的水準での闘争を戦術《タクティクス》として重視している、という事実と同等の意味を持つだろう（資本主義をその下部から掘り崩す戦略《ストラテジー》はあくまでも分裂者主体集団の形成であり、マイノリティ性への生成変化である）。

　模倣や変身はそれ自体としては生成変化ではないが、常に既に生成変化の指標をなしている（分裂分析はその徴候を読み取ることに存する）。生成変化は、模倣や変身といったモル状オペレイションの直中にあってこれと共存する、もう一つのオペレイションである。一つのモル状実体あるいは状態から自らを脱領土化する分子状フローが、何らかの特定の分子状過程の上に自らを再領土化する。個々の分子状過程は、分子状フローが配分される特定の仕方、分子状フロー間における運動／休止の特定の比率、分子状フロー間における速さ／遅さの特定の比率によって規定される。生成変化とは、我が身において、我が身を満たす分子状フローを、運動／休止のそのような特定の比率、特定の緩急比率に置くことなのである。**模倣や変身が二つのモル状状態の間でなされる切断だと言えるなら、生成変化はこのモル状切断そのものの切断であり、生成変化においては、この切断の切断によって有機体（諸器官の有機的節合からなる身体）への器官なき身体の従属が逆転されて器官なき身体が優位となり、また、表裏をなす二つの身体平面間の従属関係のこの逆転に伴ってモル状実体への分子状多様体（分子状フローの群れ）の従属が逆転され、分子状多様体が優位となる。**分子状多様体は器官なき身体（共立平面）において何らかの特定の分子状過程の上に自らを再領土化しつつ、まさしく一つの主体集団としてその「自律性《オートノミー》」［MP, 134／㊤二一二］を獲得するのである。

4　実践としての分裂分析

ドゥルーズ＝ガタリによって分裂分析の対象とされその過程が記述されることなしに、すなわち、ドゥルーズ＝ガタリのテクストなしに、男性同性愛者や女装者、性転換者たちによる女性への生成変化は存在するのか。彼らが模倣や変身の直中で女性になるとすれば、それは彼ら自身が一人ひとり自らの身体を分裂分析しているからだろう。分裂分析なしに、男性同性愛者や女装者、性転換者が分子状女性の上に自らを再領土化できるとは思われない。自身についての絶えざる分裂分析なしには、彼らのオペレイションはモル状女性実体の上への再領土化にとどまる他ないだろう。ドゥルーズ＝ガタリは実際、次のように述べている。「欲望の分析である分裂分析は、問題となるのが個体であろうが集団であろうが社会であろうが、直ちに実践的であり、直ちに政治的である。存在に先立って政治があるからだ。実践は、諸項とその間の諸関係とが実現された後にやってくるのではなく、諸線を引くことにアクティヴに参加するのであり、それらの線が出くわすのと同じ危険、同じ変異に対峙するのである」[MP, 249／(中)八八]。存在は実践によって生産されるが、生成変化(諸線を引くこと)が存在として生産されるためには、その実践は分裂分析の実践でなければならない。分裂分析が直ちに実践的であるとは、**分裂分析こそが人々を生成変化の直中に巻き込む**ということであり、分裂分析が直ちに政治的であるとは、**分裂分析こそが人々をマイノリティ性の上への再領土化へと導く**ということだ。

プラハ生まれのユダヤ系ロシア人で一九五〇年代末からフランスで活動したアクション・ペインティング系の画家ウラディミール・スレピアン(後に、彼のロシア姓の語源「オイディプス」のアナグラムをなすフランス風姓名 Éric Pid に改名)がその生涯で唯一発表したテクスト「犬の子 [Fils de chien]」を取り上げて、ドゥルーズ＝ガタリは、分裂分析によって導かれる生成変化を次のように辿ってみせる。ドゥルーズ＝ガタリ自身は彼らの記述がスレピアンのテクストの「非常に単純化した紹介」でしかないと注で断っているが、それでもなお次の引用は、『千のプラトー』において最も詳細かつ具体的に生成変化の内実が描かれていると言える箇所だ。

とても奇妙なテクストの中でウラディミール・スレピアンは次のような「問題」を立てている。俺は腹を空かしている、四六時中、腹を空かしている。人間は腹を空かせてはならない。だから俺は犬になる。しかしどうやって。犬を模倣したり、犬との関連性を類推するのでは駄目だ。類似やアナロジーによるのではない独創的な動的編成《アレンジメント》を通じて、俺の身体が犬になるような緩急比率を俺の身体の諸パーツに与えるに至らなければならない。犬の方もまた別のものにならない限り、俺が犬になることは不可能だからだ。この問題を解くに当たり、スレピアンは靴を利用することを思いつく。靴を巧みに利用する。両手に靴を履けば、俺の両手を構成する諸要素は、俺の求める情動《アフェクト》あるいは生成変化を生じさせるような緩急比率に入ってゆくはずだ。しかし、片手に既に靴を履いている状態で、俺は一体どうやってもう一方の手の靴ひもを結べばよいのか。口でやればよい。そうすれば口も動的編成の中に投じられ、犬の口が靴ひもを結ぶためのものに転じる限りで俺の口は犬の口になる。問題の各段階においてなすべきは、器官同士を比較することではなく、器官をその特性から引き剝がしてもう一つの器官「と共に」生成変化させるような新たな緩急比率の中へと、その器官の構成要素あるいは素材を導くということだ。生成変化は両足、両手、そして口にまで既に及んだが、しかしその後、座礁することになる。尾状肢の地点で頓挫してしまうのだ。性器が人間による動物への生成変化の中に入るのと同時に尾部付属肢が犬によるもう一つの生成変化（動的編成の一部をなすはずのもう一つの生成変化）の中に入るように、尾状肢に対して備給がなされ、性器と尾部付属肢に共通する諸要素の発散をこれに強いなければならなかった。しかし計画《プラン》は失敗する。スレピアンはこの地点をうまく切り抜けられない。尾状肢は一方では人間の器官に、他方では犬の付属肢にとどまってしまい、互いの緩急比率が新たな動的編成の中で合致するに至らない。ここで生じることになるのが精神分析への脱線だ。尾状肢や母についてすべてのクリシェ、母が針に糸を通していたという幼少期の思い出についてのクリシェ、ありとあらゆる具体的形象、象徴的アナロジーについてのクリシェが回帰する。しかしこれは、スレピアン自身がその美しいテクストの中で望んだことでもある。計画の座礁を計画それ自体の一部にするための手法というものがあるからだ。計画は無限であり、幾通りもの仕方でそれを始めることができる。その到来が早過ぎたり遅過ぎたりするために、すべての緩急比率、すべての情動を合致させ直すよう、また、動的編成の総体を手直しするよう私たちに強いるものが各回必ず見出される。無限の試み。しかし、これとは別の仕方で計画が頓挫してしまう場合もある。もう一つの別の平面《プラン》が力ずくで回帰し、動物を動物へと、人間を人間へと折り畳み、要素間の類似や関連性の類推しか認めず、動物への生成変化を破壊してしまう。スレピアンはこれら二つのリスクに対峙しているのである。［MP, 316-317／㊥二〇三―二〇四］

まず、二つのモル状実体の間で一つの問題が創出される。俺は人間のままでいることもできないが、犬に変身することもできない。犬を模倣したり、犬との共通点を見つけたりすることはできるが、それだけでは人間のままにとどまる（フーコーなら検討したに違いない選択肢、自殺によって人間をやめるという選択肢は、ここでは最初から除外されている）。この問題に強いられて、スレピアンは分裂分析を開始する。「だから俺は犬になる」という宣言は、既に多くのことをなしている。この言辞によって、有機体から器官なき身体（共立平面）が割って出る。身体平面のこの二重化、切断に伴ってまた、諸々の器官、パーツからそれらの要素あるいは素材（分子状フロー）が割って出る。**分裂分析とは、**

器官なき身体における分子状フローの流れを追跡し分析することであり、生成変化とは、器官なき身体においてそれらのフローを何らかの分子状過程（運動／休止、速さ／遅さの特定の比率）の上に再領土化させ、それらに自律性を与えることである。スレピアンの計画あるいは戦略は、器官なき身体における分子状フローを分子状犬の上に再領土化させることに存するが、そのための戦術として彼は、器官単位、パーツ単位で計画を進めることを選択する。両手に靴を履かせるとき、そこでの分子状フローの流れはどう変わるか。口で靴ひもを結ぶとき、分子状フローはどのように流れるか。計画の進行には常に分裂分析が伴い、分裂分析がそのように続けられる限りでスレピアンは、器官単位で計画を進めながらもなお、モル的水準での器官同士の単なる比較に陥るリスクを回避する。「もう一つの平面」すなわち有機体に器官なき身体が再び従属し、個々の器官にその構成要素あるいは素材が再び従属してしまうリスクにスレピアンは常に曝されているが、彼にこのリスクを回避させるのは分裂分析であり、その継続なのだ。

しかし、スレピアンが曝されているリスクにはもう一つ別のものもある、とドゥルーズ＝ガタリは指摘する。分裂分析が精神分析へと脱線し、その上に自らを再領土化してしまう、というリスクだ。精神分析は分裂分析と同様、器官なき身体における分子状フロー（無意識的リビドー）の流れの分析、欲望の分析に他ならないが、しかし、分裂分析とは異なって、精神分析は欲望をクリシェに照らして分析し、それらのクリシェに沿って分子状フローそれ自体を脱線させ再領土化してしまう（この意味で、精神分析もまた直ちに実践的である）。分子状フローはオイディプスという状態の上に再領土化され、あるいは、その上に座礁し、過程としての犬への生成変化は停止してしまう（「無意識は劇場ではなく工場である」という『アンチ・オイディプス』のテーゼをここで改めて想起すれば、**分裂分析は、存在を生産する「工場」へのフローの再領土化に、精神分析は、クリシェを再生産する「劇場」へのフローの再領土化に、それぞれ私たちを導く実践である、**と整理しておくこともできるだろう）。しかし、この座礁はスレピアンがそのテクストに意図的に挿入したものだ、とドゥルーズ＝ガタリは言う。座礁とそれによるフローの停止とが、逆に、生成変化の過程性を際立たせる。分子状犬の上への再領土化は一つの無限過程の上への再領土化であり、絶えざる脱領土化の上に分子状フローが自らを再領土化することであって、何よりまずこの点においてこそ、モル状犬への再領土化やオイディプスへの再領土化から峻別されるのだ。別様に言えば、**生成変化は創造であり、存在を絶えず創造し続ける過程なのである。**

5　万人による革命性への生成変化

スレピアンの事例では、人間がモル状人間（マジョリティ）から、犬がモル状犬（マイノリティ）からそれぞれ自らを脱領土化し、それぞれが分子状犬（マイノリティ性）の上に自らを再領土化する。分子状犬という新たなゾーンの上で、人間と犬は互いに接続し合い、一つの集団を形成する。モル状人間やモル状犬が状態であるのに対して、分子状犬は過程であり、過程はすべて無限創造である以上、人間と犬の接続、集団形成は創造の持続をその条件とする。創造が停止すれば直ちに、人間はモル状人間の上に、犬はモル状犬の上にそれぞれ再領土化され直してしまう。なぜなら、フローをモル状諸実体の上に配分的に再領土化する公理系、あるいはその実現を担う国家装置が常に既に存在するからであり、従ってまた、マイノリティ性への生成変化、分子状過程の上への再領土化は、あくまでもこれとの共存、これとの緊張関係、これとの闘いの中でなされるものだからである。

マイノリティ性への生成変化が持続する限り、すなわち、創造あるいは過程（の上への再領土化）が持続する限り、そこでは既に国家装置は機能不全に陥っている。そこには一つの主体集団、自律的な集団が形成されている。マジョリティ／マイノリティ、等価交換対象／不等価交換対象に分断されていた者たちが交換の平面の外で互いに接続し合い、新たなプロレタリアートが主体集団として既に到来している。この意味でこそ、『千のプラトー』の著者たちは、マイノリティ性への生成変化を devenir-révolutionnaire すなわち「革命性への生成変化」あるいは「革命的になること」と呼ぶのである［MP, 358／㊥二七七］。しかし、資本主義を終わらせる闘争は、一般的には「革命」と呼ばれるのではなかったか。ドゥルーズ＝ガタリは、革命では資本主義は終わらないと考えている。彼らは、革命と革命性への生成変化とを区別しつつ、革命性への生成変化としてのマイノリティ性への生成変化について次のように論じている。

マイノリティ性への生成変化は政治の問題であり［…］、アクティヴなミクロ政治に訴える。マイノリティ性への生成変化はマクロ政治の反対物であり、また、歴史それ自体の反対物ですらある。歴史において問題になるのはむしろマジョリティを勝ち取ること、獲得することだからだ。

［…］歴史とは異なり、生成変化は過去や未来という語では思考し得ない。革命的になること、革命性への生成変化は、革命の過去や未来といった問題とは無関係にとどまる。革命性への生成変化が生じるのは過去と未来の間においてのことだ。［…］所謂「歴史なき社会」は歴史の外に身を置くが、それは不変的なモデルの再生産に甘んじているからでも、何らかの固定的な構造によって牛耳られているからでもなく、まさに、生成変化の社会《ソサエティ》（戦争社会、秘密結社など）をなしているからなのだ。歴史にはマジョリティの歴史、あるいは、マジョリティとの関係において規定されるマイノリティの歴史しかない。しかし、「いかにしてマジョリティを勝ち取るか」という問いは、知覚不能性へと向かう道を切り拓いてゆく中では完全に二次的なものなのだ。［MP, 357-358／(中)二七六―二七七］

マクロ政治（革命あるいは公理闘争）は、過去／未来を切断することで歴史を生産する。マイノリティとされ不等価交換の対象とされていた者たちがマジョリティあるいはその下部集合となって等価交換を勝ち取ることで、過去／未来が切断によって産み出されるが、しかし、この切断は新たな不等価交換対象を生じさせることなしにはなされ得ない。そこで変化するのはマジョリティ／マイノリティ、等価交換／不等価交換の配分の仕方であって、不等価交換対象を創出する配分システムそれ自体、すなわち、グローバル公理系それ自体はそっくりそのまま温存される。不変的モデルの再生産に甘んじ、固定的構造によって牛耳られることになるのは、むしろ、人々が歴史の水準にとどまる場合のことだと言うべきかもしれない。プロレタリア革命は実際、一方では資本主義を国家独占資本主義として回帰させ、他方では第三世界を新たな不等価交換対象として創出した。革命だけでは資本主義を打倒し得ない。しかし、ドゥルーズ＝ガタリはここでもマクロ政治の重要性を否定していない。**マクロ政治が過去／未来を創り出す切断だとすれば、ミクロ政治はこの切断のさらなる切断であり、過去／未来からその「間」が割って出る。**少なくとも実践においては、過去／未来の創出なしにはその「間」の創出はあり得ない。過去／未来を創出するマクロ政治なしには、その「間」において「生成変化の社会」を創造するミクロ政治はあり得ない。革命なしには革命性への生成変化はあり得ず、マイノリティの公理闘争なしにはマイノリティ性への生成変化はあり得ない（『アンチ・オイディプス』で前意識的切断／無意識的リビドー切断の関係として論じられていたものが、ここでは歴史／生成変化の関係として論じ直されているが、後者についての議論は、『哲学とは何か』においてより詳細に展開されることになる）[2]。

グローバル公理系をその総体において破壊し、資本主義を終わらせる政治としてドゥルーズ＝ガタリが展望しているのは、万人によるマイノリティ性への生成変化だ。**万人がマイノリティ的になること、万人が分子状過程の上に自らを再領土化すること、万人が無限創造の中で互いに接続し合い、一つの大いなる主体集団を形成すること。**万国の労働者よ、団結せよ。鉄鎖の他に失うものは何もない。マルクス＝エンゲルスの発したこの同じ号令をドゥルーズ＝ガタリはそっくりそのまま繰り返す。「白人であろうと黄色人種であろうと黒人であろうと、私たちは皆、非白人にならなければなら

2　この点については、第三部第一章、第二章において論じる。

ない」［MP, 588／(下)二四〇］。しかし、万人によるマイノリティ性へのこのような生成変化は、白人／非白人についてだけでなく、男性／女性や人間／動物といったすべてのマジョリティ／マイノリティ配分、すべての公理についてなされなければならないだろう（『千のプラトー』では実際にはマイノリティと動物は区別されているが、この区別については、マイノリティと動物をどちらも「犠牲者」と見なし両者を区別しなくなる『哲学とは何か』での議論と比較する形で、本書第三部第一章において論じる）。この意味でこそ、ドゥルーズ＝ガタリは「万人による生成変化［devenir de tout le monde］」について、それが同時にまた**devenir tout le monde** すなわち「万人への生成変化」あるいは「世界全体への生成変化」でもなければならないとするのだ。「万人への生成変化とは世界をなすことであり、一つの世界を作ることである［devenir tout le monde, c'est faire monde, faire un monde］」［MP, 343／(中)二五〇］。第三世界主義からオルターグローバライゼイション運動へという闘争の展開が、『千のプラトー』では先取りされている。もう一つの世界は可能だ。一九九〇年代末にオルターグローバライゼイション運動が発することになるこの号令を、ドゥルーズ＝ガタリは一九八〇年代初頭に既に発している。万人がそれぞれ分子状万人の上に自らを再領土化するとき、万人がそれぞれ分子状世界の全体の上に自らを再領土化するとき、そこでは既に、資本主義のグローバル公理系、あるいはその実現を担う国家装置は一切機能していない。過去と未来の間において、生成変化の社会がグローバルな秘密結社として既に到来している（この意味でこそ、生成変化の「知覚不能性」が語られる）。

万人による世界全体への生成変化は、何らかのマイノリティによる公理闘争がその特殊性の直中でなお必然的に、グローバル公理系をその総体において問いに付すとき、すなわち、資本主義公理系に

よる不等価交換対象の絶えざる創出（内的極限の絶えざる拡大再生産）という普遍的問題を提起するときに開始される。公理闘争それ自体は必ずしも左翼的ではないが、しかし、その公理闘争の中でマイノリティは必然的に左翼的問題を立てることになり、左翼的問題の普遍性、より精確には、左翼的あるいはプロレタリア的であるがゆえの問題の普遍性によって、マイノリティは世界になることへと自ら自身も含む万人を導くことになるのだ。その死後に発表された『アベセデール』（一九八八─八九年制作）で、ドゥルーズが左翼についておよそ次のように語っていたことを想起すべきだろう。「左翼は二つの仕方で定義できる。左翼であるかどうかは、第一に、知覚の問題である。左翼であるとは、個々の物事に先立って地平を知覚することであり、また、物事を地平において知覚することであり、自分の暮らす町の諸問題よりも第三世界のそれの方が自分にとって身近であると知るということだ。そして第二に、左翼であることは生成変化の問題でもある。左翼であるとはマイノリティ性への生成変化を決してやめないということであり、左翼は左翼であることをやめることなしにはマジョリティにはならない。従って、左翼政権というものは存在し得ない。政権次第では左翼的要求のうちの幾つかにとって有利な場合があり得るといったこと以上には、政権には何も期待できない」。『千のプラトー』の著者たちは、マイノリティの公理闘争を契機として万人が左翼になることを展望している。万人が地平を知覚し、物事を地平において知覚し、まさにその知覚に強いられてそれぞれがマイノリティ性への生成変化に入り、世界全体への生成変化に入ることを展望しているのである。

補論　エイハブの恥辱か、フェダラーの勇気か
――ドゥルーズとフーコー

私たちは第二部第一章で、一九七〇年代にフーコーが展開した権力理論が『アンチ・オイディプス』への応答であり、一九八〇年刊行の『千のプラトー』がフーコーの権力理論へのドゥルーズ＝ガタリからの応答であることを見た。その続きとして本章では、一九八四年刊行の『快楽の活用』が、『千のプラトー』へのフーコーからのさらなる応答であること、より精確には、『千のプラトー』執筆期の一九七七年にガタリとの共同作業を踏まえてドゥルーズが私信の形でフーコーに宛てたアドヴァイスに対する応答であること、加えてまた、一九八六年に刊行されたドゥルーズの『フーコー』が、この最晩年のフーコーに対する応答であることを明らかにする。

ドゥルーズからすれば話はこうなるだろう。フーコーは一九六一年刊行の『狂気の歴史』以来、ほぼ二年に一冊のペースで著書を世に問うてきたが、一九七六年に『知への意志』を発表したのを最後に「長い沈黙」に入り、それに続く『快楽の活用』の刊行は一九八四年まで待たなければならなかった。フーコーにその「長い沈黙」を強いたのは一つの「危機」であり、八年の歳月の後、彼をそこから救ったのは一つの「発見」だった。『知への意志』刊行の翌年（一九七七年）、ガタリと『千のプラ

トー』を準備していたドゥルーズは、フーコーの議論と自分たちのそれとの相違点を箇条書きしたノートを私信としてフーコーに送る（そのノートは、フーコー没後一〇年に当たる一九九四年、「欲望と快楽」と題されて *Magazine littéraire* 誌に掲載された）[1]。ドゥルーズがそこで期待していたのは、フーコーがこの比較から何らかの着想を得てくれるのではないか、危機から抜け出すきっかけとなる何かをそこに見出してくれるのではないか、ということだった。そのノートの中でドゥルーズがとりわけ強調したのは、自分とガタリの創造した**「逃走線」に相当する概念がフーコーの議論には欠けている**、という点だった。権力諸装置に先立って存在し、その前提になるものとしての逃走線。八年後、フーコーはドゥルーズの期待に見事に応えることになる。フーコーは、彼独自の仕方で逃走線を発見し、危機を脱する。『快楽の活用』では、権力関係に先立って存在しその前提をなすものとして「自由」が語られることになる。「発見」は、従って二重のそれだった。フーコーは、自らの思索をその「袋小路」から抜け出させると同時に、同じ逃走線によって、私たちの生を一切の権力関係の手前で捉え直してみせたのである。『快楽の活用』刊行と同じ年、フーコーはこの世を去る。一人残されたドゥルーズはその二年後、フーコーからのこの「返答」に応じて『フーコー』を発表する……。

1　逃走線と自由

一九七七年のノート（「欲望と快楽」）でドゥルーズは、自分とガタリの議論をどう説明していたか。

権力よりも先に欲望がある。権力諸装置よりも先に逃走線がある。脱領土化の運動としての逃走線がまずあり、これを再領土化しにやってくるのが権力諸装置である。権力諸装置は、逃走線をコード化し、堰き止め、塞ぐ。権力諸装置は、逃走線の存在を前提にして産み出されるものである。逃走線は規定されたものであり、時代ごとに異なる。従って、逃走線と一体化した形でのみ存在し得る欲望もまた、自然的なものでも、自発的なものでもない。欲望が社会野を動的に編成し《アレンジ》、欲望の動的編成《アレンジメント》としての逃走線がその時々の社会を歴史的に規定する。社会を構成するのは欲望であって、権力ではない。構成する欲望。例えば、セクシュアリティとセックスのうち、第一のものは前者である。セクシュアリティは、歴史的に規定され時代ごとに異なった形を取る欲望の動的編成（脱領土化の運動、逃走線）としてある。権力諸装置は、そうしたセクシュアリティをモル的審級としての「セックス」へと押し倒し、逃走線を堰き止め、欲望の動的編成を圧し潰す。

では、同じノートでフーコーの議論はどう捉えられていたか。ドゥルーズの指摘はおおよそ次のようなものだ。フーコーの議論には「逃走線」（脱領土化の運動）に相当するものが欠けている。権力が第一のものだとされ、権力諸装置が社会を構成するとされている。そのために、抵抗は権力の存在を前提にして現象するものでしかあり得ないということになる。フーコーの陥っている「袋小路」はここにある。フーコーの独自性の一つは、権力を「権威」（抑圧やイデオロギー）ではなく「力関係」

1　Gilles Deleuze, « Désir et plaisir » (1977), in *Deux régimes de fous: textes et entretiens 1975-1995*, Minuit, 2003. 邦訳「欲望と快楽」、小沢秋広訳、『狂人の二つの体制 1975-1982』、河出書房新社、二〇〇四年。なお、このテクストについては、第二部第一章においても、主として『千のプラトー』との関係から論じた。

（特定の仕方で振舞うよう他者に働きかけること）として定義し直した点にあるが、抵抗現象は権力諸装置の単なる反転として、この力関係の中にまるまる吸収されてしまう他ない。「**ミシェルは自分が権力関係の中に囚われてしまっていると感じていた**」。この袋小路の中でフーコーは「真理」（「権力の真理」に対する「真理の権力」）および「身体」（あるいは身体的「快楽」）にその突破口を探ろうとしてもいるが、権力の先行性があくまでも維持されるがゆえに、真理も身体も真の突破口になり得ていない。フーコーにあって、真の突破口となり得るものの萌芽が見て取れるのは、『知への意志』の最後の数ページで触れられる「生」のテーマである。そこで語られる「生」は、権力に先立つものと見なし得る。

一九七七年のノートでのドゥルーズからフーコーへの提案は、従って、生の次元を明確に浮上させた上でこの次元に真理や身体を位置付けてみてはどうか、真理や身体を権力に先立つものとして捉え直してみてはどうか、真理や身体を脱領土化の運動において捉え直し、その再領土化という観点から権力を捉え直してみてはどうか、社会野を歴史的に規定しているのは権力ではなく生であるとする方向で議論を立て直してみてはどうか、というものだった。

『快楽の活用』における「自由」をめぐる次の一節は、少なくともドゥルーズからすれば、以上のような提案へのフーコーからの肯定的返答以外の何ものでもなかった。「**自由とは、他者に対して行使される権力の直中で自己自身に対して行使される権力のことである**」[2]。権力は力関係であるというこれまで通りの議論が前提とされた上で、ここで新たに「発見」されているのは、他者への働きかけの直中における自己への働きかけであり、権力関係の直中における自由である。**自由の存在が権力関係**

の中核に、それなしには権力関係はあり得ないもの、権力関係に先立ち、その前提をなすものとして見出される。『快楽の活用』には次のようにもある。

どんな道徳的行動も、もちろん、それが実現される現実世界との関係、そして、それが参照するコードとの関係を含んでいる。しかし重要なのは、そこにまた、自己へのある種の関係も含まれている、という点だ。自己へのこの関係は単なる「自己意識」ではなく、「道徳的主体」としての自己構成である。自己を道徳的主体として構成することで、個人は自分自身のどの部分を道徳的実践の対象とするかを限定し、自分の従う教えに対する自分の位置を決定し、どのような存在の仕方を以て道徳的達成とするかを予め設定する。また、これらのことをなすために、この個人は自分自身に働きかける。すなわち、自己を知るように努め、自己を制御し、自己を試練に曝し、自己に磨きをかけ、自己を変容させる。どんな道徳的行動も、何らかの確固たる道徳的導きを参照することなしにはなされ得ないし、どんな道徳的導きも、道徳的主体の自己構成なしにはなされ得ない。しかしまた、どんな道徳的主体も、何らかの「主体化の様態《モード》」と「禁欲」が存在することなしには、あるいは、それらを支える「自己の実践」が存在することなしには構成され得ない。[3]

2　Michel Foucault, *L'Usage des plaisirs: Histoire de la sexualité 2*, Gallimard, 1984, p. 93. 邦訳『快楽の活用――性の歴史 第二巻』、田村俶訳、新潮社、一九八六年、九八頁。

3　Ibid., p. 35. 邦訳同書、三七―三八頁。強調引用者。

『知への意志』までのフーコーにおいて、装置（例えばパノプティコン）は、ここで言われる「現実世界との関係」（権力）と「コードとの関係」（知）という二つの異なる関係から構成されるものとして論じられていた。[4]『快楽の活用』では、これら二つの関係に「自己への関係」とそれに基づく「自己の実践」（主体化）が加えられ、装置は三つの関係から構成されたものとして捉え直される。とりわけ重要なのは、第三の関係として新たに追加された主体化が装置の中核に位置付けられ、権力と知に先立って存在し、それぞれの作動（権力による再領土化、知によるコード化）を条件付けるものと見なされることになる、という点だ。自己の実践は二つの側面からなる。一方には「他者からの働きかけ」に応じた「自己への働きかけ」があり、他方にはコードを参照した「自己の構成」がある。これは、逆に言えば、**権力関係が自己への働きかけ（脱領土化）を、コード化が自己構成（脱コード化）をそれぞれ前提にしている**、ということであり、従ってまた、主体化はそれ自体としては権力にも知にも依存しておらず、それらに先立つ、ということだ。こうしてフーコーは、装置の直中に、権力に先立つ「自由」、知に先立つ「真理」を見出すのである。

2　勇気か、恥辱か

一九八六年刊行のドゥルーズの単著『フーコー』、とりわけ「褶曲、あるいは思考の内（主体化）」

と題された章は、フーコーからのこの「返答」を読解する試みとしてある。ただしドゥルーズ自身、彼の行ってきたすべてのテクスト読解が「オカマ掘り」、すなわち「書き手の背後に回って、あくまでもその人の子供として奇形児を一人こしらえる」ことに存する（しかしニーチェだけは例外である、なぜならオカマを掘るのは常にニーチェの方だから）と述べている通り[5]、ここでもドゥルーズはフーコーのオカマを掘っている。敢えて言えば話はこうなる。一九七七年のノートでドゥルーズはフーコーの耳に「逃走線」の一語を吹き込み、この語を注入されたフーコーは八年の懐胎期間を経て「自由」を誕生させたわけだが、ドゥルーズはそのオカマを改めて掘り、かつて自分がフーコーに吹き込んだ「逃走線」を今度はフーコーその人の子としてそこから再び取り出してくる、ということだ。

　ドゥルーズが狙いを定めるのは、先に引いた『快楽の活用』の一文、すなわち、「自由とは、他者に対して行使される権力の直中で自己自身に対して行使される権力のことである」という一文である。この一文のオカマを掘るに当たり、これを本文中に引用するドゥルーズはそこに（一切断りなく）

4　規律権力論時代のフーコーが権力装置の構成要素としていたのは、精確には、権力、知、イデオロギーの三つであり、このうち権力と知のカップルが下部構造に位置付けられる。規律装置は、権力としての規律、知としての規範、イデオロギーとしての主権論（法権利）から構成されると論じられる。私たちはこの問題を、次の論考で詳しく扱った。廣瀬純、「規律権力論の射程――権力、知、イデオロギー」、市田良彦・王寺賢太編、『〈ポスト68年〉と私たち――「現代思想と政治」の現在』、平凡社、二〇一七年。

5　Gilles Deleuze, « Lettre à un critique sévère » (1973), in *Pourparlers*, Minuit, 1990, p. 15. 邦訳「口さがない批評家への手紙」、『記号と事件』、宮林寛訳、河出文庫、二〇〇七年、一七頁。

二つの操作を施す。第一に彼は、主語を「自由」ではなく「エンクラティア」とする。第二に、彼は「の直中で」の部分をイタリックにして強調する――「「エンクラティア」とは、すなわち、**制御としての自己への関係とは、「他者に対して行使される権力の直中で自己自身に対して行使される権力のことである」**」[6]。第一の操作について指摘すべきことは二点ある。第一に、「エンクラティア」を「自由の反省的実践」すなわち「〔他者の奴隷にも自分自身の欲求の奴隷にもならないでいるために〕個人が自分自身に対してなさなければならない制御」と定義するフーコーの議論に照らして、ここで問題となっている「自由」（〔十全かつ能動的な形式における自由〕）を「エンクラティア」に置き換えるのは確かに可能だということ。第二に、しかし当然のことながら、ドゥルーズは引用の際に「自由」を主語として維持しておくこともできたはずだということ。これら二つの点から言えるのは、ドゥルーズが「自由」という語の使用を積極的に避けた、ということだ。問題の一文を含む節が『快楽の活用』では「自由と真理」と題されていることからも推測されるように、フーコー自身においては、「自由」の概念を導入するためにこそ、エンクラティアについての議論が必要とされている。要するに、ドゥルーズは、フーコーが「エンクラティア」を「自由」の名の下に置こうとするまさにその瞬間を捉えて、それを「エンクラティア」に差し戻しているのである。

　第二の操作は、問題の一文のどこを掘るのかを明示するものだ。『快楽の活用』の中から問題の一文に狙いを定め、さらにイタリックによる強調によってその焦点を絞り込む。そしてドゥルーズは、直ちに次のように書き添える。「しかし自由人たちは、もし自分自身を支配し得ないのだとしたら、一体どうして他者を支配できるのか。他者の支配は、自己の支配によって二重化されなければならない。他者との関係は、自己との関係によって二重化されなければならない。権力の強制的規則は、それを行使する自由人の任意的規則によって二重化されなければならない」[7]。ドゥルーズは、フーコーの「の直中で」という表現の背後に回ってオカマを掘り、「二重化」という奇形児を産み落とさせる。**フーコーにおいては権力関係（他者［autre］との関係）への主体化（自己［soi］との関係）の内属として語られているものを、ドゥルーズは権力関係の主体化による二重化と読解するのである。**フーコーにとって存在するのはあくまでも権力関係によって編まれたたった一つの平面であり、この平面に主体化も権力関係の一形態として織り込まれている（A→S→S）。ところが、ドゥルーズにおいては、この平面が二重化され（A→S／S→S）、主体化の平面は権力関係の平面の「裏地」だとされるのである。

　問題は、なぜドゥルーズが権力関係への主体化の内属を前者の後者による二重化として読み替えるのか、という点にある。理由は主として二つあるように思われる。第一にドゥルーズは、権力諸装置とそれによる逃走線のコード化を言わば「必要悪」と位置付けているからであり、第二にドゥルーズは、「外」の「内」による二重化という視座から主体化過程を捉えようとしているからである。

　第一の点から検討する。主体化が「自由の実践」としてあり、自由の実践としてのこの主体化が権力関係に内属している、というフーコーの議論は、当然のことながら、主体化が権力諸装置とそれに

6　Gilles Deleuze, *Foucault*, Minuit, 1986, p. 107. 邦訳『フーコー』、宇野邦一訳、河出文庫、二〇〇七年、一八五頁。
7　Ibid., p. 108. 邦訳同書、一八六―一八七頁。

よるコード化を内破に導く、という帰結に至るだろう。権力関係に主体化が内属しているとは、他者への働きかけとしてある権力関係に、この他者自身の自己への働きかけが内属しているということ、すなわち、二つの異なる「働きかけ」あるいは「導き」が権力関係には含まれているということである。権力諸装置は、ただ単に特定のコードに従って振舞うよう個人に働きかけるのではなく、特定のコードに従って振舞うよう個人が個人自身に働きかけるようにこの個人に働きかける。個人がコードに従って振舞うかどうか、権力諸装置が実効的に作動するかどうかは、従って、個人自身における自己への働きかけに完全に依存している。主体化が権力諸装置に先在しその前提をなしている、というのはまさにこの意味においてのことだ。権力諸装置が特定のコードに従った振舞いをどんな仕方で求めてこようとも、個人は常に、そのコードに従わない振舞いへと自ら自身を導く可能性に開かれている。権力諸装置が求めるのとは異なる仕方で振舞うことが問題になっている以上、個人による自由の実践はスキャンダラスなもの、多くの場合は暴力を伴うものとなるだろう。フーコーが「勇気」を語る理由はここにある。自由を自らの身体において実践することは勇気を必要とする。しかし、逆に言えば、勇気さえあればそれはいつでも実行可能だということでもある。そして、**誰か一人が勇気をもって、自由を自らの身体において誰の目にもはっきりと見えるように実践してみせるなら、スキャンダラスなその振舞いそれ自体が他の人々への働きかけとなるだろう（倫理実践が直ちに政治実践となる）**。権力関係と主体化の間の関係が、この局面においては逆転される。脱コード化の実践としてなされる主体化が、そのスキャンダラスな様相において特殊な権力装置となり、他の人々に働きかける。すなわち、脱コード的な主体化実践へと他の人々が彼ら自身を導くようにこの他の人々を導く、ということだ。もちろん、ここで問題になっているのが力関係である以上、すべての人が脱コード化の実践としての主体化過程に入るとは考え難い。しかし、その人数は増えこそすれ、減りはしないだろう。フーコーが構想する革命のプログラムはおおよそ以上のようなものだと言える。

一九七七年のノートにおいてドゥルーズは、自分にとっては必然であるがフーコーにとってはそうでない問いの一つとして、「権力が欲望されることがあるのはなぜか」という問いを挙げている。すなわち、欲望の動的編成（例えばセクシュアリティ）を圧し潰すものとしての権力諸装置（例えばセックス）もまた、その動的編成の一部として欲望されることがあるのはなぜか、ということだ。一九七七年の時点でこの問いがフーコーにとっては必然ではないとされたのは、その当時のフーコーがドゥルーズの言う「欲望」の次元、すなわち、権力に先立ちその前提となる次元を設定していないとされていたからだが、「自由」あるいはその実践としての主体化が権力諸装置に先立つものとして発見された一九八四年においても、この問いは依然としてフーコーにとっては必然ではないものにとどまっているように思われる（少なくとも『フーコー』においては、ドゥルーズその人も、この問いがフーコーにとって必然的なものになったとは見ていない）。フーコーはなぜこの問いを立てないのか。最も簡潔に言えば、フーコーの言う「勇気」が死を覚悟することであるのに対して（「自由」の実践を可能にする「戦争機械」としての「勇気」）、ドゥルーズは、死んでは元も子もないと考えているからだ。『快楽の活用』刊行と同時期に行われたあるインタヴューで、フーコーは次のように述べている。「たとえ権力関係が完全に非対称的で、一方が他方に対して何でもなし得ると言えるような状態でも、その他方に対する権力の行使は、その他方に自殺するとか窓から身を投げるとか相手を殺すといった可能性が残されたままである限りにおいてしか、実現され得ない」[8]。**フーコーにとって重要なのはあくまでも脱コード化の実践としての主体化を成し遂げることであって、人の生死ではない。これに対してドゥルーズが問うのは、生命の維持と脱コード化とをいかにして同時に獲得するか、という問題なのだ。**例えば、権力諸装置によるコード化を「線分化［segmentariser］」と呼んだ上で、その「危険」について語る『ディアローグ』（初版刊行は「欲望と快楽」と同じ一九七七年）の次のような一節は、ここから生じる。「［線分化に陥る］危険は文字通り至る所に存在し、そうした危険があることは自明極まりない。従って、むしろ問うてみなければならないのは、それでもなお私たちがそのような線分性［segmentarité］を必要としているのは一体どうしてなのか、ということなのです。そうした線分性を爆破するだけの力がたとえ私たちにあったとしても、他方でその同じ線分性が私たちの生命の条件の一部をなしているのだとしたら、私たちの有機的身体のみならず私たちの理性もがその線分性に立脚しているのだとしたら、私たちは私たち自身を破壊することなしにそれを爆破することなどできるのか」[9]。この問いは、フーコーにおいては真逆のものとなるはずだ。すなわち、たとえ線分性が私たちの生命の条件の一部をなしているのだとしてもなお、生命への執着の奴隷となることなしに線分性を確実に爆破するにはどうしたらよいのか、と。

フーコーが「勇気」を語るその同じ局面でドゥルーズが「恥辱」を語るのは、ここに理由がある。権力が欲望されてしまう恥辱、線分性（コード）との恥辱的妥協。この恥辱に強いられてこそ、権力関係の主体化による二重化が生じる。権力諸装置との妥協を恥辱として生きる限りにおいて、私たちは権力関係を主体化によって二重化し、権力関係に先立って存在する主体化を権力関係の「裏地」として発見する。**生命を維持しながらなお脱コード化を実践する、ということが問題になっているからこそ、ドゥルーズは二重化を語るのだ。**要するに、フーコーが勇気の発動の場として語る「の直中で」にドゥルーズは恥辱の感覚を挿入するのであり、それによって、権力関係への主体化の内属を前者の後者による二重化と読み替えるのである。

3　外を内へと折り畳むこと、あるいは主体化

第二の点もまた勇気／恥辱の問題に関わっている。『フーコー』刊行時のインタヴューでクレール・パルネから「フーコーの思想には何か「危険な」ものがあるのではないか」と問われ、ドゥルーズは次のように答えている。「危険なもの、その通りです。なぜならフーコーの暴力というものがあるからです。彼には極度の暴力性があり、それが制御され、支配され、勇気となっていました。デモに参加した際などには、フーコーはその暴力性を露にし、体を震わせていました。彼は耐え難いもの

8　Michel Foucault, « L'éthique du souci de soi comme pratique de la liberté » (1984), in *Dits et Écrits*, t. IV, Gallimard, 1994, p. 720. 邦訳「自由の実践としての自己への配慮」、廣瀬浩司訳、『ミシェル・フーコー思考集成』X、筑摩書房、二〇〇二年、二三四頁。

9　Gilles Deleuze et Claire Parnet, *Dialogues*, Flammarion, 1977, rééd. coll. « Champs », 1996, p. 166. 邦訳『ディアローグ』、江川隆男・増田靖彦訳、河出文庫、二〇一一年、二三〇―二三一頁。

を知覚していたのです」[10]。この発言は二つの点で興味深い。第一に、『フーコー』では一度も問題にされていない「勇気」に、ドゥルーズがここで言及している点（ドゥルーズ自身もまた、彼がフーコーについて語っていた[11]のと同様の仕方で著作／インタヴューをそれぞれ独立した系列として区別していた。こうした区別をドゥルーズに教えたのは、定義、公理、定理、証明からなる系列と備考の系列とをそれぞれ独立したものとして一冊の本の中で展開させたスピノザだ）。ドゥルーズは、著作ではフーコーを「恥辱」に引きつけて論じるが、インタヴューではその同じフーコーを「勇気」の人として認めてみせる。第二に、恥辱／勇気の著作／インタヴューの配分が、しかし、そのインタヴューの直中に既に折り畳まれてもいるという点。先に引いた発言においてドゥルーズは、「極端な暴力性」に付帯させる形で「制御された［maîtrisée］」というフーコーの用語（「エンクラテイア」の規定）を意図的に持ち出してくるが、この語は「勇気」に接続される限りでフーコーその人に送り返されつつ、同時に、「耐え難いもの［l'intolérable］」というドゥルーズ自身の用語に接続され直すことで、既に「オカマを掘られ」始めてもいる。

「制御された極度の暴力［extrême violence *maîtrisée*］」は「自由の反省的実践［pratique *réfléchie* de la liberté］」と同義である。フーコーは「制御」、「反省」といった語をどう理解していたか。最も簡潔に言えば、**フーコーにとって「制御する」とは、そこで発動される暴力が確実に「極度の」暴力となるように導くということであり、「反省する」も同様に、そこでの主体化が確実に自由の実践、脱コード化の実践となるように導くということである。** 制御や反省なしに、極度の暴力も自由の実践もない。フーコーが制御や反省の対極に「解放［libération］」を位置付けるのは、この意味においてのことだ。先に引いた一九八四年のインタヴューで、フーコーは次のように述べている。

解放をめぐる議論一般に、私は常に懐疑の念を持ち続けてきました。様々な注意を払い限定された枠組の中で話さない限り、解放についての議論は次のような考え方に結び付いてしまう恐れがあるように思えたからです。すなわち、一つの自然《ネイチュア》＝本性、人間の本質のようなものがもともと存在し、それが、経済や社会における一連の歴史的過程を経た結果、様々な抑圧的メカニズムによって覆われ、疎外され、囚われてしまうことになった、といった考え方です。この仮説に従った場合、そうした抑圧的施錠を爆破しさえすれば人間は自分自身と和解できる、自分の本性を再発見できる、自分の起源との接触を取り戻すことができる、自分自身との十全で積極的な関係を回復できる、という話になりますが、これは何の吟味もなしにおいそれと認められるようなものではないでしょう。［…］しかしまた、実際、これこそがセクシュアリティに関してまさに私が直面することになった問題でもありました。すなわち、「私たちのセクシュアリティを解放しよう」などと言うことにはたして意味があるのか。取り組むべきはむしろ、性的快楽や、他者とのエロス的関係、恋愛関係、パッション的関係といったものを規定し得るような自由の実践がどん

10　Gilles Deleuze, « Un portrait de Foucault » (1986), in *Pourparlers*, p. 140. 邦訳「フーコーの肖像」、『記号と事件』、二〇八頁。

11　Gilles Deleuze, « Qu'est-ce qu'un dispositif? » (1988), in *Deux Régimes de fous*, pp. 324-325. 邦訳「装置とは何か」、財津理訳、『狂人の二つの体制 1983-1995』河出書房新社、二〇〇四年、二二三頁。

なものであるかをしっかり定義する、ということではないでしょうか。自由の実践を定義するというこの倫理的問題の方が、セクシュアリティや欲望を解放しなければならないと半ば反復的に唱え続けることよりも、ずっと重要であるように思われるのです。[12]

自由はその実践と一体化したものとしてしか存在せず、自然ではない。自由の実践は反省なしにはあり得ず、自然的なもの、自発的なものではない――フーコーのこの議論は、言うまでもなくドゥルーズのそれに極めて近い。セクシュアリティは確かにセックスに先立つが、それは自然《ネイチュア》＝本性としてのことではない。従って、セックスを爆破し吹き飛ばしさえすれば、その下に抑え込まれていたセクシュアリティが露出する、というわけではない。セクシュアリティはそれとして実践されねばならず、セックスの爆破はそれ自体ではセクシュアリティの実践ではない。セクシュアリティとは何か、何がセクシュアリティであり得るか、ということを積極的に定義し、その定義に基づいて実践しない限り、セクシュアリティは存在しない。実践と一体化した形でしか存在し得ないからこそ、セクシュアリティは時代ごとに異なった形を取るのであり、歴史的に規定されるものとしてある……。議論の内容に関する限り、フーコーとドゥルーズの間に際立った相違はない。ドゥルーズとの相違は、フーコーがこの局面において「制御」や「反省」を語るという点にある。いま引いたフーコーの発言に則して言えば、そこで「定義」と呼ばれるものが彼にとっての「制御」、「反省」であるわけだが、ドゥルーズが「制御」を「耐え難いもの」に結び付け直すときに問題になるのはそれとはまるで異なるものだ、ということである。端的に言って、**ドゥルーズにとっての「制御」とは、死なないようにすると**

いうこと、自由を実践しつつもなお、死に至る一歩手前、「最後から二番目［pénultième］」に踏みとどまるということ、絶対的脱コード化を相対化して実践するということなのだ。

「耐え難いもの［l'intolérable］」という語は、ドゥルーズにおいてはいかなる意味でも比喩ではなく、あくまでも字義通りに理解されるべきものとしてある。「耐え難いもの」のドゥルーズにおける極限的実現モデルは有機的身体、すなわち、諸器官によってモル状に分節化された身体である。有機的身体が耐え難いものとして感覚されるとき、そこから二つの異なる不可能性が発生する。一つは、それがまさしく耐え難いものであるがゆえに、その有機的身体を生きることができない、という不可能性。もう一つは、しかし生命が身体の有機性に立脚している以上、有機的身体なしには生きることができない、という不可能性。この二つの不可能性、ダブル・バインドから合成されるのが「恥辱」（身体の有機的分節化との恥辱的妥協）であり、だからこそ、恥辱は私たちに二重化を強いるとされるのだ。すなわち、有機的身体を二重化し、そこから「裏地」を派生させることで、あくまでも有機的身体を確保しつつ、その裏地において「器官なき身体」を獲得する、ということである。裏地を創出するとは、従って、本来であれば私たちを死に至らせる他ない脱コード化の実践を相対化し、生き得るものにする、ということと同義である。二重化によるこの相対化こそ、フーコーのいう「制御」あるいは「エンクラテイア」にドゥルーズが新たに読み込む意味だ。「制御された過剰な暴力」がドゥ

12　« L'éthique du souci de soi comme pratique de la liberté », in *Dits et Écrits*, t. IV, pp. 709-710. 邦訳「自由の実践としての自己への配慮」、『ミシェル・フーコー思考集成』X、二二〇—二二一頁。

ルーズによって「耐え難いもの」との関係に置かれるとき、「過剰な暴力」は死に至る絶対的脱コード化の運動を、「制御」はこの運動の二重化による相対化を、それぞれ新たに意味するものとなる。「自由の反省的実践」についても同様だ。ドゥルーズによる再読においては、「自由」はそれ自体としては人を死に至らしめる運動であり、だからこそ、その実践は「反省された」ものでなければならない、すなわち、自由は相対化し生き得るものとされた上で実践されなければならない、ということになる。

一九八〇年代のフーコー自身にあってはその著作にもインタヴューにも少なくとも言葉としてはまるきり姿を見せない「外［le dehors］」というテーマ（一九六〇年代から七〇年代前半までのフーコーに属すると言えるテーマ）を、それでもなおドゥルーズが『フーコー』において、一九八〇年代のフーコーの議論（主体化）を取り上げた章で援用してくるのは――この著作が基本的には時系列的にフーコーの思索を辿るという体裁を取っているだけにいっそう――奇異に見えるが、ドゥルーズ自身にとってこの曲芸的操作は、「自由」の二重化が直ちにその相対化であり、この二重化＝相対化こそが「制御」であり「実践」である、とする彼自身のフーコー読解を展開するために必然的に要請されたものだったと言えるだろう。別様に言えば、**ドゥルーズは一九八〇年代のフーコーのオカマを掘るに当たって、「外」を語る一九六〇年代のフーコーに擬態するのであり、あたかもフーコーがフーコー自身のオカマを掘っているかのように話を仕立て上げるのだ**（「この新たな次元は最初から現在していた」……）。

権力は「外」と一体のものとしてある。権力は権力関係であるが、その資格において権力には、関係付けられる項の間の隔たりとして「外」が常に内在している（「関係」はその本性として「非関係」である）。権力はまた知（コード）と共に権力諸装置をなすが、そこでもまた、互いに互いの外部としてある権力と知の間に見出される隔たりが、「外」として権力諸装置に内在している（権力諸装置は権力と知の「出会い」によって編成される）。権力を主体化によって二重化するとは、従って、権力に内在するこの外を二重化する、この外の裏地を創出する、ということである。ドゥルーズはその裏地を「内」と呼ぶが、しかし、ドゥルーズの議論において強調されるのは、外がそのように二重化される際には同時にそれが相対化されることにもなるという点、内は外の相対化として創出されるという点だ。周知の通り『フーコー』において、ドゥルーズは「二重化」を「折り畳み」と言い換えてもいるが、外を内へと折り畳むとは、同時に、外を相対化する、外を制御する、外を従わせるということでもある（plierには、「折り畳む」という原義から派生した「従わせる」という意味もある）。このようにして「主体化」は、ドゥルーズにおいて外を折り畳む実践として位置付けられるのだ。『フーコー』刊行時のパルネによるインタヴューで、ドゥルーズはメルヴィルの『白鯨』を引きつつ次のように述べている。

外の線は私たちの分身であり、分身としての他性のすべてを有したものです。［…］鯨を追い続けたエイハブ船長、あるいはむしろ、フェダラーがそうだったように、パッション型人間は死ぬ他ない。［…］外の線は致命的なもの、あまりに暴力的、あまりに高速なものなのです。［…］必要なのは、線を越えると同時にその線を生き得るものにすること、すなわち、実践可能なもの、思考可能なものにすることです。外の線を可能な限り生き得るものにし、可能な限り長続きするものにすること、それこそが生きることの技芸というものです。外の線と対峙しながらも、なおいかにして死なずにいるか、いかにして生命を維持するか。これはフーコーが頻繁に問題にしてきたテーマの一つです。外の線を折り畳み、生き得るゾーンを構築しなければならない、すなわち、線と対峙するに当たって身を寄せ、支えを得ることのできる場、呼吸し続けることのできる場を構築しなければならない、要するに、思考し続けることのできる場を構築しなければならない、というテーマです。線を生きるために、線と共に生きるために、線を折り畳む。問題は生きるか死ぬかなのです。線自体は狂った速度で展開し続け、私たちはそれを折り畳もうと努める。重要なのは、ミショーの表現に倣えば、「私たちがそうであるところの遅い存在」を構成することと「台風の目」に達することとを同時に行うということです。〔…〕息のできない空虚すなわち死に陥ることなく、一体どこまで線を展開させ得るか。線との接触を失わずに線を折り畳むにはどうしたらよいか。外と共存する内、外に向けて折り畳むことのできる内をいかに構成するか。これは「実践」の問題です。〔…〕線のこうした折り畳みこそ、まさに晩年のフーコーが「主体化過程」と呼んだものなのです。〔…〕主体化とは線に湾曲を与えることであり、線が線そのものに向き返るよう導くことであり、あるいは、力が力そのものを触発するよう導くことです。そうした主体化によって私たちは、生き得ないはずのものをそれでもなお生きる方法を獲得するのです。フーコーが言っているのは、私たち自身の存在を一つの「様態《モード》」、一つの「技芸《アート》」としない限り、死と狂気に陥ることを私たちは避け得ないということです。〔…〕主体化は外の線を折り畳むことに存する操作ですが、しかし、それはただ単に身を守るための方法、難を逃れるための方法でしかないわけがない。そうではなく、むしろ反対に、線に対峙するための唯一の方法、線に乗るための唯一の方法なのです。ひょっとしたら死や自殺に至ることになるかもしれない。しかしそのとき、シュレーターとの奇妙な対話でフーコーが述べているように、自殺は生全体に関わる一つの技芸となるのです。[13]

フーコーを語りつつドゥルーズは、ここでガタリと共に彼自身が構築したエティカ、「線」の理論としての彼らのエティカを全面展開させている。ドゥルーズ＝ガタリは、任意の状況を分析する際に、それを三つの異なる種類の線から動的に編成《アレンジ》されたものと捉えるべきだ、と提案している。「モル状線」、「分子状線」、「逃走線」の三つである。先のインタヴューで「外の線」として論じられているものがこれら三つの線のうち「逃走線」に相当するものであることを想起すれば、「主体化」の議論に「外」の議論を再接続することのドゥルーズにとっての賭金がどこにあるのかが、多少なりとも見えてくるだろう。最も簡潔に言えば、主体化を逃走線そのものと混同してはならない、ということだ。絶対的脱領土化の運動としてある逃走線は、それとしては「あまりに暴力的、あまりに高速なもの」であり、私たちの有機的身体と理性とを木っ端みじんに粉砕し、私たちを死と狂気に一直線に導くも

13　« Un portrait de Foucault », in *Pourparlers*, pp. 150-154. 邦訳「フーコーの肖像」、『記号と事件』、二二四―二三二頁。なお、邦訳では le Parsee が「ピークォド号」と誤って訳出されているが、le Parsee とは拝火教徒のことであり、銛手フェダラーの別名である。

のでしかあり得ない。白鯨の運動と一体化するフェダラーの死と狂気。だからこそドゥルーズにおいては、権力諸装置としてのモル状線と区別されながら、しかし同時に逃走線それ自体からも区別される第三の線、すなわち、分子状線が必要だということになる。逃走線を折り畳む「内」の線、絶対的脱領土化の運動を二重化し相対化する線、相対的脱領土化の運動とそれに伴う相対的再領土化の過程とからなる線、生き得ないはずのものをなお生き得るものにする技芸の線、技芸によって制御された線——そうした分子状線の創出こそが「実践」であり「主体化過程」であるとされ、白鯨の運動を内に折り畳むことで白鯨に「なる」エイハブにこそ、ドゥルーズは「自由の反省的実践」、「制御された極度の暴力」、すなわち「エンクラテイア」を見出す。**フーコーの語る「主体化」は、そっくりそのまま「生成変化」として読み替えられるのだ。**

4　周縁者の危険

しかしフーコーからすれば、エイハブではなくフェダラーこそが、反省すること、制御することを知る人物だということになる。白鯨の運動に無媒介的に一体化するためにこそ反省あるいは制御が必要だということになる。逆にエイハブは、反省あるいは制御を知らないからこそ白鯨に「なる」ことしかできないということになる。

逃走線／分子状線／モル状線に比する区別はフーコーにもある。逃走線は「自由」に、分子状線は

「自由の実践」に、モル状線は「権力」に、それぞれ比し得る。『ディアローグ』において三つの線の区別を説明する際にドゥルーズは、時系列的に考えた場合には、三つの線が同時に与えられていると見なすか、逃走線とモル状線が二つの極限的形式としてあって分子状線がこの二極の間で揺れていると見なすか、の二通りの考え方があるとした上で、しかし、非時系列的にはやはり、逃走線が他の二つの線に先立つと見なさなければならない、として次のように述べている。「線が一本しかないと考える場合には、逃走線をその第一の線と見なし［…］、それが第二の線［分子状線］において相対化され、第三の線［モル状線］において停止あるいは切断される、と言うことができるでしょう」[14]。逃走線にドゥルーズが認めるのと同じような先行性を、フーコーもまた「自由」に認めている。自由の実践（倫理）に対する自由それ自体の先行性については、これまでに幾度か引いた一九八四年のインタヴューで、例えば次のように説明される。「自由とは倫理の存在論的条件をなすもののことであり、反対に、倫理とはこの自由が取る反省された形式のことなのです」[15]。分子状線を逃走線の「折り畳み」と位置付けるドゥルーズにとっても、逃走線は分子状線を引くための「存在論的条件」と言い得るものだろう。他方、権力に対する自由の先行性については、一九八二年発表の有名なテクスト「主体と権力」で次のように論じられる。「権力の行使は「自由な主体」に対してしかなされない。すなわち、彼らが「自由である」限りにおいてしかなされない。自由な主体とは、可能性の領野を眼前に

14　*Dialogues*, p. 165. 邦訳『ディアローグ』、二二九頁。
15　« L'éthique du souci de soi comme pratique de la liberté », in *Dits et Écrits*, t. IV, p. 712. 邦訳「自由の実践としての自己への配慮」、『ミシェル・フーコー思考集成』X、二二三頁。

した個人あるいは集団のことであり、そこには様々な導き、様々な反応、様々な振舞いが実現可能なものとして広がっている」[16]。ドゥルーズにとっても逃走線の「存在」がまずあり、この存在を前提とすることなしにモル状線はあり得ない。

『ディアローグ』でドゥルーズは、『白鯨』における三つの線の編成を次のように指摘する。「線ほど複雑なものは他にありません。メルヴィルが語るのもそうした線で、彼は小舟の一団をその組織化された線分性において、エイハブ船長を動物へのその分子状生成変化において、白鯨をその狂った逃走においてそれぞれ捉えています」[17]。逃走線としての白鯨のフローが他に先立つものとしてあり、この第一の線を停止あるいは切断しようとするモル状線として船団を組む小舟があり、同じ第一の線を折り畳み相対化する分子状線としてエイハブの「鯨への生成変化」(鯨になること)があるというわけだ。しかしそれでは、銛索で白鯨の背にがんじがらめに縛り付けられ、白鯨と文字通り一体化して、死そして狂気へと一直線に引きずり込まれてゆくフェダラーとは、一体何なのか。エイハブが相対化することによってしか生き得ない脱領土化の運動を、その絶対性において無媒介的に生きてみせようとするフェダラー、恐らくはまさにその意味においてこそメルヴィル自身、エイハブの「影」だと見なすフェダラーとは、一体何なのか(「たまたまエイハブの立った位置のせいで拝火教徒[フェダラー]はエイハブの影に隠れた。拝火教徒の影がそこにあったとしてもエイハブの影と混じり合い、エイハブの影を長く伸ばしているだけに見えた」[『白鯨』、第七三章]。「あたかもエイハブが自らの投じた影を拝火教徒に見、拝火教徒が自分の遺棄した実体をエイハブに見るかのようだった」[第一三〇章])。『ディアローグ』のこの箇所でフェダラーが論じられることはないが、しかしフェダラーには、ドゥルーズによる次のような「戦争機械」の定義にぴたりと当てはまる何かがある。

逃走線が他者あるいは自己を廃棄し破壊する線へと転じるのは、決まってその逃走線が戦争機械によって引かれるときのことです。逃走線に固有の危険はここにあります〔…〕。逃走線が死の線に転じるたびに私たちが想起するのもやはり、「死の本能」といった類いの内的欲動などではなく、欲望の動的編成の一つのありようなのであり、客観的かつ外的に定義可能な一つの機械を作動させる動的編成なのです。何者かが他者あるいは自分自身を破壊するとき、決まってその何者かは自分の辿る逃走線上に彼自身の戦争機械を創り出しているのであり、「戦争機械」という表現は単なる比喩ではないのです。[18]

戦争機械についてのドゥルーズの議論は両義的だ。ドゥルーズは、一方で戦争機械を回避すべき「危険」と位置付けつつ、他方で様々な文学作品にそれを見出してゆく。「クライストと心中、ヘルダーリンと狂気、フィッツジェラルドと崩壊、ヴァージニア・ウルフと消滅」、「ストリンドベリの夫婦戦争機械、フィッツジェラルドのアルコール依存症戦争機械」……。戦争機械のこの両義性は、実人生

16　« Le sujet et le pouvoir » (1982), in *Dits et Écrits*, t. IV, p. 237. 邦訳「主体と権力」、渥美和久訳、『ミシェル・フーコー思考集成』IX、筑摩書房、二〇〇一年、二六頁。
17　*Dialogues*, p. 165. 邦訳『ディアローグ』、二二九頁。
18　Ibid., p. 171. 邦訳同書、二三七―二三八頁。

と芸術の区別に存するものだと言ってよい。戦争機械あるいはそれが描く「死の線」は、実人生においては絶対に避けなければならない危険だが（さもなければ私たちは死んでしまう）、しかし、だからこそいっそう、これに取り組む芸術を私たちは必要としている。ドゥルーズが芸術を語るたびにキルケゴールの次の一節を引くのは、この意味でのことだろう。「幾ばくかの可能性を、さもなければ私は窒息してしまう」。**ドゥルーズにとって実人生と芸術は異なるのであり、異なるからこそ芸術が必要なのだ。しかし、フーコーが「自由の実践」としての主体化を語るときに問題にしているのは、まさに実人生と芸術が同じものとなる可能性である。**一九八一年に行われた映画監督ヴェルナー・シュレーターとの対談で、フーコーは何と言っていたか。「自分の存在を一つの作品にする人たちと、存在の中で作品を作っている人たちとの間に違いがあると、私は思っていません。存在は完璧で崇高な一つの作品になり得るのであり、そのことをギリシア人たちは知っていました。ところが、とりわけルネサンス以降、私たちはそのことを完全に忘れてしまったのです」[19]。これに続けて直ちに、フーコーが「自殺」を問題にし、それを「何にもまして美しく、従って、何にもまして綿密に考えてみるに値する振舞い」だと言ってみせるのは、彼にとって実人生を芸術作品にするという営みが、エイハブのように生き存《なが》えながら鯨に「なる」ことではなく、フェダラーのように鯨と一体化して死んでみせることに存しているからではないのか。同じ対談でフーコーが「しばらく前から私の頭を離れないもののの一つに、自殺するのがどれほど難しいかということがあります」と述べ、「自分がいかに自殺するかについては一生かけて検討し続ける必要があるかもしれません」と語るのは、彼にとって「制御」や「反省」が、絶対的脱領土化の運動をいかにして相対化し生き得るものにするかという問題に関わるのではなく、むしろ、その致命的な運動にいかにして一体化してみせるかという問題、自らの辿る逃走線上にいかにして確実に戦争機械を創り出すかという問題にこそ関わるからではないのか（「自由」の実践を可能にする「戦争機械」としての「勇気」）。

モル状線との恥辱的妥協に強いられて分子状線を引くのでも、窒息させる実人生に強いられて芸術に幾ばくかの可能性を求めるのでもなく、勇気をもって逃走線そのものと一体化すること、実人生の直中で自ら自身の戦争機械を創り出すこと。自由の実践としての主体化が反省され、制御されたものでなければならないのは、それを失敗させる様々な「危険」があるからだ。そうした危険のうちの最たるものは、ドゥルーズの表現で言えば、主体化過程（自己への関係）がそっくりそのまま「自我というブラックホール」に吸い込まれる危険だということになるだろう。ドゥルーズは逃走線を「遊牧民[nomades]」に、分子状線を「移民[migrants]」に、モル状線を「定住民[sédentaires]」にそれぞれ準《なぞら》えた上でさらに、移民には「地下潜行者[clandestins]」になる場合と「周縁者[marginaux]」になる場合とがあると論じているが、「ブラックホール」が問題になるのはこの最後の場合だ（自己破壊のブラックホールに陥る「周縁者」は「分裂症者《スキゾフレヌ》」とも言い換えられているが、この「分裂症者《スキゾフレヌ》」は、「過程としての分裂症《スキゾフレニー》」——ここでは「地下潜行者」に相当する——から区別される「臨床実体としての分裂症《スキゾフレニー》／分裂症者《スキゾフレヌ》」のことである。なお、ドゥルーズに「周縁者」あるいは「分裂症者《スキゾフレヌ》」の危険を教えたの

19　Michel Foucault, « Conversation avec Werner Schroeter » (1982), in *Dits et Écrits*, t. IV, p. 256. 邦訳「ヴェルナー・シュレーターとの対話」、野崎歓訳、『ミシェル・フーコー思考集成』IX、五〇頁。

はガタリである)[20]。**定住民の堅固な線分性を離れ、移民のしなやかな線を引いたとしても、その線が「私は周縁者だ」とか「私たちは前衛だ」といったような出来合いの「自我」（ミクロファシズム）の中に吸い込まれ、そこから出て来られなくなってしまう危険が常にある、**ということだ。興味深いのは、一九七七年の「欲望と快楽」で既に、ドゥルーズがこの「周縁者」に次のように言及している点である。「周縁者を自称する人々に対するミシェルの嫌悪感を私も共有している。狂気や犯罪、倒錯やドラッグといったものに対するロマン主義は、私にとってもますます耐え難いものとなりつつある。私からすると、逃走線、つまり欲望の動的編成は、周縁者たちによって創造されるものではない。反対に、逃走線は、一つの社会を横断する客観的な線なのであり、周縁者とは、社会のそここに陣取ってループを作り、旋回し、再コード化を行う者のことなのだ」[21]。ドゥルーズに従えば、逃走線に相当する概念（「自由」）をまだ有していなかった一九七七年時点でのフーコーは、それでもなお周縁者あるいはブラックホールの危険を知っていた。これを踏まえれば、**一九七七年のフーコーの「危機」は、抵抗では権力関係に囚われたままであるが、周縁者になることによる権力関係からの離脱もあり得ない、という二重の不可能性に存するものだった、**と言い直すこともできるかもしれない。重要なのは、周縁者の危険というこの問題が、権力関係に先立つものとしての「自由」（逃走線に相当するもの）を発見した一九八〇年代のフーコーにおいてもそっくりそのまま残された、という点だ。しかし、**周縁者の危険は、ドゥルーズの場合と一九八〇年代のフーコーの場合とではその位置付けを異にする。その危険は、前者においては、逃走線を折り畳み相対化する過程（地下潜行者）に生じるものだとされるのに対して、後者においては、逃走線と一体化する過程（遊牧民）に生じるも**

のだとされる。

どうしたら周縁者にならずにいられるか、どうしたらブラックホールに吸い込まれずにいられるか、どうしたら「狂気や犯罪、倒錯やドラッグといったものに対するロマン主義」に陥らずにいられるか、といった問いは、最晩年のフーコーにとっては、どうしたら「自由」を実践できるか、どうしたら自殺できるか、どうしたら戦争機械を創り出せるか、どうしたら白鯨と一体化できるか、どうしたら遊牧民になれるか、どうしたら脱コード化を完遂できるか、どうしたら自らの存在を一つの作品にすることができるか、といった問いと同じものだった。どうしたら「自己の対極そのものをなすような自己の技芸」[22]は可能か。フーコーからすれば、再コード化（周縁者化）の危険は、白鯨の線を折り畳もうとするエイハブ（地下潜行者）にとってよりも、白鯨の線の展開に一体化しようとするフェダラー（遊牧民）にとっての方がずっと切実だということになる。前者の引く分子状線は生き得る線だが、後者の辿る逃走線は死の線だからだ。死の線を勇気をもって辿るときにこそ、最大限の慎重さ、繊細な配慮が必要なのであり、自己の制御、反省が必要なのだ。そこかしこで常に私たちを待ち

20　ガタリによる「分裂症」概念の導入については、第一部補論で論じた。また、「過程としての分裂症」と「臨床実体としての分裂症」の区別については、第一部第一章を参照せよ。

21　« Désir et plaisir », in *Deux régimes de fous*, p. 118. 邦訳「欲望と快楽」、『狂人の二つの体制 1975-1982』、一七九—一八〇頁。

22　« Conversation avec Werner Schroeter », in *Dits et Écrits*, t. IV, p. 258. 邦訳「ヴェルナー・シュレーターとの対話」、『ミシェル・フーコー思考集成』IX、五二二頁。

構えているブラックホールに、それでもなお決して吸い寄せられずにいるための制御そして反省こそを、フーコーは「真理への勇気」と呼んだのではなかったか。

第二部

『哲学とは何か』

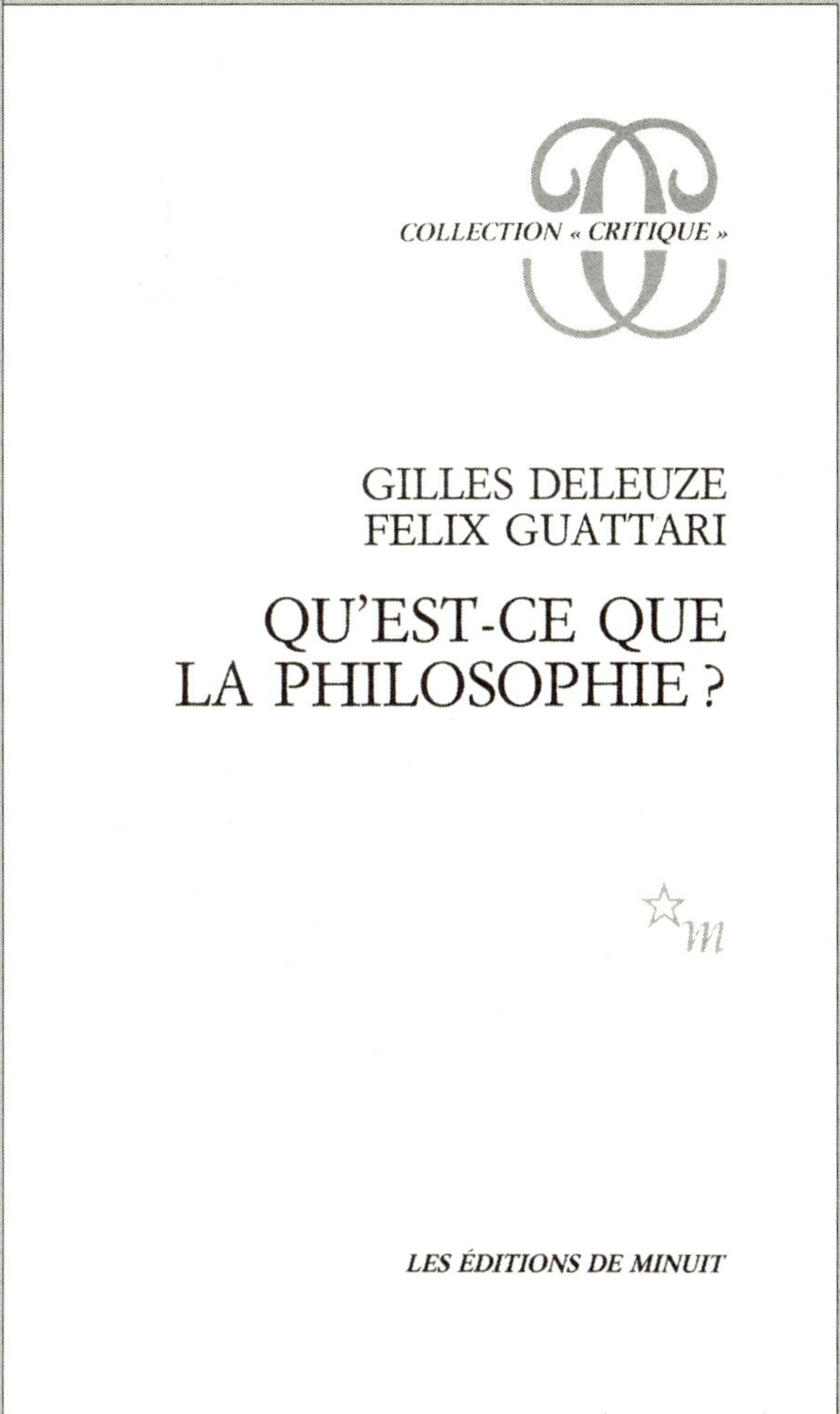
COLLECTION « CRITIQUE »
GILLES DELEUZE
FELIX GUATTARI
QU'EST-CE QUE LA PHILOSOPHIE ?
LES ÉDITIONS DE MINUIT

QU' EST-CE QUE LA PHILOSOPHIE ?

Gilles Deleuze / Félix Guattari

ジル・ドゥルーズ+フェリックス・ガタリ

財津理 訳

哲学とは何か

河出文庫

第一章　マジョリティによる政治哲学

『哲学とは何か』[1]（一九九一年）はドゥルーズ＝ガタリの最後の共著である。社会主義体制解体期に執筆され刊行された同書で、彼らが資本主義との闘いの主戦場として新たに定めるのは政治哲学だ。**レーニン的切断がその社会的、政治的効力の一切を失いつつあったこの歴史的局面において、ドゥルーズ＝ガタリは、プロレタリアによる階級闘争も、マイノリティによる公理闘争も、実現不可能なものになった、と判断している。**「絶望的」とも形容し得るこの局面にあって、政治のチャンスがなお残されているのは、マジョリティの営みとしての哲学においてのみである、と。第一章ではこの「政治哲学」論の全体像の描出に努める。とりわけ、「地理哲学《ジオフィロソフィ》」と題された第四章を中心に『哲学とは何か』を精読し、**「犠牲者」を眼前にして政治化する哲学は、マジョリティであることの恥辱を感じる限りにおいて、「来るべき人民」に呼びかける革命的実践になる、**とするドゥルーズ＝ガタリの新たな戦術（「政治哲学」の分裂分析）と、彼ら自身によるその実践について検討する。第二章では、カン

1　Gilles Deleuze et Félix Guattari, *Qu'est-ce que la philosophie?*, Minuit, 1991. 邦訳『哲学とは何か』、財津理訳、河出文庫、二〇一二年。以下、QPh と略記する。

トのテクスト「啓蒙とは何か」をめぐるフーコーによる二つの異なる注解が『哲学とは何か』で重要な参照文献として挙げられていることに注目し、フーコーのカント論から「革命性への生成変化」という議論をドゥルーズ＝ガタリがどのように導き出してくるのかを分析する。『哲学とは何か』は、カント哲学をその総体において、フッサール哲学などと共に、「メジャー哲学」とでも呼ぶべきものに位置付けるが、同時に「啓蒙とは何か」を、言わば例外的に、彼らがカフカの仕事を「マイナー文学」と呼ぶのと同じような意味で[2]、「マイナー哲学」に位置付けるだろう。

1　マジョリティであることの恥辱

資本主義をその下部から掘り崩す闘いの主戦場は、一九七二年刊行の『アンチ・オイディプス』ではブルジョワジーから割って出るプロレタリアの階級闘争に、一九八〇年刊行の『千のプラトー』では等価交換と民主主義を要求するマイノリティの公理闘争に、それぞれ同定されていた。一九九一年刊行の『哲学とは何か』でドゥルーズ＝ガタリが資本主義との闘いの主戦場として同定するのは、次の場面である。

人権は公理である。市場において人権は、人権と矛盾するにとどまらず、人権を無視し一時停止させるような、他の多くの公理と共存し得る。その典型が、財産所有の安全に関する諸公理だ。

［…］すべての民主主義と共存している強力な警察や軍隊を措いて他に一体誰に、貧困の維持管理、貧民窟の脱領土化／再領土化の維持管理ができるのか。貧困がその領土あるいはゲットーから外に出てこようとするときに、一体どの社会民主主義が発砲命令を下さなかったか。権利を以て、人間たちが赦されたり、民主主義国家の上に自らを再領土化する類いの哲学が赦されたりすることはない。人権を伴うからといって資本主義を称讃するわけにはいかないのだ。何らかの全世界的《ユニヴァーサル》なオピニオンを「コンセンサス」として形成することですべてのネイション、すべての国家そして市場を道徳化し、友たちからなる社会を、あるいは、賢者たちからなる社会すらをも回復できる、と主張するコミュニケイション哲学には、相当の無邪気さ、さもなければ、相当のしたたかさが必要だろう。人権は、権利を有する人間の内在的存在様態について何も語らない。人間であることの恥辱を私たちが感じるのは、プリーモ・レーヴィの描く極限状態においてだけでなく、取るに足りないような環境においてでもあるのだ。既存のすべての民主主義に例外なく取り憑いている下劣で愚劣な存在様態を眼前にしても、そうした存在様態や市場原理主義的思考様態の拡大増殖を眼前にしても、あるいはまた、私たちの時代の様々な価値や理念、オピニオンを眼前にしても、私たちは人間であることの恥辱を感じる。選択肢として私たちに与えられている諸々の生き方の卑劣さは、私たちの内から生じている。私たちには、自分たちが自分たちの時

2　「マイナー文学」については、以下を参照。Gilles Deleuze et Félix Guattari, *Kafka: Pour une littérature mineure*, Minuit, 1975. 邦訳『カフカ――マイナー文学のために』、宇野邦一訳、法政大学出版局、二〇一七年。

> 代の外に身を置いているとは感じられない。反対に、私たちは自分たちの時代との恥ずべき妥協を続けている。哲学の最も強力な動機の一つは、まさに、そのようにして感じられる恥辱なのだ。私たちの責任で犠牲者たちがいるのではなく、私たちは犠牲者たちを眼前にして責任を負う。動物をなす（うなる、掘る、鳴く、悶える）こと以外に、下劣さから逃れるための手段は一つもない。他ならぬ思考そのものが、時として、生きている人間（たとえそれが民主主義者であっても）よりも、死せる動物に近いのである。［QPh, 103／一八四―一八六］

貧困が語られている。不等価交換対象としてグローバル公理系によって創出された南、第三世界、北におけるその飛び地、『千のプラトー』でマイノリティと呼ばれていたものだ。貧者たちが等価交換を求め、ゲットーや貧民窟から自らを脱領土化しようとする運動、マイノリティの公理闘争も語られている。ここで描き出されている場面は、従って、『千のプラトー』で主戦場に位置付けられていたのと同じ場面だと言えるかもしれない。しかし、『千のプラトー』刊行から一〇年の歳月を経て、ドゥルーズ＝ガタリは彼らの情勢把握に小さからぬ修正を加えてもいる。マイノリティがその公理闘争を通じて等価交換を勝ち取る様子は、ここではもはや描かれない。それどころか正反対に、たとえ社会民主主義政権下であっても、マイノリティの公理闘争は例外なく力ずくで制圧されると語られている。貧者すなわちマイノリティは、ここでは端的に「犠牲者」と呼ばれている。『哲学とは何か』が執筆され刊行されたのと同時期にその存在感を飛躍的に高めつつあったNGOが、まさにそう呼ぶように。**『千のプラトー』が「新たな社会運動」の時代の書物であったとすれば、『哲学とは何か』はN**

GOによる人道支援の時代の書物である、と言えるかもしれない。

マイノリティからNGOへ。情勢把握のこの変更に応じて、『哲学とは何か』では、『千のプラトー』での議論との関係においてもう一つの重大な変更がなされている。『千のプラトー』ではマイノリティの公理闘争について、その直中にこれと共存する別の闘争としてマイノリティによるマイノリティ性への生成変化（女性が女性になる、黒人が黒人になる）があるとされ、マイノリティによるこの生成変化が契機となって、マジョリティ上に再領土化されているフローもまた、そこからの脱領土化へと導かれ、万人によるマイノリティ性への生成変化（万人が分子状女性や分子状非白人の上に自らを再領土化する）が開始されるとされていた。これに対して『哲学とは何か』では、「私たち」によるマジョリティからの脱領土化が、マイノリティによる生成変化に先立つとされている。**ゲットーからの脱領土化も許されないマイノリティは「死せる動物」と同一視され、この死せる動物を眼前にして「人間であることの恥辱」（マジョリティであることの恥辱）を感じる限りにおいて、「私たち」の方がまず、マジョリティ（等価交換と民主主義を享受する社会民主主義的「人間」）から自らを脱領土化してマイノリティ性への生成変化（「動物をなす」）に入る、とここでは論じられている**（本書第二部第二章で見た通り、『千のプラトー』において既にhomme すなわち「人間」はマジョリティの別称であった）。『千のプラトー』では峻別されていた動物とマイノリティが、『哲学とは何か』では同一視されている。『哲学とは何か』では実際、インディアンと動物が次のように同列に論じられる。

アルトーは、文盲者のために書く、失語症者のために語る、無頭者のために思考すると語っていた。しかし「……のために」とはいかなる意味で言われるのか。「……に宛てて」という意味でも「……に代わって」という意味でもない。「……のために」とは「……を眼前にして」という意味で言われている。これは生成変化の問題だ。思考者は無頭者や失語症者、文盲者として存在するわけではなく、それらに生成変化する。思考者はインディアンになり、インディアンになり続けるのであり、それは、インディアンとして存在するインディアン自身が、別のものへと生成変化し、断末魔から自らの身を引き離す「ために」なされるのだ。他ならぬ動物たちのためにこそ、人は書き思考する。人が動物になるのは、動物もまた別のものになるためである。ネズミの断末魔、子牛の殺戮は思考の中に現前したままとどまるが、それは憐憫の情によってではなく、人間と動物の間の交換ゾーンとしてであり、このゾーンにおいて一方の何かが他方の中へと移るのである。〔QPh, 105／一八八―一八九〕

『千のプラトー』でも動物への生成変化については、人間が動物になるのは動物もまた何か別のものになるためだ、と論じられていたが、反対に、インディアンへの生成変化、マイノリティへの生成変化については、白人がインディアンになるのはインディアンの方もまた何か別のものになるためだ、とは決して言われなかった。『千のプラトー』ではむしろ真逆に、マイノリティが分子状マイノリティになるのはマジョリティもまたその分子状マイノリティになるためだ、と論じられていた。『千のプラトー』では、マイノリティから自らを脱領土化する変項が生成変化の「媒体」とされ、マジョリティから自らを脱領土化する変項が生成変化の「主体」と呼ばれていたが、前者が後者にとっての媒体だとされたのはまさに、前者の運動が始まることなしには後者の運動は始まらない、と考えられていたからだ。

『千のプラトー』で「犠牲者」として扱われていたのは動物だけであり、マイノリティは闘うことを知る者たち、その公理闘争の直中でマイノリティ性への生成変化に入る者たちだとされていた。万人／万物による万人／万物への生成変化（人間全体による動物への生成変化も含む）は、女性や黒人、ユダヤ人やロム族といったマイノリティによるマイノリティ性への生成変化から始まるとされていた。『千のプラトー』でドゥルーズ＝ガタリが提案したプログラムにおいては、「恥辱」を感じるのはまずマイノリティだったと言ってもよいだろう（『千のプラトー』では「犠牲者」も「恥辱」もその語を用いては論じられない）。マイノリティは、社会民主主義的諸公理を勝ち取る中で、マジョリティの下部集合であることの恥辱を感じる。あるいは、公理闘争それ自体が既に、資本主義公理系との「恥ずべき妥協」として生きられる。一つのモル状集合がマジョリティの内にその下部集合として新たにカウントされるとは、別のモル状集合が新たな第三世界として創り出されること（グローバル公理系の内的極限の拡大再生産）に他ならないからだ（『哲学とは何か』においてプリーモ・レーヴィを引いて語られる「恥ずべき妥協」、「人間であることの恥辱」とは、何よりもまず、アウシュヴィッツなどの収容所内において虐殺行為に加担することで初めて生き延び得た人々のそれ、とりわけレーヴィ自身も含むユダヤ人生還者のそれを指す）。女性解放闘争や民族解放闘争は実際、そうした恥辱の感覚で常に満たされていたのではないか。マイノリティは、彼らの利害闘争の直中で生じる恥辱の感覚に強いられてこそ、「女性としての私たち」と口にすることの恥辱に強いられてこそ、マイノリティ性への生成変化に入る。それに対して、マイノリティを動物と同一視し、犠牲者と見なすとは、マイノリティに恥辱の経験をもはや認めないということに他ならない。動物は恥辱を知らずに死んでゆく。ただひたすら死んでゆくだけの動物に恥辱の契機は訪れない。本書第二部第二章で見た通り、人間と犬が共に分子状犬へと生成変化する場合、そのすべてを開始させる「問題」を立てるのは犬ではなく、腹を空かせて野垂れ死にしつつある犬を眼前にした人間の方なのだ。

　マイノリティは動物に達した。資本主義グローバル公理系は、これまで、第三世界としてのマイノリティを、常に pénultième すなわち「最後から二番目のもの」として創り出してきたが、今日のマイノリティはもはやその限りではない。今日のマイノリティは ultime すなわち「最後のもの」であり、だからこそ、かつては第三世界を別のところ（とりわけ国外）に移すことで国内のマイノリティ諸集合にマジョリティの下部集合への再領土化を許していた社会民主主義体制であっても、今日では、マイノリティによる公理闘争を制圧するために、武力を用いることも辞さなくなったのだ。資本主義公理系の内的極限の拡大再生産は今日、この最後のマイノリティの上で、彼らの死へと漸進的に近づいてゆくという仕方でなされている、と言えるかもしれない。**「最も弱い環」は、もはや、死せる動物でしかない。**「現実の社会主義」が終焉を迎えつつあった時期に執筆された『哲学とは何か』において、ドゥルーズ＝ガタリはそのように情勢を把握している。

　だからこそ問いは、プロレタリアとは何かでも、マイノリティとは何かでももはやなく、哲学とは何かなのだ。『哲学とは何か』の執筆期、一九九〇年にネグリによって行われたインタヴューにおいて、ドゥルーズは「人間であることの恥辱」について、これを動機として哲学が始まるとき「哲学は必然的に政治哲学になる」と答えている。[3] ただし、すべての政治哲学が恥辱を動機とするわけではない。**貧者や犠牲者を眼前にして何らかのユートピア概念を創造する哲学はすべて政治哲学である。ドゥルーズ＝ガタリにとって重要なのは、そこで哲学者が、地平を知覚し、地平において自らを知覚し（地理哲学）、マジョリティであることの恥辱を感じるかどうか、という点なのだ。**地平の知覚、恥辱の感覚なしには、本章で後に詳しく見る通り、政治哲学は人道主義の次元にとどまる。哲学は、芸術（及び科学）と同様、マジョリティの営みに他ならない（本書では詳述しないが、『哲学とは何か』では「哲学」、「科学」そして「芸術」が「人間」すなわちマジョリティによる三つの思考形態として論じられる）。アルトーは動物でもインディアンでもない。アルトーは犠牲者ではなく人間であり、ＮＧＯと同様にマジョリティの一変項に他ならない。「当然のことながら、芸術家や哲学者には新たな人民を創造する能力はない。彼らにできるのは、全力でこの人民に呼びかけることだけである。新たな人民を創造することができるのは、ぞっとするような苦痛の直中に身を置いていて、芸術や哲学に関わる余裕など一切ない人民自身だけなのだ」［QPh, 105／一八九］。似たようなことは確かに『アンチ・オイディプス』でも『千のプラトー』でも言われていたが、しかし、それはあくまでも、哲学や芸術を理論の水準に位置付けてのことだった。『アンチ・オイディプス』では、理論上の真の切断として、ブルジョワ階級と階級外との間の切断が語られていたが、しかしそれはあくまでも、ブルジョワジーからプ

3　Gilles Deleuze, « Contrôle et devenir » (1990), in *Pourparlers*, Minuit, 1990, p. 233. 邦訳「管理と生成変化」、『記号と事件』、宮林寛訳、河出文庫、二〇〇七年、三四六頁。

ロレタリアートが割って出る、という実践上の切断（レーニン的切断）の直中において、まさしく実践的にプロレタリアートから分裂者が階級外主体集団として割って出る、ということを前提にした上での議論だった。『千のプラトー』でも、理論上の真の切断として、マジョリティとマイノリティ性の間の切断が語られていたが、しかしこれもまた、マイノリティがその公理闘争の直中においてマイノリティ性へと生成変化する、ということをあくまでも前提にした上での議論だった。これに対して『哲学とは何か』では、新たな人民への芸術家や哲学者による呼びかけ（うなる、掘る、鳴く、悶える）は、理論の水準でのオペレイションとはもはや見なされず、直ちに実践的なもの、それなしには人民自身による新たな人民の創造が始まり得ないものとされるのだ。カフカやクレー、カンディンスキーといった作家や芸術家を引いて『千のプラトー』で言われていた「人民が欠けている」という言葉は、『哲学とは何か』ではもはや理論上のものでは微塵もない。「消尽」は今や実践上の問題なのである。

2　人権、NGO、ハイデガー問題

『哲学とは何か』で新たな政治プログラムとしてドゥルーズ＝ガタリが提案する哲学は、死せるマイノリティを眼前にして、マジョリティの変項がマジョリティであることの恥辱を感じるときに、その恥辱を動機とすることによってのみ始まるものである。本章冒頭に引いた箇所でドゥルーズ＝ガタリは、しかし、これとは異なる哲学に二度言及し、批判している。

　近代哲学についてドゥルーズ＝ガタリは、それが「三度、自らを再領土化する」と論じている。**近代哲学は、過去に遡ってギリシア人の上に、現在にとどまって民主主義国家の上に、未来に向かって新たな人民と新たな大地の上に自らを再領土化する**［QPh, 106／一九〇］。「Xの上に自らを再領土化する」あるいは「Xを自らの新たな領土にする」という表現（se reterritorialiser sur X）は、それが哲学について言われる場合、「Xの概念を創造する」と同義であると理解してよい（「概念は対象《オブジェ》ではなく領土である」［QPh, 97／一七四］）。**近代哲学は、古代ギリシア（ポリス）とその人民の概念、近代国家（社会民主主義）とその人民の概念、来るべき大地とその人民の概念を創造する。**近代哲学のこれら三つの再領土化のうち、ドゥルーズ＝ガタリ自身が政治プログラムとして提案するのは第三の形式（未来的形式）での再領土化であり、本章冒頭に長く引いた箇所で彼らが批判しているのは第二の形式（現在的形式）での再領土化だ。第二の形式での近代哲学の再領土化について、ドゥルーズ＝ガタリは次のように書いている。

> 哲学の再領土化には［…］現在的形式もある。哲学は近代民主主義国家と人権の上に自らを再領土化する、と言えるだろうか。しかし、世界《ユニヴァーサル》民主主義国家なるものが存在しない以上、この運動は個々の国家の特殊性、国家ごとに異なる法権利の特殊性を孕んだものとならざるを得ない。「自分の」国家において人権を表現し、近代版同胞社会を描出し得る個々の人民の精神を孕んだものとならざるを得ない。実際［…］、哲学は国民国家と人民精神の上に自らを再領土化す

るのである（問題となる国家と人民は多くの場合、哲学者自身の属するものだが、そうでない場合もある）。［QPh, 98／一七六―一七七］

国民国家の上への哲学の再領土化が起きたのは、近代市民革命を経験したヨーロッパにおいてであり、とりわけフランス、イギリス、ドイツ、米国の四国においてであるとドゥルーズ＝ガタリは考えている（後に見るように、『哲学とは何か』では、市民革命と哲学の関係が「地理哲学」として論じられている）。フランス哲学、イギリス哲学、ドイツ哲学、米国哲学は、それぞれの国家内で表現され体現されている人権と同胞社会（民主主義）について、それらの概念を創造した。しかし、そのように創造された人権概念、民主主義概念は、少なくとも今日ではもはやまるで使い物にならない、とドゥルーズ＝ガタリは主張しているのだ。なぜか。ひとことで言えば、**人権概念も民主主義概念も、人間であることの恥辱、マジョリティであることの恥辱を一切知らない**からである。

産業資本主義の出現と共に近代ヨーロッパ諸国に形成された同胞社会は、等価交換と民主主義からなる社会民主主義のそれであるが、中心での社会民主主義体制の実現には必ず、その外部としての周縁（第三世界）の創出が伴う。中心（北）における等価交換（資本と労働の間の均衡）は、不等価交換の周縁（南）への押し付け（収奪）なしには成立し得ず、中心における民主主義は、民主的な手続きでは処理不可能な問題《アポリア》の周縁への押し付けなしには成立し得ない。[4] 同胞社会は、自らの外部に第三世界としてのマイノリティを創出することで初めて成立する、文字通りのマジョリティの社会なのである。**問題は、中心諸国の哲学による人権や民主主義についての概念の創造が、社会民主主義体制の成**

立条件としてマイノリティやその飛び地があることを一切考慮せずになされる、という点にある。人権（人間の権利）は、人間が持つ諸権利といったものである以前にまず、人間への権利、人間であることへの権利であり、マジョリティであることへの権利、マジョリティあるいはその下部集合としてカウントされることへの権利、等価交換対象として存在することへの権利である。人権概念は、従って、マイノリティの存在を眼前にして創造されたものだとも言えるかもしれないが、しかし、一九四八年の「世界人権宣言［Déclaration *universelle* des droits de l'homme］」にその典型が見られるように、この人権概念を全世界的《ユニヴァーサル》なコンセンサスとして宣言するにはやはり「相当の無邪気さ、さもなければ、相当のしたたかさが必要だろう」。マジョリティはマイノリティなしには存在し得ない、という単純な現実が無邪気に／したたかに忘却されており、マジョリティの内在的存在様態についての沈黙が無邪気に／したたかに守られている。世界人権宣言にあっても展望されているのであろう世界民主主義国家とはマジョリティ世界国家のことに他ならないが、そのようなものは現時点で実現されていないだけでなく、そもそも、相当の無邪気さ／したたかさがなければその実現を信じることなど決してできない。先に引いたネグリによるインタヴューで、ドゥルーズは次のように述べている。「資本主義においては普遍的、全世界的なものは市場を措いて他にありません。全世界国家なるものが存在しないのは、まさに、全世界的市場が諸国家の一つひとつを自らの焦点、証券取引所としているから

4　中心による周辺への経済的かつ政治的な問題《アポリア》のこの「押し付け」については、結論において、福島及び琉球の事例を取り上げつつ、具体的に論じ直す。

です。全世界市場が自ら以外の何かを普遍化したり、均質化したりすることはなく、むしろ、見事なまでのやり方で貧困と富裕を創り出しているのです[5]」。

　現在的形式での近代哲学の再領土化は、近代ヨーロッパに市民社会と産業資本主義が出現した当初から始まっていた。今日の戦争において北の諸国の軍隊による爆弾投下（空爆）の直後にNGO諸団体による人道支援物資投下（人道的空爆）が続くように、近代哲学は、世界の果てまで自己拡大せんとする資本主義の運動に常に随伴してきた。近代哲学は初めからNGOだったのであり、あるいは、今日のNGO諸団体はそうした近代哲学の制度的具現化なのだ。NGOとしての近代哲学が自らの使命《ミッション》としてきたのは、資本主義が入り込んでいこうとするその先々で、人間であることへの権利（人権）の普遍性を説いて回り、人間（「ヨーロッパ的人間」）になること、マジョリティになること、市民になることへと諸民族を鼓舞することで、彼らを「交換」回路の中に導くということだ。**人道主義的に政治化する近代哲学を「メジャー哲学」と呼び、人間であることの恥辱によって政治化する「マイナー哲学」と区別してもよいだろう。**メジャー哲学は、マジョリティになることへのインセンティヴを与えることで（『アンチ・オイディプス』では、この操作は「オイディプス化」と呼ばれていた）、諸民族を脱コード化すると同時にマイノリティとして公理化するのであり、北あるいはその下部集合であることへの権利の普遍性の布教、福音によって、南を創り出すのである。

　ギリシア人が既にそうできたように、ヨーロッパ人もまた自らを、数ある心理社会的類型のうちの一つではなく、まさに「人間」そのものと見なすことができる。ただし、ヨーロッパ人が自らを「人間」と見なすのは、ギリシア人よりもずっと強い拡大力、ずっと強い使命感を以てのことだ。フッサールは言っていた。インドなどにおける諸民族《ピープル》は、たとえ互いに敵対し合っていたとしてもなお、その一つひとつが、特定の土地を「我が家」とし、特定の親族関係を有する類型として、それぞれ集団をなしているが、これに対して、ただヨーロッパのみが、その諸国民《ネイション》の間に存するライバル関係にもかかわらず、自ら自身と他のすべての民族に「常にさらなるヨーロッパ化へのインセンティヴ」を与えるのであり、その結果、この西洋において、かつてギリシアにおいてなされたのと同じように、人類全体が自ら自身と親族関係を結ぶことになるのだ、と。しかしながら、ヨーロッパ固有の超越論的主体のこの特権が「哲学と相互包含的な諸学」の興隆といったことによって説明され得るとは、やはり信じ難い。他のすべての民族に対するヨーロッパの覇権とそうした諸民族のヨーロッパの上への再領土化とを確実なものとするためには、思考の無限運動（フッサールはこれを目的《テロス》と呼ぶ）が、自らを脱領土化し続ける資本の大いなる相対的運動との共役関係に入らなければならない。［QPh, 93-94／一六八―一六九］

今日のNGO諸団体がよかれと思ってその人道支援活動を展開しているように、フッサールもまた、よかれと思って「ヨーロッパ的人間」の特権的普遍性を主張したに違いない。しかし例えば、『ヨーロッパ諸学の危機と超越論的現象学』の邦訳者の一人、木田元がその訳書に付した「解説」で、ドゥ

5　« Contrôle et devenir », in *Pourparlers*, pp. 233-234. 邦訳「管理と生成変化」、『記号と事件』、三四六頁。

ルーズ＝ガタリが論じている箇所[6]と同内容の別の箇所[7]を取り上げて感想を洩らしてもいる通り、万人のヨーロッパ人化を展望するフッサールのこの議論には、やはり、「いやな感じがしないでもない」。ただし、その理由として「ヨーロッパ中華思想がのぞかれる」といったことを指摘するだけでは不十分に過ぎるだろう。[8] 現在的形式での近代哲学の再領土化の問題は、「ヨーロッパ化あるいはヨーロッパ人化が生成変化ではなく、服従化された諸人民による生成変化を妨害してきた資本主義の歴史でしかない」[QPh, 104／一八六、強調引用者] という点にこそあるのだ。近代市民革命の生起と同時に人権が宣言されたのは（フランス革命期の「人間と市民の権利宣言」など）、君主や貴族に対してブルジョワが「人間」または「市民」として自らの権利を確立しなければならなかったからだけではなく、むしろそれ以上に、北においてのみ成立する人間であること、市民であることへの権利があたかも普遍化可能なものであるかのように語ることで、常にさらなる人間化、常にさらなる市民化（従って、人間にも市民にも決して達しない）へと南の諸人民を鼓舞し（『アンチ・オイディプス』の用語で言えば、人間であることへの偏執狂《パラノイア》的リビドー備給を組織し）、彼らを資本主義の下に包摂し服従させなければならなかったからなのだ。

『千のプラトー』において資本主義との闘いの主戦場として同定されていたマイノリティによる公理闘争が、まさしく、人権をめぐる闘争に他ならなかったことを、ここで改めて想起しておくべきかもしれない。マイノリティによる公理闘争は、それ自体としては、個々のマイノリティがそれぞれの特殊性の中でなお、人権概念の普遍性、全世界性を表現する闘争に他ならない（「マイノリティの力能、特殊性の力能は、その普遍的形象あるいは普遍的意識をプロレタリアのうちに見出す」[MP, 589／㈦二四二一二四三〕)。『千のプラトー』の著者たちは、マイノリティによるそうした人権闘争に期待を寄せていた。マイノリティによる人権闘争の直中でこそ、もう一つの別の闘争、すなわち、当の人権概念とその全世界性とを脱構築する闘争が実践的に開始される、と彼らは考えていたからだ(人権闘争は、人権概念を脱構築するもう一つの闘争の「代補」である)。現在的形式での再領土化の実践性を媒介にして未来的形式での再領土化が実践的に始まる、という革命過程を、『千のプラトー』の著者たちはマイノリティの闘争を軸に構想していた。しかし、『哲学とは何か』で彼らは同様の過程をむしろマジョリティに、その哲学あるいは人道主義的活動に求めるのである。分裂分析の対象とされるのは、今や、政治哲学であり、NGO活動なのだ。本書第二部第二章で紹介したドゥルーズの「左翼」論を援用して言えば、**犠牲者を眼前にして、マジョリティの諸変項(哲学者やNGO)は人権あるいは社会民主主義の地平の拡大を試みるが(現在的形式)、その試みの直中で彼らは地平そのものを直観し、そ**

6　Edmund Husserl, »Die Krisis des europäischen Menschentum und die Philosophie«, in *Die Krisis der europäischen Wissenschaften und die transzendentale Phänomenologie*, *Husserliana*, Bd. VI, Martinus Nijhoff, 1954, S. 320-321. 邦訳「ヨーロッパ的人間性の危機と哲学」、『30年代の危機と哲学』、清水多吉・天川誠士郎編訳、平凡社ライブラリー、一九九九年、三七―四〇頁。このテクストは、次注に挙げる『ヨーロッパ諸学の危機と超越論的現象学』邦訳には訳出されていない。

7　*Die Krisis der europäischen Wissenschaften und die transzendentale Phänomenologie*, *Husserliana*, Bd. VI, S. 14. 邦訳『ヨーロッパ諸学の危機と超越論的現象学』、細谷恒夫・木田元訳、中公文庫、一九九五年、三八頁。

8　以下を参照。木田元、「解説」、『ヨーロッパ諸学の危機と超越論的現象学』、五四八頁。

の地平において自己を知覚し直すに至る、また、そのときにこそ、政治哲学あるいはNGOは「左翼」のそれへと転じ得る（未来的形式）、ということだ。

他方、近代哲学が古代ギリシア人の上に自らを再領土化するのは、すなわち、近代哲学がポリスとその人民の概念を創造するのは、幾人かのドイツ人哲学者たちの個人的な仕事においてのことだとされる（国民国家哲学としての「ドイツ哲学」においてではない）。具体的にはヘルダーリン、シェリング、ハイデガーの三人の名が挙げられるが（「ドイツ哲学」についてはカントとフッサールの名が挙げられており、ニーチェはドゥルーズ＝ガタリのオカマを掘ってこれらすべての地理哲学的議論を彼らに語らせている）、ドゥルーズ＝ガタリは、前者二人における再領土化と後者における再領土化とを区別して論じている。ひとことで言えば、**ヘルダーリンとシェリングが、過去的形式での再領土化を通じて未来的形式での再領土化（マイナー哲学）への途を拓くのに対して、ハイデガーは、過去的形式での再領土化を目指す中で、現在的形式での再領土化（メジャー哲学）に陥ってしまう**、とされる。

過去的形式での再領土化についての議論はすべて、「現住者」と「余所者」という概念によって展開される。ドゥルーズ＝ガタリは、ヘルダーリンとシェリングについてまず、彼らにおいては、ギリシア人たちの故郷は自分たちにとっての異郷であり、自分たちの故郷はギリシア人たちにとっての異郷であり、自分たちとギリシア人たちは共に相手の故郷を獲得しなければならないとされている、と指摘した上で、次のように書く。「現住者と余所者は二人の異なる人物としてはもはや分離されず、同一の人物の二重性として配分され、この同一人物がまた、現在と過去の二つのヴァージョンに二重化される。現住者として存在していた者が余所者へと生成変化し、余所者として存在していた者が現住者へと生成変化するのである。［…］私たちがギリシア人たちのうちに自らを再領土化するのは、ギリシア人たちが有していなかったもの、ギリシア人たちがまだそのようなものとしては存在していなかったものを考慮してのことであり、それゆえに私たちはまた、私たち自身の上にギリシア人たちを再領土化する」［QPh, 98／一七六］。しかし、過去的形式でのこの再領土化には既に、未来的形式での再領土化について次のように語られることになる「二重の生成変化」と同型の過程が含まれている。「脱領土化と再領土化は、二重の生成変化において交錯する。現住者と余所者を区別することは、もはやほとんどできない。余所者は［…］他者の下でその現住者へと生成変化し、同時に現住者は自分自身に対して、自らの階級や民族《ネイション》に対して、自らの言語に対して、その余所者へと生成変化する」［QPh, 105／一九〇］。ヘルダーリンとシェリングによって試みられる過去的形式での再領土化が、古代ギリシア人たちを眼前にしてのものであるのに対して、ドゥルーズ＝ガタリが彼ら自身の政治プログラムとして提案する未来的形式での再領土化は、今日の犠牲者たちを眼前にしてのものとなる。

ハイデガーについては、ドゥルーズ＝ガタリは所謂「ハイデガー問題」を取り上げ、そこから彼らの政治哲学論にとって極めて重要な論点を引き出してくる。ハイデガーにおいて近代哲学は、古代ギリシア人たちの上に自らを再領土化しようとする中で、ナチズムの上に自らを再領土化してしまう。「ドイツ人たちが彼らの歴史において最悪の時期を迎えていたまさにそのとき、ハイデガーはそのドイツ人たちを介してギリシア人たちに合流しようとした。ギリシア人と待ち合わせをしていたのに眼前にドイツ人が現れてしまう、ということほど最悪なことが他にあるだろうか、とニーチェは言っていた。［…］ハイデガーは再領土化へと向かう道中で方向を見失ってしまったのだ。再領土化への道には標識も手摺もないからだ。［…］彼は人民について、大地について、血について取り違いをしてしまった。芸術や哲学が呼びかけるべきは純血、純粋を自称する種族ではなく、反対に、虐げられた人種、混血で、劣っていて、アナーキーで、ノマドで、救い難くマイナーな種族であり、まさに、カントがその新たな「批判」への道から排除した者たちなのである」［QPh, 104-105／一八七―一八八］。ハイデガーは、過去的形式での再領土化を目指す中で、本来であればヘルダーリンやシェリングに合流し、二重の生成変化へと入ってゆくはずであったのに、その途中で道に迷い、むしろカントすなわち「ドイツ哲学」に合流し、現在的形式での再領土化に入り込んでしまった。しかし、ドゥルーズ＝ガタリが重視するのは、ハイデガーのこの失敗がドイツ史上最悪の時代になされたことで、近代哲学が、カントやフッサールにおいては経験し得なかったことをハイデガーと共に経験する、という点だ。**近代哲学は、ハイデガー問題によってまさに恥辱を経験するのである。**「ハイデガーのような大哲学者が実際に自らをナチズムに再領土化する、ということが必要だった［…］、あたかも恥辱が哲学そのものの中に導入されなければならなかったかのように」［QPh, 104／一八七］。そしてドゥルーズ＝ガタリは、モーリス・ブランショやディオニス・マスコロの仕事を引きながら次のように結論する。**アウシュヴィッツ以後、そしてハイデガー問題以後、その野蛮さが否応なしに自覚されたのは、詩作全般でも思考全般でもなく、マジョリティであることの恥辱を些かも感じることなく詩を書いたり思考したりすること、現在的形式での再領土化としてなされる芸術や哲学であり、従って、人権概念や民主主義概念のはずであり、あるいは、「肉体［Leib］」概念のはずであった、**と。

3　大地、革命、哲学

『哲学とは何か』は、タイトル通り、哲学とは何か、哲学は何でなければならないかを論じた本だが、留意すべきは、それと同時に同書が直ちにその哲学の実践でもあるという点だ。哲学は、現在的形式での再領土化のうちに微睡《まどろ》んでいてはならない。近代哲学は、民主主義国家と人権の上に自らを再領土化することに甘んじていてはならない。哲学の再領土化は未来的形式でなされなければならない。近代哲学は、社会民主主義体制下で生じた犠牲者たち、死せる動物たちを眼前にして、人間であることの恥辱、マジョリティであることの恥辱を感じ、その恥辱に強いられて、来るべき人民、来るべき大地の概念を創造し、来るべき人民に全力で呼びかけなければならない。あるべき姿がそのように定められる近代哲学を、ドゥルーズ＝ガタリはその規定作業の直中で実践するのである（彼らの哲学がポスト近代《モダン》のそれだなどと、資本主義が温存されたままにとどまる今日、一体どうしたら言えるのか）。プロレタリアからマイノリティへ、マイノリティから哲学者（私的思考者）へ。資本主義をその下部から掘り崩す革命運動の前線《フロント》は多から少へ、少から個（あるいは私）へと後退した。人民が欠けている。『哲学とは何か』での著者たちのマルクス主義者としての戦局判断は極めて厳しい。しかし、**かつてプロレタリアが分裂者主体集団の形成を万人に呼びかけたように、かつてマイノリティがマイノリティ性への生成変化を万人に呼びかけたように、今日の哲学者もまた「混血で、劣っていて、アナーキーで、ノマドで、救い難くマイナーな種族」の上への再領土化を万人に呼びかける。**かつてハイデガーが近代哲学に注入したのと同じ恥辱を、今日の哲学者はNGO（長原豊ならここに「フッサール」とルビを振るだろう）の人道主義に再注入しなければならない。

未来的形式での哲学の再領土化、すなわち、来るべき人民、来るべき大地の上に哲学が自らを再領土化するとは、新たな人民概念、新たな大地概念を創造するということである。「地理哲学」と題された『哲学とは何か』第四章の冒頭で、大地の自己運動とこの運動への人民の同化とが何の前置きもなく唐突に語られ始めるとき、ドゥルーズ＝ガタリは既に、そうした概念創造過程の直中に身を置いている。

> 大地は脱領土化運動をその場で絶えず行っており、この運動によって大地はありとあらゆる領土を脱する。大地は脱領土化するものであり、脱領土化されたものなのだ。イセエビたちが海底で列をなして行進し始めたり、「旅人」と呼ばれるハヤブサたち［pèlerins］や「騎士」と呼ばれるクサシギたち［chevaliers］が天空の逃走線に乗って飛翔したりすることに見て取れるように、大地はそれ自体、一団となって自分たちの領土を離れる者たちの運動と一体化する。［…］新たな領土が他所に必ず拓かれるという点で、すべての脱領土化運動は領土と不可分であり、また、大地が新たな領土を必ず創り出すという点で、すべての再領土化過程は大地と不可分である。
> ［QPh, 82／一四八―一四九］

前代未聞の大地概念と人民概念がここで既に呈示されている。大地は、自らを脱領土化し再領土化するものだとされ、人民は、大地のこの自己運動に同化するものだとされる。**哲学とは何かと問う中でその哲学を直ちに実践する**という曲芸《アクロバット》は、著者たち自身が新たな人民へと生成変化しつつ（「生成変化とは他ならぬ概念そのもののことである」[QPh, 106／一九一]）、哲学史も含む世界史全体を、新たな人民概念と新たな大地概念の上にまるごと再領土化する、という方法で進められる。

「大地は諸エレメントのうちの一つにとどまるものではなく、すべてのエレメントを一つに束ねたものとしてある」[QPh, 82／一四八―一四九]。大地は四界（天、地、水、陽）の一つではなく、四界のすべてを自らの構成要素《コンポネント》として包含している。大地に含まれるエレメントのうち、ドゥルーズ＝ガタリはとりわけ「天」（天空）と「水」（海洋）の二つに着目する（イセエビは後者に、ハヤブサとクサシギは前者に同化する）。世界史における革命の二大形式、帝国革命と市民革命はそれぞれこれら二つのエレメントの一方に起因する、と考えているからだ。**大地の天空的要素に余所者が出会い、それに同化する場合には、超越的脱領土化としての帝国革命が生じ、大地の海洋的要素に現住者が出会い、それに同化する場合には、内在的脱領土化としての市民革命が生じる。**「帝国国家においては、脱領土化は超越性のそれである。脱領土化は大地の天空的構成要素に従って、高みから垂直的になされることになる。領土は砂漠の大地と化すが、天空的余所者が領土を再建しにやってくる。ポリスにおいては反対に、脱領土化は内在性のそれである。脱領土化は現住者を解放する。現住者は海洋的構成要素に従う大地の一つの力能となり、海の下をくぐり抜けることで領土を再建する」[QPh, 83／一五〇]。

垂直に生起する超越的脱領土化を落雷、水平に生起する内在的脱領土化を津波として想像してもよいだろう。落雷によって大地はその天空的力能を王宮とストックの上に再領土化する（『アンチ・オイディプス』においてこの落雷型脱領土化は、コード化されたフローの超コード化として論じられていた）。他方、津波によって大地はその海洋的力能を「内在環境」（あるいはその諸焦点）の上に再領土化する（フローが脱コード化されると同時に公理化される）。とりわけ津波について、ドゥルーズ＝ガタリはそれが世界史全体を通じてこれまでに二度生起したとする。大地はその海洋的力能を、まず古代ギリシアにおいてポリス（アゴラと商業ネットワーク）の上に再領土化し、次いで近代ヨーロッパにおいて国民国家（民主主義と産業資本主義）の上に再領土化した。

一団となって自分たちの領土を離れる者たちの運動に大地は一体化する。より精確には、大地がフローに一体化する限りでフローは自らを脱領土化する、と言うべきかもしれない。いずれにせよ、ドゥルーズ＝ガタリが重視するのは、大地とフローのこの一体化が純然たる出会いに他ならない、という点だ。大地の力能が実現されるのは必然性によってのことではなく、イセエビやハヤブサ、クサシギのうちにも領土を去る必然性は一切ない。イセエビは大地の海洋的要素に出会う限りで海底を進み始めるのであり、ハヤブサやクササギは大地の天空的要素に出会う限りで大空を舞う。「世界史には偶然性の世界史しかない」[QPh, 90／一六二] とドゥルーズ＝ガタリが言うのは、まずはこの意味においてのことだ。**革命あるいは歴史（過去／未来の切断）の原因は、大地とフローの出会いの偶然性にのみ求められ、いかなる必然性によっても説明され得ない**、とされる（本書第一部第二章で見た通り、世界史の原因を偶然性に求めるこの議論は、『アンチ・オイディプス』でも既に、専制国家や資本主義の成立すなわち革命を論じた章でなされている）。『哲学とは何か』において近代市民革命の「二つの叫び」として新たに位置付けられる「万国の移民よ、団結せよ」（アメリカ革命）と「万国のプロレタリアよ、団結せよ」（ロシア革命）についても同様だ［QPh, 94-95／一七〇］。万国の人々が移民となって、各々のネイションから自らを脱領土化し、「新世界」の上に自らを再領土化するのも、万国の人々がその場で各々のネイションから自らを脱領土化し、プロレタリアートの上に自らを再領土化するのも、その原因はあくまでも大地の海洋的要素と人々との出会いの偶然性に求められ、ドゥルーズ＝ガタリは人々のうちにその必然性があったとは決してしない（この点に関しては、『アンチ・オイディプス』における「あらゆる集団形成の企てに洪水をもたらしかねない大いなる生命的かつ宇宙的記憶」としての欲望という議論を想起してもよい。本書第一部第二章で見た通り、『アンチ・オイディプス』では、世界史の原因はそのような非有機的記憶としての欲望と人々との出会いに求められ、利害に基づく必然性は「準原因」だとされていた。『アンチ・オイディプス』での新たな欲望概念の創造と、『哲学とは何か』での新たな大地概念の創造とは、両書の立論にあってそれぞれ同じ役割を担っている。**『哲学とは何か』において「欲望」も「分裂分析」もそれとしてはもはや論じられないのは、「欲望」に「大地」が、「分裂分析」に「地理哲学」が、それぞれ取って代わったからだ**、と言えるだろう）。

「世界史には偶然性の世界史しかない」とは、しかしまた、歴史の別の局面についても言われる。なぜ哲学は古代ギリシアで誕生したのか（あるいは、なぜ哲学は古代ギリシアと近代ヨーロッパとにおいてのみ誕生したのか）。その答えがphilosophieという語自体のうちにあることを、ドゥルーズ＝ガタリは次のように説明する。「私たちが拒否するのは、哲学それ自体またはギリシア人のうちに哲学の内的必然性を求め得るとする考え方だ（「ギリシアの奇跡」という考え方もまた、この偽の必然性の別の様相でしかないだろう）。哲学は、移民たちによってもたらされたものではあったが、しかし、ギリシアのものに他ならなかった。哲学の誕生に必要だったのは、ギリシアという環境と、思考の内在平面との出会いである。大きく異なる二つの脱領土化運動の間で、すなわち、既に内在性において働いてはいるもののあくまでも相対的な運動と、絶対的な運動との間で、接合がなされなければならなかった。思考平面上の絶対的脱領土化が、ギリシア社会における相対的脱領土化に付け加わる、あるいは、直接的に接続されなければならなかった。友と思考が出会わなければならなかったのだ」［QPh, 89-90／一六一］。philo-sophie とは友（philos）と思考（sophia）の出会い、津波によって「友たちの社会」（誰でもが何事についても我こそがその友だと主張できるライバル社会）を形成した現住者たちと思考する移民たちとの出会い、内在環境としてエーゲ海周辺に展開された古代ギリシア社会（あるいはその「焦点」すなわち「実現モデル」としての個々のポリス）と、内在平面を携えてそこに到来した余所者（その多くは東方《オリエント》の帝国国家から逃れてきた者）との出会いの謂いなのである。「エフェソス出身のヘラクレイトスによって恐らくは造られた philósophos［思考の友］という名が、アテナイ人のプラトンによって恐らくは造られた philosophía［友と思考］という語をその相関項として見出すには、一世紀という長い歳月を要した」［QPh, 84／一五二］。**革命は大地の自己運動とフローの出会いであり、哲学は現住者と余所者の出会い、環境と移民の出会いである。**ドゥルーズ＝ガタリの語る世界史そして哲学史は、徹底的に地理的であり、それゆえにこそ、徹底的に偶然的である。「ブローデルが歴史は地理歴史《ジオヒストリー》であるとしているのとまさに同じ意味で、哲学は地理哲学《ジオフィロソフィ》である。［…］地理は歴史を必然性信仰から引き剝がし、偶然性の還元不能性をそれとして価値付けるのだ」［QPh, 91-92／一六五］。

市民革命に哲学が直接的に接続されるとは、哲学が市民革命を引き継ぐということ、哲学が「革命を内在平面として定立し」［QPh, 96／一七二］直すということであり、また、そのことによって、**社会野において既に相対的な形式で実現されている内在的脱領土化の運動それ自体を、内在平面上で絶対性にまで押しやる**ということだ。「相対的脱領土化がそれ自体、水平的あるいは内在的なものである場合、この相対的脱領土化と内在平面上の絶対的脱領土化との出会いは結合として生じ、後者によって前者の運動（環境、友、オピニオン）は変容し、無限にまで導かれ、絶対性にまで押しやられる」［QPh, 86／一五六］。ここで「結合」が強調されるのは、社会野において実現される相対的脱領土化が超越的なものであっても、すなわち、帝国革命においても、相対的脱領土化と思考の内在平面との出会いは後者への前者の「投影」として生じ、その場合には概念による思考としての哲学ではなく、「図象《フィギュア》による思考」としての宗教あるいは賢智が発生するとされるからだ。儒教の六十四卦やヒンドゥー教の曼荼羅、ユダヤ教カバラの生命の樹《セフィロト》やイスラーム教の文様、キリスト教のイコンなど、世界史上に出現した主要な宗教のすべてに、ドゥルーズ＝ガタリは、帝国国家の垂直性が思考の内在平面の上にスパイラル状に投影され、平面化されながらもなおヒエラルキー的な階梯を維持するこのスパイラルに沿って図象が配置される、という同一のオペレイションを見出す［QPh, 85-86／一五四―一五六］。要するに、**内在平面に出会う限りで、市民革命は哲学によって連辞的に引き継がれ（結合または接続）、帝国革命は宗教としてその範列的な反映を創り出す（投影）**、ということだ。「超越性や垂直的存在、帝国国家が天空や地上に出現するたびに、そこには宗教が生まれ、内在性が出現するたびに、たとえその内在性が競争《アゴーン》やライバル関係の闘技場《アレーナ》となるにしても、そこには哲学が生まれる（ギリシアの僭主たちの名を挙げ連ねても、反論にはなり得ないだろう。僭主たちの下でもまた、狂気と暴力にこの上なく満ちたライバル関係を通じてではあるが、友たちからなる社会が展開されることに変わりはない）」［QPh, 46／七九］。

4　NGOからプラトン的演劇へ

しかし、もし市民革命の後に到来する思考が概念による思考（哲学）に限られ、帝国革命の後にだけ図象による思考（宗教）が到来するのだとすれば、私たちの生きる近代市民社会において、哲学とは何か、哲学は何でなければならないか、哲学は何であってはならないかを論じる必要などなかっただろう。『哲学とは何か』が書かれる必要などなかっただろう。社会野において相対的に実現されている内在的脱領土化を思考によってその絶対性にまで押しやり、新たな人民概念と新たな大地概念を創造するのが哲学であると、すべての市民は了解しているはずであり、マジョリティ／マイノリティのモル状態からの脱領土化と、分子状過程としてのマイノリティ性の上への再領土化とを万人（脱コード化されたすべてのフロー）に呼びかけるのが近代哲学であると、すべての近代市民は了解しているはずだからだ。『哲学とは何か』の著者たちは、**帝国社会においても概念による思考の発生するチャンスがあるように、市民社会においても図象による思考の発生するリスクがある**と考えており、とりわけ、私たちの生きる近代社会においては実際、「哲学が概念創造という自らの使命を次第に見誤って普遍論へと逃げ込むようになり」［QPh, 15／二一］、多くの哲学が図象による思考に成り下がってしまった、と考えている。『哲学とは何か』が書かれなければならない必然性はここにあり、また、この局面において、ドゥルーズ＝ガタリの地理哲学は偶然性のそれから必然性のそれへと転じるのである。

「キリスト教哲学なるものは存在するか」という問いは、繰り返し定期的に立てられてきたものだが、この問いが意味するのは、キリスト教にはそれ固有の概念を創造することができるか、ということである。信仰、不安、罪、自由といったものは概念になり得るのか。パスカルやキルケゴールを例に、私たちはこの問題を検討したことがある。信仰が真の概念となるのは、恐らく、信仰がこの世界への信仰となる限りにおいてのこと、投影ではなく接続となる限りにおいてのことだ。キリスト教思想が概念を生産するのは、恐らく、その無神論によってのみ［…］である。［…］どんな宗教にも、そこから引き出すべき無神論がある。ユダヤ思想についても既にそれは真であった。ユダヤ思想はその様々な図象を概念の方へと押しやるが、しかし、概念にまで真に達したのは無神論者スピノザの登場を以てのことだった。そして、もし図象が概念へとそのように向かうなら、その逆もまた真だろう。内在が何ものかへの内在とされるたびに、哲学的概念は図象の複製に転じてしまう。観照の対象性、反省の主体、コミュニケイションの相互主観性。この三つは、哲学がそのように再生産する「図象」に他ならない。加えて確認すべきは、宗教が、自説を棄てることなしには概念には達し得ないのと同様に、哲学も、自らを裏切ることなしには図象には達し得ない、という点だ。図象と概念の間には本性上の差異があるが、しかしまた、両

者の間にはありとあらゆる度合いの差異もあるのだ。［QPh, 88-89／一五九―一六〇、強調引用者］

内在が何ものか（特定の領土、特定の人民、特定の血）への内在と解釈されるたびに、概念は超越的普遍者の概念となり、図象の複製になってしまう。例えば「ドイツ哲学」では、内在はドイツ国民国家あるいはその人民精神への内在、すなわち、人間、市民、社会民主主義、マジョリティ、純粋種族への内在と解釈されてしまうため、概念は「反省の主体」（カント）や「コミュニケイションの相互主観性」（フッサール）といった超越的普遍者の概念に転じ、内在平面（思考）はそうした超越的普遍者概念の一属性に位置付けられてしまう［QPh, 47-49／八三―八六］。しかし、実際のところ、内在を人間への内在としないような哲学が今日一体どこに存在しているというのか。「内在性は牢獄［…］であり、超越性こそが私たちをそこから救い出してくれると私たちに信じ込ませる」［QPh, 49／八六］のではないような哲学が、私たちに人権の普遍性を信じ込ませようとしない哲学が、NGOと異なる哲学が、今日一体どこに存在しているというのか。「内在性がそれ自体にしか帰されない［…］ということを十全に理解していたのはスピノザである。［…］超越性といかなる妥協もしなかった哲学者、至るところから超越性を追放し得た哲学者は、恐らく彼を措いて他に一人もいない。［…］スピノザからのインスピレイションを受けるのに十分な成熟に私たちが達することは、未来永劫ないのだろうか」［QPh, 49-50／八七―八八］。

「ドイツ哲学」とその「公的教師」たちのせいなのか。近代哲学はNGOと見分けのつかないものとなり、それゆえにまた広告代理店とも見分けのつかないものになってしまっている、とドゥルーズ＝

ガタリは言う。**内在が人間への内在とされ、超越的普遍者の概念こそが「概念」であり、反省やコミュニケイションこそが「生成変化」（あるいは「出来事」）であるとされるようになると、我こそは概念の友である、我こそは生成変化の友、出来事の友であると名乗り出る者たちが続々と現れ、今日にあっては、広告代理店を初めとしたコミュニケイション関連企業こそが「概念《コンセプト》」と「出来事《イベント》」の真の友であるかのような状況にまで至ってしまった**、と。しかし、似たような事態が古代ギリシアにおいても既に確認されるということを、ドゥルーズ＝ガタリは次のように指摘する。

好んで言われるように哲学の「起源」なるものが古代ギリシアにあるとすれば、それはポリスが、帝国や国家とは異なって、「友」たちの社会の規則としての競争《アゴーン》、すなわち、互いにライバルをなす自由な人間（市民）たちの共同体を発明するからだ。それをプラトンは、常なる状況として次のように描いている。市民一人ひとりがそれぞれ何事かについて我がものとして要求するなら、市民は各々必然的にライバルに出くわすことになり、正当なのはどの要求かということが裁定可能でなければならなくなる。例えば、建具屋が森を我がものとして要求するなら、この建具屋は、森を守っている人や木樵、大工などが「いや、我こそが森の友だ」と主張するのに直面することになる。人間の世話が問題になる場合にも、人間に食糧を提供する農夫、人間に衣服を与える機織り、人間の治療をする医者、人間を守る戦士など、我こそは人間の友だとする多くの候補者たちが出現する。以上のような場合に関しては、しかしながら、いずれにおいても選別は、多かれ少なかれ限定された範囲でなされるが、しかし、プラトンが目にしているようなアテナイの民主主義――何事についても我がものとして要求することを誰にでも許す政治――にあっては、もはやその限りではない。だからこそプラトンは、秩序回復が必要であり、諸要求の正当性を裁定するための審廷の創造が必要だ、と考えたのだ。そしてその審廷こそが、哲学的概念としてのイデアなのである。しかし、この局面に至ってもなお、あらゆる類いの候補者たちが、真の哲学者は私だ、私こそが賢智の友だ、あるいは、正当性の友だ、と主張するのに出くわすことになるのではないか。このライバル関係は、老賢者の地位継承を争う哲学者とソフィストの間の競合においてその絶頂に達するが、しかし一体どうしたら偽りの友と真の友を、概念とその偽物《シミュラクル》を区別できるというのか。偽者《シミュレイター》と友から、プラトン的演劇とでも呼ぶべきもののすべてが立ち上がるのであり、概念的人物たちが喜劇や悲劇の力能を獲得しつつ増殖することになるのである。［QPh, 14-15／二〇―二二］

カント哲学（批判）やフッサール哲学（現象学）が「ドイツ哲学」と呼ばれるのと厳密に同じ意味で、プラトン（イデア論）もまた「ギリシア哲学」あるいは「アテナイ哲学」と呼ばれなければならない。カントやフッサールと同様に、プラトンもまた、現在的形式において哲学をアテナイとその人民の上に再領土化する。内在をアテナイへの内在、「人間」または「市民」への内在と解釈する。**カントやフッサールがそうであったように、プラトンにも、人間たちが北において等価交換と民主主義に現《うつつ》を抜かす際に必然的に生じる南、あるいは、北におけるその飛び地はまったく見えていない（人間の世話をしているのは人間ではなく、「誰にでも」という枠組から排除された奴隷たちに他ならない）。**内在が人間への内在にこうして還元されることで、プラトンにおける概念は、イデアという超越的普遍者の概念となって、図像の複製へと転じ、生成変化（過程）は、この超越的普遍者概念を対象とした観照（状態）へと転じる。しかし、ここでドゥルーズ＝ガタリがとりわけ問題にしているのは、**内在を人間への内在に囲い込む哲学、現在的形式での再領土化をなす哲学が、それゆえにこそまさにそのライバルたちと区別できなくなる、**という点だ。断末魔にある奴隷（マイノリティ）を眼前にして人間であることの恥辱、マジョリティであることの恥辱を感じる、という契機を知らないプラトンは、まさにその点で、我こそは概念の友、我こそは生成変化の友だと、次々に名乗り出てくる他の人間たち、ライバルたちと何ら変わるところがない。我こそは概念や出来事の真の友である、と主張する広告代理店を前にしたカントやフッサールと同様に、プラトニズムの自己転倒としての「プラトン的演劇」を前にしたプラトンもまた、「いや、私こそが真の哲学者であり、私のイデアこそが真に正当な概念だ」と、他の人間たちと同じように言い募ること以外に、何らなす術を持たないのである。イデア制国家の上に自らを再領土化しようとしてプラトン的演劇の上に自らを再領土化してしまうプラトン哲学のこの悲喜劇は、古代ギリシアの上に自らを再領土化しようとしてナチズムの上に自らを再領土化してしまったハイデガー哲学の悲喜劇に比較することもできるかもしれない。しかし、ここでもまた、ハイデガーの失敗とプラトンの失敗に共通する原因として確認されるのは、内在をマジョリティへの内在に還元することであり、マジョリティであることの恥辱の不在に他ならないだろう。大哲学者ハイデガーがまさにその失敗によって近代哲学に恥辱を導入したように、大哲学者プラトンもまたその失敗によって古代哲学に恥辱を導入したのだろうか（もしそうだとするなら、本書第二部第二章で見たスレピアンと同様、プラトンについても、失敗を計画《プラン》内にその一部として組み込む方法というものを語ることができるかもしれない)。

一九三八年にフライブルクで病死してしまったユダヤ人哲学者は、アウシュヴィッツから生還したユダヤ人作家と同じ恥辱、自らの弟子の一人によって近代哲学に導入された恥辱を感じることはなかった。近代哲学の「野蛮さ」を語ったのは、米国に亡命することでホロコーストを生き延びた別のユダヤ人哲学者、テオドール・W・アドルノだった。しかし既に見た通り、ドゥルーズ＝ガタリからすれば、**近代哲学がそれ自体として野蛮なのではない。北の民主主義国家とその市民の上に自らを再領土化してしまうというその振舞いが野蛮なのである。**生成変化の上にではなく、歴史の上に自らを再領土化してしまうというその振舞いが野蛮なのであり、服従化された諸人民による生成変化の上にではなく、資本主義の歴史の上に再領土化してしまうというその振舞い、その無邪気さ／したたかさが野蛮なのである（近代ユダヤ人哲学との関連でもう一点付言しておくならば、「人間」への思考の囲い込みを脱構築する『哲学とは何か』は、まさにその資格において、恐らく、ドゥルーズ＝ガタリがデリダに最も接近した著作である、と言えるだろう[9]）。

実践の水準で「人民が欠けている」ことを近代哲学史上初めてはっきりと見てとったフランクフルト学派、とりわけエルンスト・ブロッホを引いて、ドゥルーズ＝ガタリは言う。哲学はユートピアの上に自らを再領土化するとき必然的に政治哲学となるが、しかし、「ユートピアは超越性を再建しかねないリスクを常に孕んでおり［…］、それゆえに、権威主義的あるいは超越的なユートピアと、絶対自由主義的あるいは革命的、内在的なユートピアとを峻別しなければならない」［QPh, 96／一七

二、と。イデア制国家の上に自らを再領土化しようとしたプラトン哲学、純血あるいは純粋な種族の上に自らを再領土化したカント哲学、万人による常にさらなるヨーロッパ人化（普遍的人権）の上に自らを再領土化したフッサール哲学、ナチズムの上に自らを再領土化したハイデガー哲学、これらはすべて政治哲学に他ならない。ただしそれらは、超越的であるがゆえに権威主義的なユートピアの上への再領土化による哲学の政治化であり、メジャー政治哲学である。それに対してマイナー政治哲学は、断末魔にあるマイノリティ、死せる動物を眼前にして、マジョリティであることの恥辱、人間であることの恥辱を感じることにより、内在的であるがゆえに革命的なユートピアの上へと、すなわち、新たな大地とその人民の上へと自らを再領土化するのであり（未来的形式での再領土化）、内在環境あるいはその諸焦点において相対的に実現されている内在的脱領土化運動を、内在平面においてその絶対性にまで押しやるのである。

9　この点については、結論においてより詳細に検討する。

第二章　革命、熱狂、概念
――フーコー「啓蒙とは何か」を読むドゥルーズ＝ガタリ

『哲学とは何か』における「革命性への生成変化［devenir-révolutionnaire］」の議論は、共に「啓蒙とは何か」と題されたフーコーの二つの異なるテクストと深く響き合うものとなっている。フーコーはその最晩年、カントの論考「啓蒙とは何か」（一七八四年）を起点とするテクストを二つ発表した。一方は、一九八三年一月五日のコレージュ・ド・フランス講義から抜粋され（今日ではその講義全体を講義録『自己と他者の統治』［一九八二―八三年］で読むことができる）[1]、一九八四年五月に *Magazine littéraire* 誌に発表されたものであり（邦訳タイトルは「カントについての講義」）、他方は、ポール・ラビノウが編集した『フーコー・リーダー』に英語で、同じく一九八四年に掲載された、別内容の論考（その一部はやはり、同日のコレージュ・ド・フランス講義を再構成したもの）である。カントの「啓蒙とは何か」刊行の二〇〇周年に当たる年にフーコーが発表したこれら二つのテクストのうち、前者はカ

1　Cf. Michel Foucault, *Le gouvernement de soi et des autres: Cours au Collège de France 1982-1983*, Gallimard/Seuil, 2008. 邦訳『自己と他者の統治――コレージュ・ド・フランス講義 1982-1983 年度』、阿部崇訳、筑摩書房、二〇一〇年。

ント「啓蒙とは何か」から、同じカントがフランス革命をめぐって書いた「諸学部の争い」（一七九八年）へと向かい、「啓蒙とは何か」という問いから「革命とは何か」という問いへと向かうものであり、後者はカント「啓蒙とは何か」から、ボードレールの近代性論《モデルニテ》（『近代生活の画家』、「近代生活の英雄主義《ヒロイズム》について」〔共に一八六三年〕）へと向かい、「啓蒙とは何か」という問いから「近代性とは何か」という問いへと向かうものである。最晩年のフーコーによるこの二つのカント読解にあって、「ドゥルーズ＝ガタリ」としてはやはり最晩年にあった『哲学とは何か』の著者たち（ガタリは同書刊行の翌年に死去した）の関心を引いているのも、「啓蒙とは何か」という問いではなく、「革命とは何か」という問いであり、「近代性とは何か」という問いである。フーコーがカントから引き出してくるこれら二つの問いの交点に、ドゥルーズ＝ガタリは「革命性への生成変化」という概念を浮かび上がらせるのだ。

　ドゥルーズ＝ガタリは、フーコーによる読解を介してとはいえ、カントを「生成変化」の議論に引き寄せている。しかし、前章で私たちが繰り返し確認してきたのは、『哲学とは何か』の著者たちが、内在を「純血や純粋を自称する種族」（人間または市民）への内在に還元してしまうカントを、フッサールと同様、国民国家哲学（ドイツ哲学）の「公的教師」と見なし、端的に言って、生成変化の敵であると位置付けていた、ということではなかったか。本章で私たちが試みるのは、この意味では、『哲学とは何か』におけるカントの位置付けの厳密化である。**『哲学とは何か』において、カントの批判哲学は確かに、「純血や純粋を自称する種族」の上に自らを再領土化するメジャー哲学（現在的形式で政治化する哲学）に位置付けられているが、しかし、「啓蒙とは何か」と「諸学部の争い」の二論**

考で展開される哲学は、新たな大地とその新たな人民の上に自らを再領土化するマイナー哲学（未来的形式で政治化する哲学）として扱われている。フーコーは、「啓蒙とは何か」という問いも、そこから派生した「革命とは何か」そして「近代性とは何か」という問いも、カントに対して「外部から立てられた」ものだった、という点を強調している。[2] 外部から問いを突き付けられることでカントは「公的教師」であることを一時中断し、「私的思考者」になることを強いられた、と言うことはできないだろうか。

1　「革命とは何か」

カントの論考「諸学部の争い」のうち、フーコーが読解対象とするのは、哲学部と法学部の争いに関するその第二論文であり、とりわけ、哲学と法学の関係に全面的に関わる問いとしてカントが、「人類には恒常的な進歩があるのか」という問いを論じた箇所である。そこでのカントの論旨は、フーコーによれば、およそ次のようなものだ。「人類には恒常的な進歩があるのか」という問いに答えるためにはまず、そこで言われている「恒常的な進歩」なるものの「原因」があるのかどうかを知ら

2　Michel Foucault, « Qu'est-ce que les Lumières? » (1983), in *Dits et écrits*, t. IV, Gallimard, 1994, p. 682. 邦訳「カントについての講義」、小林康夫訳、『ミシェル・フーコー思考集成』X、筑摩書房、二〇〇二年、一七六頁。

なければならず、そのためにはさらに、その原因によって生じたと言えるような「出来事」があるのかどうか、すなわち、その原因が確かに存在し、作用していることを示す「出来事」が存在するのかどうかを知らなければならない。フランス革命こそはまさにそうした出来事の一つだが、フランス革命をそうした出来事にするのは、「革命劇それ自体」ではなく、「革命がスペクタクルをなすその仕方」であり、「革命に参加することなくそれを見ていた観客《スペクテイター》たちによって、革命に居合わせて多少なりとも革命に魅了された観客たちによって、周囲から革命が受け入れられたその仕方」である[3]……。

カントの議論を以上のように要約した上でフーコーは、とりわけ、フランス革命のような出来事にあって人類の恒常的進歩の原因を示す徴《シーニュ》しを、カントが「熱狂」という語で説明していることに焦点を当てる。

意味をなし、進歩の徴《シーニュ》しを構成するようになるもの、それは、革命の周囲に「熱狂と紙一重の熱望的共感」が存在するという事実に求められる、とカントは述べている。革命において重要なのは革命そのものではなく、むしろ革命を実行したわけではない人々、あるいはいずれにせよ革命の主要なアクターではない人々の頭の中で起こることであり、自分たちが能動的行為主体《エイジエント》ではない革命に対して彼らが持つ関係なのである。革命への熱狂は、カントによれば、人類の心的傾向を示す徴しである。この傾向は常時、二つの仕方で現れ続ける。第一に、自分たちにふさわしい政体を持つことへのすべての人民の権利として、第二に、自らの原理そのものに基づいてあらゆる侵略戦争を避けるような政体の権利と道徳に一致した原理として、である。いずれにせよ、こうした政体へと人類を向かわせる傾向こそを、革命への熱狂がその徴しとなって示すのである。[4]

革命とは何か。革命には、アクションとしての相とスペクタクルとしての相の二つがある。**フーコーの読解するカントにとって、革命とは、そのスペクタクルの相において、すなわち「熱狂の中心」としてその観客によって経験される相において、人類の恒常的進歩の原因（自分たちにふさわしい政体と戦争を回避する政体とへ向かうすべての人民の心的傾向）を示す徴しをなし、そのことによって、人類の恒常的進歩の可能性を肯定する出来事のことである。**革命は、アクションの次元では、人類の進歩を実現するわけでは必ずしもないが（失敗する場合もある）、しかし、スペクタクルの次元では、人類を進歩へと向かわせる原因が人類の内に常に存在している、ということを示す徴しとして現れる。革命はそれ自体においては、その場限りのものであり、成功したか失敗したかが問われるが、その周囲に生起する「熱狂」においては、成功したか失敗したかにかかわらず、決して忘却されぬものとなる。自分たちにふさわしい政体と戦争を回避する政体とを求める人類の心的傾向は、何度革命が裏切られ、挫折が経験されようとも、決して忘失されず、些かも減衰することはない。「革命は、いずれにせよ、再び旧来の轍を踏むリスクを常に抱え続けることになる。しかし、革命は、どのような内容で

3　Ibid., pp. 682-684. 邦訳同書、一七七―一七九頁。
4　Ibid., p. 685. 邦訳同書、一八〇頁。

あるかすらも問題にならないような出来事としても同時に存在し、これによって、恒常的で忘却され得ない一つの潜在性［virtualité］が確認される。そして、その潜在性こそが、未来の歴史に対して、進歩への歩みの連続性を保証するのだ[5]」。

『哲学とは何か』でドゥルーズ＝ガタリは、カントの「諸学部の争い」について、「フーコー、ハーバーマス、リオタールのそれぞれ非常に異なる注解によって今日そのまったき重要性を取り戻した」［QPh, 96, n. 13／三七五―三七六、注一三］との認識を示している。ドゥルーズ＝ガタリ自身は、カントの論考を、あるいは、フーコーによるその注解をどう読んだのか。「熱狂」へのフーコーの着眼を引き継いで、彼らは次のように論じている。

> 近代の二つの大革命、すなわちアメリカ及びソビエトの革命があれほどひどい結果に終わったからといって、概念が自らの内在的な道を辿れないというわけではない。カントが指摘したように、革命概念は、必然的に相対的な社会野において革命が遂行され得るその仕方の中にあるのではなく、絶対的な内在平面の上で革命が思考される際のその「熱狂」の中にある。この「熱狂」を以てこそ、革命は、「いま－ここ」における無限なものの提示として――理性的なものも、理にかなったものさえも一切含んでいない提示として――思考されるのだ。革命概念は、資本がそれでもなお内在に課してきたすべての限界から（あるいは内在が、超越的なものとして現れる資本という形を取って、自らに課してきたすべての限界から）、内在を解放する。そのような熱狂においては、しかしながら、観客とアクターの分離が問題になるというよりもむしろ、歴史的要因と

「非歴史的な叢雲」との、事物の状態と出来事との、アクションそれ自体の中での区別が問題になる。概念という資格における革命、そして出来事としての革命は、自己準拠的であり、自己定立を享受している。この場合、自己定立とは内在的熱狂において了解されるものであって、事物の状態や体験におけるいかなるものも──理性の失望でさえ──これを減衰させることはない。絶対的脱領土化が新たな大地に、新たな人民に呼びかけるまさにその場において、革命はこの絶対的脱領土化なのである。［QPh, 96-97／一七三─一七四］

ドゥルーズ＝ガタリは、フーコーによるカント注解において「人類の恒常的進歩の原因」とされていたものを「革命概念」と、「自分たちにふさわしい政体と戦争を回避する政体とへ向かうすべての人民の心的傾向」とされていたものを「絶対的脱領土化」（精確には、絶対的な内在的脱領土化）と、それぞれ呼び改めている。しかしまた彼らは、「熱狂」についてのカントの議論に対して二点、独自の変更を加えてもいる。カントが「革命への熱狂」を見出していたのは、フーコーによれば、「革命の主要なアクターではない人々の頭の中」だった。ドゥルーズ＝ガタリは、革命を遂行するアクターとそれを外部から見ている観客《スペクテイター》、アクションとしての革命とスペクタクルとしての革命といったカントによるこの「分離」を退け、「出来事」とそれが実現される「事物の状態」、「非歴史的な叢雲」とそれを発生させる「歴史的要因」という「区別」をアクションそれ自体の中に導入し、「革命への

5　Ibid., p .686. 邦訳同書、一八二頁。

熱狂」は「革命の周囲に」生じるのではなく、革命の中に出来事あるいは「非歴史的な叢雲」として生じると改める。この第一の変更に伴って、もう一つの変更が加えられる。「革命への熱狂」は、カントにおいては、「人類の恒常的進歩の原因」（革命概念）が常に存在することを示す徴しだとされていたが、**ドゥルーズ＝ガタリはこれを、それなしには革命概念が存在し得ないもの、その中で初めて革命概念が自己定立を享受し得るものへと、言わば昇格させる。ドゥルーズ＝ガタリにとって、「革命への熱狂」は、革命自体がどんな歴史的運命を辿ることになろうとも忘失されることも減衰することもない「革命概念」が産み出される場であり、そのように自己定立する「革命概念」としての「絶対的脱領土化」こそが、新たな大地と新たな人民への呼びかけを通じて、「未来の歴史に対して、進歩への歩みの連続性を保証する」**。カントにあっても既に、革命において重要なのは、革命それ自体ではなく、「革命への熱狂」であるとされていたが、ドゥルーズ＝ガタリは、革命において「革命への熱狂」が重要なのは、カントが主張するのとは異なり、それが革命概念の存在を示す徴しをなすだからではなく、それを以てこそ革命概念が創出されるからだ、と改めるのである。

　ドゥルーズ＝ガタリが「革命への熱狂」を、ニーチェの言う「非歴史的な叢雲［nuée non-historique / Dunstschicht des Unhistorischen］」に一致させるのは、まさに、以上のような意味においてのことに他ならない（ドゥルーズ＝ガタリはニーチェにカントのオカマを掘らせる）。『反時代的考察』第二篇においてニーチェは、歴史［Historie］とは区別される「思想」、そうした思想に対する「激しい情熱」としての「非歴史的な叢雲」を語り、それらが存在しなければ人間の行動は開始され得ず、人間が歴史［Geschichte］を作り出すこともない、と述べている。「人間が考え、熟考し、比較し、分離し、結合して、あの非歴史的要素を限定することによって初めて、あの取り巻く蒸気の雲の内部に明るく閃めく一条の光が発生することによって初めて、従って、過ぎ去ったものを世界のために用い、また出来事〔Geschehen〕から歴史〔Geschichte〕を作り出す力によって初めて、人間は人間となる、ということは正しい。しかし、歴史〔Historie〕が過剰になると人間は人間であることを再びやめるのであり、あの非歴史的なものの覆い〔Hülle des Unhistorischen〕がなければ、人間は決して行動を始めることをしなかっただろうし、また、敢えて行動を始めることをしないだろう。人間が前もってあの非歴史的な叢雲〔Dunstschicht des Unhistorischen〕に入り込むことなくなすことの可能な行動が、どこに見出されるだろうか。あるいは、比喩を脇に置いて実例による説明を選ぶとすれば、一人の女や一つの偉大な思想に対する激しい情熱によって引きずり回される男を思い浮かべればよい。この男にとって、世界はどれほど変化して見えるだろうか[6]。要するに、**人間は、歴史〔Historie〕の直中でその過剰に抗って「非歴史的な叢雲」（革命への熱狂）の中に入り込み、そこで思考することによって、この叢雲の内部に「明るく閃めく一条の光」（革命概念）を発生させる限りでのみ歴史〔Geschichte〕を作り出す、**ということである。

ここでニーチェが「歴史〔Geschichte〕を作り出すこと」と呼ぶ過程こそ、ドゥルーズ＝ガタリが『哲学とは何か』において「革命性への生成変化」あるいは「革命的になること」として論じるもの

6　Friedrich Nietzsche, *Unzeitgemäße Betrachtungen*, in *Kritische Studienausgabe*, Bd. 1, Walter de Gruyter, 1999, S. 253. 邦訳『反時代的考察』、『ニーチェ全集』第四巻、小倉志祥訳、ちくま学芸文庫、一九九三年、一二八頁。

に他ならない。同書執筆期にネグリによって行われたインタヴュー「制御と生成変化」（一九九〇年）においてドゥルーズは、カントの「熱狂」論を暗黙裡に念頭に置きながら、「非歴史的な叢雲」と「革命性への生成変化」との関係を次のように論じている。

「非歴史的な叢雲」がなければ重要なことは何一つ生起しない、と述べたのはニーチェでした。ここで問題になっているのは、永遠的なものと歴史的なものの対置でも、観照とアクションの対置でもありません。ニーチェが語っているのは、生起するものについて、出来事そのものについて、生成変化についてです。出来事に関して歴史が捉えるのは、事物の状態におけるその実現ですが、出来事そのものは、その生成変化において、歴史を逃れます。歴史は実験ではなく、歴史から逃れる何事かの実験を可能にする、ほとんど否定的な諸条件の総体に過ぎません。歴史がなければ実験は規定や条件を欠いたままにとどまりますが、しかし、実験は歴史に属するものではありません。［…］歴史とは、いかに最近のものであろうと諸条件の総体のことに過ぎず、「生成変化する」ためには、つまり何か新たなものを創造するためには、これら諸条件に背を向けなければならないのです。ニーチェが「反時代的なもの」と呼んだのは、まさにこのそのことです。六八年五月に起きたのは、一つの生成変化が突然、純粋状態でその姿を現すということでした。革命の恐怖を告発することが今日、流行となっていますが、これは目新しい事態では些かもありません。スターリンについて今日なされているのとよく似た議論が、イギリスのロマン主義においても既に、クロムウェルについて盛んになされていました。どんな革命も悪しき未来しか導かないと言われているわけですが、そのようなことが言われるのは、二つのものが混同され続けているからです。歴史における諸革命の未来と、革命性への人々の生成変化［＝人々が革命的になること］とは、同じではないのです。これら二つの場合に問題になっているのは同じ人々ですらありません。人々にとっての唯一の希望は革命性への生成変化にあり、恥辱を払いのけ、耐え難いものに応答することができるのは革命性への生成変化だけなのです。[7]

ここから理解されるのは、いかなる必然性に強いられてドゥルーズ＝ガタリが、カントを引いて、革命それ自体から区別される「革命への熱狂」を語り、ニーチェを引いて、その「革命への熱狂」を「非歴史的な叢雲」として語るのか、ということだ。それは言うまでもなく、「革命性への人々の生成変化」を語らなければならない、という必然性である。「歴史における諸革命の未来」についてドゥルーズ＝ガタリは、「革命は、いずれにせよ、再び旧来の轍を踏むリスクを常に抱え続けることになる」という認識を、カントあるいはフーコーと完全に共有している。この認識に押されてカントは、フーコーによれば、それでもなお「未来の歴史に対して、進歩への歩みの連続性を保証する」「恒常的で忘却され得ない一つの潜在性」の存在を示す徴しを、革命の周囲に発生する「革命への熱狂」に求めることへと向かい、ドゥルーズ＝ガタリは、この同じ認識に押されて、革命の直中に「非歴史的

7　Gilles Deleuze, « Contrôle et devenir » (1990), in *Pourparlers*, Minuit, 1990, pp. 230-231. 邦訳「管理と生成変化」、『記号と事件』、宮林寛訳、河出文庫、二〇〇七年、三四一―三四三頁。

な叢雲」として発生する「革命への熱狂」とそこでの「革命性への人々の生成変化」に、すなわち、革命概念としての「絶対的脱領土化」の上に人々が自らを再領土化することに、「人々にとっての唯一の希望」を見出すのである。

2　六八年五月と「耐え難いもの」

「制御と生成変化」（一九九〇年）の先の引用箇所でドゥルーズはまた、唐突に六八年五月に触れ、奇妙な指摘をしてもいる――「六八年五月に起きたのは、一つの生成変化が突然、純粋状態でその姿を現すということでした」。「純粋状態で」とは、生成変化が歴史現象としての革命（社会野あるいは事物の状態での出来事の実現）を伴わない、という事態に他ならない。六八年五月は、革命なしに突如として人々が革命的になる現象だった、とドゥルーズは述べているのである。ドゥルーズ＝ガタリは、フーコーによるカント「諸学部の争い」注解が *Magazine littéraire* 誌上に掲載されたのと同じ一九八四年五月、六八年五月を直接的に論じた彼らの唯一のテクスト「六八年五月は起こらなかった」を *Les Nouvelles littéraires* 誌上に発表するが、そこでも既に、六八年五月は出来事の純粋な出現として論じられている。

フランス革命やパリ・コミューン、ロシア革命といった歴史現象には常に、出来事の部分が含まれており、その部分はいかなる社会的な決定論にも因果的連鎖にも決して還元され得ない。［…］出来事は諸法則からの分岐、逸脱であり、新たな可能領域を開く不安定状態としてある。［…］この意味で出来事は、たとえ妨害されたり抑圧されたり、回収されたり裏切られたりしたとしてもなお、完全に過去のものとなることは決してなく［…］、可能性を開いたままに残す。つまり、出来事はすべての個人の内部に残存し、また、一つの社会の厚みの中に残存し続けるのだ。

　冒頭に挙げた歴史現象は、たとえそれらの本性が別のところにあったにしても、それでもやはり決定論や因果関係を伴うものだったことに変わりはない。これに対して、六八年五月において見られたのは、どんな通常の、あるいは、規範的な因果関係からも解放された状態で、出来事が純粋に出現する、という事態だった。［…］六八年には確かに、実に多くの騒乱、思わせぶりな身振りや発言、愚かな行為や夢想といったものも見られたが、重要な点はそこにはない。重要なのは、六八年五月が見ること［voyance］の現象だった、という点だ。あたかも、一つの社会が自らの内に含まれている耐え難い何かを突如として見出し、何か別のものの可能性も見出すかのような現象だったのである。［…］可能性は予め存在しているわけではなく、出来事によって創造される。［…］出来事は新たな実存を創造し、新たな主観性／主体性（身体や時間、セクシュアリティや環境、文化や労働といったものとの新たな関係）を産出するのだ。[8]

六八年五月はフランス革命やロシア革命と同様に集団的現象であるが、しかしそれらと同種の現象

（歴史現象）ではない、という見解が、八四年発表のこのテクストで、既にはっきりと示されている。フランス革命やロシア革命には決定論や因果性が伴っていたとは、それらの革命が搾取され抑圧された大衆による利害闘争（階級闘争）として始まったということであり、逆に、六八年五月が決定論や因果性から解かれた状態で生起したとは、端的に言って、この集団的現象がそうした大衆によるものではなかったということだ。反対に、六八年五月は一つの「社会」によるものだった、とドゥルーズ＝ガタリは論じている。ここでの「社会」とは、市民社会、友たちの社会、等価交換と民主主義とを享受する社会、その内部で社会民主主義が実現されている社会のことだと理解してよい。そのような幸福な社会が、それでもなお、自らの内に「耐え難いもの」を突如として見出したのが、六八年五月だったとされているのである。同じテクストでドゥルーズ＝ガタリは実際、「六八年五月は何らかの危機から生じた帰結でも、何らかの危機に対する反応でもなかった」と述べてもいる。危機を知らない社会が、まさに、危機を知らないという自らの存在様態それ自体に「耐え難いもの」を見たのだ。一つの社会が自らの内部に危機を知らないのは、自らの外部にありとあらゆる危機を押し付けているからに他ならならず、自らの内部に社会民主主義（等価交換＋民主主義）を維持できているのは、自らの外部を収奪し、抑圧しているからに他ならない。このような「地平」の知覚、地平上での自己の再知覚、地平の上への自己の再領土化こそ、一つの社会がそれ自身の内に「耐え難いもの」を見出すということなのである。

　フランス革命やロシア革命が因果関係の中で生起したとは、それまで搾取され抑圧されてきた大衆の怒りの爆発が原因となってそれらの革命が生起した、ということだ。六八年五月にはそのような原因はない、とドゥルーズ＝ガタリは述べる。六八年五月が生起するに当たって原因の代わりをなしているのは、社会が突如として自らの内に「耐え難いもの」を見るという契機、社会が突如として地平を知覚し、地平において自らを知覚し直すという契機である。**六八年五月においては、搾取され抑圧されてきた大衆（所与のシステム内の「最も弱い環」）のアクションが、「耐え難いもの」のヴィジョンに取って代えられている。**歴史現象としての革命なしに人々が革命的になるとは、社会自体の内に突如として見出される「耐え難いもの」が準原因となって、その社会が「何か別のものの可能性も見出」し、「新たな主観性／主体性を産出する」、ということなのである。

　六八年五月をめぐるドゥルーズ及びドゥルーズ＝ガタリの以上のような議論を、私たちは本節冒頭で「奇妙な」と形容した。この議論では、「非歴史的な叢雲」としての「革命への熱狂」の発生、すなわち「出来事」の発生は、「革命の周囲」（スペクタクル）にも、革命の直中（アクション）にも、もはや位置付けられていないからである。反対に、「革命への熱狂」は、「最も弱い環」との通常の、あるいは規範的な因果関係の外において、「耐え難いもの」の突然の知覚を準原因として発生することがある、とされている。**六八年五月をドゥルーズ＝ガタリは、一つの市民社会が、自らの日常的な存在様態の内に「耐え難いもの」を知覚することで、突如として「革命への熱狂」（「新たな可能領域を開く不安定状態」としての「出来事」）の中に入り込み、その内部において「新たな主観性／主体性」**

8　Gilles Deleuze et Félix Guattari, « Mai 68 n'a pas eu lieu » (1984), in *Deux régimes de fous: textes et entretiens 1975-1995*, Minuit, 2003, pp. 215-216. 邦訳「六八年五月［革命］は起こらなかった」、杉村昌昭訳、『狂人の二つの体制 1983-1995』、河出書房新社、二〇〇四年、五二―五三頁。

（「革命概念」）の上に自らを再領土化する、という現象として論じている。一九八四年発表の「六八年五月は起こらなかった」でのこのような議論は、一九八〇年発表の『千のプラトー』での議論、すなわち、資本主義を打倒する闘争の主戦場をマイノリティの公理闘争に位置付けるという戦術論に収まるものではもはやなく、むしろ、一九九一年発表の『哲学とは何か』での議論、すなわち、マジョリティによる政治哲学を反資本主義闘争の主戦場に位置付け直すという新たな戦術論を準備するものであり、その予示をなすものである。「最も弱い環」にも、歴史現象としての革命の生起にももはや期待を寄せることのないこの六八年五月論では、アメリカ革命とロシア革命とをその両極として展開されたすべての近代革命が「あれほどひどい結果に終わった」という認識のみならず、「貧困がその領土あるいはゲットーから外に出てこようとするときに、一体どの社会民主主義が発砲命令を下さなかったか」［QPh, 103／一八五］という認識も既に前提にされている、と言えるだろう。逆に言えば、一九六八年から一六年もの歳月の過ぎた一九八四年、すなわち『哲学とは何か』の執筆準備期に至って初めてドゥルーズ＝ガタリが六八年五月を直接的に論じることになったのは、偶然ではないのである。

3　「近代性とは何か」

『哲学とは何か』においてドゥルーズ＝ガタリは、「諸学部の争い」注解と同じく「啓蒙とは何か」

と題されたフーコーのもう一つのテクスト、すなわち、カントの「啓蒙とは何か」からボードレールの近代性《モデルニテ》論へと向かい、「啓蒙とは何か」という問いを「近代性とは何か」という問いとして立て直す『フーコー・リーダー』所収のテクストも参照し、革命ではもはやなく哲学や芸術に新たに焦点を合わせたそこでのフーコーの議論を起点とする形で、「革命性への生成変化」を論じている。

　同テクストでフーコーは、カントの「啓蒙とは何か」が「批判的考察と歴史について考察との蝶番をなす」ものであり、「［批判哲学という］自分の企てのアクチュアリティについてのカント自身による考察」になっている、とした上で、「「今日」というものを差異として、また、一つの特別な哲学的責務の動機として考察する」という振舞いがカントのこの小論によって哲学に新たに導入されたとして、それこそが「近代性」であると論じている。フーコーは、この意味でまた、「近代性」というものが、歴史上の一つの「時代」のことでも、そうした時代の弁別的特徴の総体のことでもなく、一つの「態度《アティチュード》」（特定の人々によって自発的に選択される「アクチュアリティへの一つの関わり方」であり、また、同一の集団的過程への帰属意識の下でそうした人々が個々に自分の責務として自らに課す「思考や感性、行動や振舞いの一つの様式」でもあるもの）だとした上で、この態度としての近代性に最も自覚的だった者の一人としてボードレールを召喚し、『近代生活の画家』や「近代生活の英雄主義《ヒロイズム》について」での彼の議論を組上に乗せるのである。[9]

9　Michel Foucault, « Qu'est-ce que les Lumières? » (1984), in *Dits et écrits*, t. IV, p. 568. 邦訳「啓蒙とは何か」、石田英敬訳、『ミシェル・フーコー思考集成』X、一二頁。

近代性とは、「アクチュアリティ」を「差異」として見出した上で、その「差異」に応じ得るような新たな主観性／主体性（「思考や感性、行動や振舞いの一つの様式」）の産出とその実践とを自らの責務として引き受ける、という態度のことである。従って、**フーコーにおいて、「啓蒙とは何か」という問いの立て直しである「近代性とは何か」という問いは、それ自体、近代性にとって「アクチュアリティ」とは何か、「差異」としてのアクチュアリティとは何か、という問いとして立て直されること**になり、これらに問いの下でボードレールが読まれることになる。

> 近代性の特徴は、時間の不連続性——すなわち、伝統との断絶、新たなものへの感情、過ぎ去るものの引き起こす目眩——に対する意識に求められることが多い。[…]しかし、ボードレールにとって、近代的《モデルヌ》であることとは、そのような不断の運動をそれとして認め、受け入れることではなく、反対に、そうした運動に対して一つの特定の態度を取ることである。自発的に選択されるその困難な態度は、永遠的な何かを、現在的瞬間の彼方にでも背後にでもなく、その直中において把握することに存する。[…]近代性とは、儚く移ろう現在への感性のことではなく、そうした現在を「英雄化」しようとする意志のことなのだ。[…]この英雄化は無論、アイロニー的なものとなる。[…]近代性の態度にとって、現在に見出される高い価値は[…]、現在をそれが存在しているのとは別の仕方で想像しようとする熱意、すなわち、破壊することによってではなく、あくまでもその存在の直中で把握することによって、現在を変形させようとする熱意と、不可分なものである。ボードレール的近代性においては、現実への極度の注意が、その同じ現実を尊

重しながらも同時に侵犯する一つの自由の実践に対峙させせられることになるのだ。［…］ボードレールにとって近代性とは、また、自己に対して確立すべき一つの関係のあり方のことでもある。近代性という自発的な態度は一つの禁欲主義に結びつき、この禁欲主義を不可欠なものとしている。近代的であるとは、過ぎ去ってゆく諸瞬間のフローの中に存在しているがままの自己を受け入れることではなく、複雑かつ厳格な一つの鍛錬の対象として自己を位置付けることなのである。これをボードレールは、当時の用語を用いて、「ダンディズム」と呼んでいた。［…］現在をアイロニー的に英雄化すること、現実を変形するためにその現実を自由と対峙させること、禁欲主義的に自己を鍛錬すること――これらのことが社会それ自体あるいは政治体の中で実現され得ると、ボードレールは考えていなかった。これらのことの産出は、ボードレールが「芸術」と呼んでいた一つの他所においてのみ可能なのである。[10]

近代性はアクチュアリティを差異として捉えるが、その場合の「差異」とは、過ぎ去ってゆく諸々の現在的瞬間の儚さや移ろいのことではない。近代性は、そうした儚さや移ろい、「時間の不連続性」の「不断の運動」を、差異としてではなく、むしろ歴史的に規定された同一の存在様態の反復として捉える。しかし近代性は、「差異」を現在的瞬間の外には決して求めない。近代性は「差異」を、あくまでもアクチュアルなものとして、すなわち、現在的瞬間の直中に把握されるべきものとする。**近**

10　Ibid., pp. 569-571. 邦訳同書、一一二―一一五頁。

代性にとって「差異」とは、現在的瞬間の直中にあってなお、そこで反復されている現在的存在様態とは別の何か、新たな何か（「英雄的なもの」）として見出されるべきものなのだ（「英雄的なもの」は「永遠的なもの」とも表現されているが、この表現は、現在的諸瞬間の儚さや移ろいに対して用いられているに過ぎず、あくまでも、現在的存在様態の限界を超出する「差異」の謂いとして理解されるべきである）。近代的であることを自発的に選択する人々は、また、現在の直中に見出されるそうしたアクチュアルな「差異」に応じ得るような新たな「自己に対する関係」を産出し、それを自ら自身において実践する、あるいは、そのようなダンディズム的禁欲主義を個々に自らの責務とする。

フーコーは以上のようにして、ボードレールから「近代性の態度」（態度としての近代性）の議論を引き出した上で、しかしそうした近代性について、その実現が「社会それ自体あるいは政治体の中」ではなされ得ず、ただ「ボードレールが「芸術」と呼んでいた一つの他所においてのみ」なされ得るものだと最後に付言してもいる。この点は、「近代性にとってアクチュアリティとは何か」、「差異としてのアクチュアリティとは何か」という問いに直接的に関わるものではないが、やはり重要だ。なぜフーコーは、彼の生きる「現在」において近代性を論じなければならなかったのか、あるいは、なぜドゥルーズ＝ガタリは、その同じ歴史的「現在」にあって「哲学とは何か」と問う中で、フーコーによるこの近代性論を必要としたのか、という問いに関わるからである。フーコーがここで確認しているのは、端的に言って近代性が、芸術や哲学といった「他所」に身を置く余裕のある人々、社会民主主義の確保された空間の内部に生きる人々にだけ選択することを許されたものであって、搾取あるいは収奪され抑圧された人々、芸術や哲学に関わる余裕のない人々には選択し得ないものだ、という事実である。「近代性とは何か」を問うフーコーのこのテクスト「啓蒙とは何か」は、「革命とは何か」を問う彼のもう一つの同題テクストよりも直接的な仕方で、「最も弱い環」や革命への期待なしに、資本主義とそれによって規定される存在様態に対する闘いの可能性の呈示を試みるものなのである。

　フーコーは、ボードレールの近代性論をカントと共に読んだ後、再びカントの啓蒙論に戻り、今度はカントのテクストをボードレールと共に読み直す。重要なのは、この再読によってフーコーが、カントの「啓蒙とは何か」の直中に、カント自身による批判哲学とは別に、もう一つの批判哲学、フーコー自身の生きる歴史的「今日」あるいは「現在」において実践されるべき新たな批判哲学を見出す、という点だ（フーコーは、ボードレールにカントのオカマを掘らせることで、カントを「英雄化する」）。

批判とは、諸限界《リミツト》の分析、諸限界についての考察のことに他ならない。しかし、カント自身の立てていた問いが、いかなる限界について認識はその超出を断念すべきなのか、という「消極的な」ものであったとすれば、批判によるそのような問いは、今日、次のような積極的《ポジテイヴ》な問いへと反転されなければならない、と私には思われる。すなわち、普遍的なもの、必然的なもの、義務的なものとして私たちに与えられているものの直中においてなお、特異的、偶然的であり、何らかの恣意性に委ねられているものが見出されるとすれば、それはどのような部分としてなのか。要するに、必然的な限界設定《リミタシオン》という形でなされてきた従来の批判を、可能的な超出という形でな

> される新たな実践的批判へと転換する、ということだ。〔…〕この新たな批判は、その目的性においては系譜学的であり、その方法においては考古学的である。考古学的である――そして、超越論的ではない――と言えるのは、この批判の目的が、なされ得る一切の認識、一切の道徳的行動の普遍的構造を解明することにはもはやなく、むしろ、私たちの思考や発言や行動をそれらが現在あるような仕方で分節化している諸言説の一つひとつを、それぞれ歴史的出来事として扱うことにあるからだ。他方でまた、この批判が系譜学的であるとも言えるのは、この批判の採る方法が、私たちの行い得ないことや認識し得ないことを、現在の私たちの存在の形式から演繹するものではもはやなく、むしろ、現在の私たちの存在、行動、思考とはもはや同じではないような存在、行動、思考があり得る可能性を、現在あるように存在することを私たちに強いた偶然性から引き出すものになるからである。[11]

態度としての近代性が、現在の直中に「差異」を見出すことと、そのように見出されたアクチュアルな「差異」に応じ得る新たな主観性／主体性を産出し実践することとの二つの契機から構成されている、と言えるとすれば、ボードレールと共にカントを読み返すことでカントを超えるカント（メジャー哲学者カントを超えるマイナー哲学者カント、あるいは、「公的教師」であるカントを超える「私的思考者」としてのカント）を描き出すというここでの作業においてフーコーがその再論へと導かれているのは、近代性の第一の契機に関わる問い、すなわちアクチュアルな差異とは何かという問いである。**アクチュアルな差異とは、「私たちの思考や発言や行動をそれらが現在あるような仕方で分節化して**

いる諸言説の一つひとつを、それぞれ歴史的出来事として扱う」限りにおいて、「現在あるように存在することを私たちに強いた偶然性」の中に見出される「現在の私たちの存在、行動、思考とはもはや同じではないような存在、行動、思考があり得る可能性」のことである。「私たちの行い得ないことや認識し得ないことを、現在の私たちの存在の形式から演繹する」という方法で、「なされ得る一切の認識、一切の道徳的行動の普遍的構造を解明すること」（限界設定）を目指す批判哲学を自分自身の実践と定めていたカントその人の内に、フーコーはしかし、以上のように定義されるアクチュアルな差異の上に自らを再領土化する別種の批判哲学を見出し、これを「私たち自身に関する批判的存在論［ontologie critique de nous-mêmes］」あるいは「私たち自身に関する歴史的存在論［ontologie historique de nous-mêmes］」と名付け、それこそがまさに自分自身の一貫して実践してきた哲学でもあるとするのである。[12]

ボードレールと共にカントを読むフーコーのこのテクスト、「革命とは何か」ではもはやなく「近代性とは何か」と問うこのテクスト、私たちの新たな存在様態の産出を「最も弱い環」にも革命にももはや期待せず、それゆえに芸術や哲学の責務として新たに位置付けるこのテクストを、ドゥルーズ＝ガタリは、『哲学とは何か』の著者たちはどう読んだのか。

11　Ibid., p. 574. 邦訳同書、一九―二〇頁。

12　この点については、以下で詳細に分析した。佐藤嘉幸、『権力と抵抗――フーコー・ドゥルーズ・デリダ・アルチュセール』、人文書院、二〇〇八年、第三章。

過去に抗して、そうすることで現在に対して、そして（望むらくは）未来のために行動すること——しかし、ここで言う未来は、歴史の未来ではなく、ユートピア的未来でさえない。それは〈今〉という無限者であり、既にプラトンがあらゆる現在から区別していた〈今〉、〈強度的＝内包的なもの〉［l'Intensif］あるいは〈反時代的なもの〉［l'Intempestif］であり、一つの瞬間ではなく、一つの生成変化である。この未来はまた、フーコーが〈アクチュアルなもの〉［l'*Actuel*］と命名していたものではないだろうか。しかし、そうだとしたら、ニーチェが反時代的なもの［inactuel］と命名していたこの概念は、一体どうやってアクチュアルという名前を受け取るのか。フーコーにとって重要なのは、現在的なもの［le présent］とアクチュアルなものとの差異なのだ。新たなもの、興味を引くものは、アクチュアルなものである。アクチュアルなものとは、私たちがそれであるところのもの［＝現在の私たちの存在］のことではなく、むしろ、私たちがそれへと生成変化してゆくもの、私たちがそれへと生成変化しつつあるもの、すなわち〈他なるもの〉［Autre］、私たちの他なるものへの生成変化［devenir-autre］のことである。反対に、現在的なものとは、私たちがそれであるところのもの、そして、まさにそれゆえに、既に私たちがそれであることをやめているもののことである。［…］アクチュアルなものとは、私たちの歴史に依然として属しているような何らかの未来のユートピア的な予示のことですらなく、私たちの生成変化の今のことなのだ。フーコーは、永遠的なものとの関わりにおいてではなく、〈今〉との関わりにおいて哲学を問題にしたという点においてカントを賞賛しているが、そのときフーコーが言わんとしているのは、哲学の目的が、永遠的なものを観照することに存するのでも、歴史を反省することに存するのでもなく、私たちのアクチュアルな生成変化を診断することにこそ存する、ということなのだ。革命性への生成変化は、私たちのそうしたアクチュアルな生成変化の一つであるが、これは、カント自身によっても、諸革命の過去とも現在とも未来とも混同されることのないものだとされていた。［…］過ぎ去る各瞬間の直中に諸々の生成変化を診断すること――これこそニーチェが、医者としての哲学者、「文明の医者」、あるいは、新たな内在的存在様態の発明者としての哲学者の担うべき役目だとしていたものだ。［QPh, 107-108／一九三―一九五］

「時代に抗して、そうすることで時代に対して、そして望むらくは来るべき時代のために行動すること」[13]というニーチェ自身による「反時代的考察」の定義を、「過去に抗して、そうすることで現在に対して、そして（望むらくは）未来のために行動すること」とパラフレーズすることで、ドゥルーズ＝ガタリは、ニーチェの言う「反時代的考察」が、歴史的「時代」としての「現在」を「過去」と「未来」への内的分岐において捉え、「過去」の部分に抗して「未来」の部分のために「現在」に働きかける、というオペレイションとして理解されるべきものであることを明確にする。ニーチェをこのように召喚し、彼の名の下にドゥルーズ＝ガタリがここで行うのは、最も簡潔に言えば、自分たちが

13　*Unzeitgemäße Betrachtungen*, in *Kritische Studienausgabe*, Bd. 1, S. 247. 邦訳『反時代的考察』、『ニーチェ全集』第四巻、一二一頁。強調引用者。

「生成変化」と呼んでいるものを、フーコーが差異としてのアクチュアリティ、すなわち近代性にとってのアクチュアリティと見なしているものとの同一性において再提示する、ということである（ドゥルーズ＝ガタリはニーチェに、自分たちとフーコーのオカマを同時に掘らせる）。この作業によってドゥルーズ＝ガタリは何を得るのか。「非歴史的な叢雲」としての「革命への熱狂」を発生させるための第三の条件を得るのである。「革命への熱狂」の発生は、ここではもはや、搾取され抑圧された大衆が革命を起すことも、市民社会が突如として自らの内に「耐え難いもの」を見出すことも、その条件とはしていない。**「文明の医者」であること（近代的であること）を哲学者が自らの取るべき態度として自発的に選択するとき、その哲学者は「革命への熱狂」に自らを再領土化し、歴史的な現在の直中に「私たちのアクチュアルな生成変化を診断する」ことへと向かう、とここでは論じられるのだ（「診断」とは、従って、「分裂分析」の別名に他ならない）。**哲学の責務は「反時代的考察」にあるとするニーチェの下で、フーコーが「現在」から区別する「アクチュアリティ」と、自分たちが「歴史」から区別する「生成変化」とを重ね合わせることで、ドゥルーズ＝ガタリは、非歴史的な「革命への熱狂」（出来事）を発生させる条件としての、個々の哲学者のこの自発性あるいは意志の肯定へと、必然的に導かれることになるのである。

『哲学とは何か』では、しかしまた、個々の哲学者の内にそうした意志を生じさせるのは、断末魔にある「動物」（犠牲者）を眼前にして感覚される「人間であることの恥辱」だと論じられてもいた。[14] **ドゥルーズ＝ガタリ自身もまた、「動物」を眼前にして感覚される「人間であることの恥辱」に押されて、自分たちの取るべき態度として近代性を意志し、「革命への熱狂」に入ってゆく。そうするこ**

とで彼らは、現在において「私たちがそれであるところのもの」（過去）を「相対化された内在的脱領土化」として分析し、同じ現在において「私たちがそれへと生成変化してゆくもの」（未来）を「絶対的な内在的脱領土化」として診断する。歴史として外立する現在を、このように分析と診断によって、その直中に内立する過去と未来へと倒錯させることで、ドゥルーズ＝ガタリもまた、フーコーの読むボードレールと同じ仕方で「現在を英雄化する」のであり、彼ら自身の読むニーチェと同じ仕方で「過去に抗して、そうすることで現在に対して、そして（望むらくは）未来のために行動する」のだ。『哲学とは何か』での著者たちによるこの哲学の実践にあって注意すべきは、彼らがここで、「来るべき時代」について、すなわち、万人による「革命性への生成変化」について、たとえそれが「歴史の未来ではなく、ユートピア的未来でさえなく」、反対に、外延的＝延長的な現在の直中に「強度的＝内包的なもの」として内立する「今」であるとしても、自分たち哲学者にできるのは、それを「望む」ことだけ、それへと「呼びかける」ことだけだ、としている点である。「当然のことながら、芸術家や哲学者には新たな人民を創造する能力はない。彼らにできるのは、全力でこの人民に呼びかけることだけである。新たな人民を創造することができるのは、ぞっとするような苦痛の直中に身を置いていて、芸術や哲学に関わる余裕など一切ない人民自身だけなのだ」［QPh, 105／一八九］。

フーコーは啓蒙について次のように論じてもいた。「カントは、この啓蒙には一つの「スローガン」（Wahlspruch）が伴っていると指摘している。スローガンとは、物事をそれとして認識可能にする一

14　この点については、第三部第一章で詳細に論じた。

つの弁別的特徴であり、また、自分自身に対して与えると同時に、他人に対して提案するものでもある。啓蒙に伴うそのスローガンとは何か。Aude saper すなわち「知る勇気、知る大胆さを持て」というものである。従って啓蒙は、人々が集団的に属している一つの過程であると同時に、個別的に実現すべき一つの勇気の行為でもあると見なされねばならない。人々は一つの過程の要素にして、その同じ過程の行為主体《エイジェント》でもある、ということだ。人々は、この過程に属している限りにおいて、そのアクターになる可能性へと開かれているが、この可能性が実際に実現されるためには、自発的なアクターになることを人々が自ら決意しなければならない」[15]。同じことは、『哲学とは何か』で論じられる「アクチュアルな生成変化」についても言えるだろう。生成変化が「アクチュアルな」と形容されなければならないのは、それがまさに、「人々が集団的に属している一つの過程であると同時に、個別的に実現すべき一つの勇気の行為でもある」からだ。「文明の医者」としての哲学が行うのは、どのような生成変化に「人々が集団的に属している」のか、どのような生成変化を人々が「勇気の行為」として「個別的に実現すべき」なのかを診断する、ということである。しかし哲学には、どうすればその生成変化のアクターになり得るのかを、人々に処方することはできない。**哲学には、アクチュアルな生成変化を診断して、人々がその生成変化のアクターになり得るという「可能性」を「概念」（革命概念）として創造し、そのことを以て、「勇気の行為」としての生成変化の実現を望み、それへと呼びかけることはできるが、その「勇気の行為」への再領土化に人々を導くことはできない。人々自身がそれを意志し、自ら決意しない限り、決して人々は、自分たちが既に「要素」として属している生成変化を、新たに「アクター」として演じ直すことはできない。**そして、この意味でこそまた、アクチュアルな生成変化を概念として創造する（「新たな内在的存在様態を発明する」）という哲学の営みは「抵抗」だと言われるのだ。「生成変化とは概念そのものである。それは〈歴史〉［Histoire］の中で生まれ、再び〈歴史〉の中に落ち込むが、しかし、〈歴史〉に属するものではない。生成変化にはそれ自体において始まりも終わりもなく、ただ中間＝環境［milieu］だけがある。従って生成変化は、歴史的なものというよりも地理学的なものなのだ。諸々の革命や友たちの社会はそのような中間＝環境であり、抵抗の社会をなす。というのも、創造することとは抵抗することであり、そこにおいて内在平面上の純粋な生成変化、純粋な出来事が創造されるからだ」［QPh, 106／一九二］。**革命概念を創造することで、哲学は歴史的現在に抵抗する。あるいはむしろ、哲学にできるのは抵抗することだけなのだ。**そしてこれこそが、「ぞっとするような苦痛の直中に身を置いていて、芸術や哲学に関わる余裕など一切ない人民」を眼前して「哲学とは何か」と問うたドゥルーズ＝ガタリの、この問いに対する答えなのである。

15　« Qu'est-ce que les Lumières? », in *Dits et écrits*, t. IV, p. 565. 邦訳「啓蒙とは何か」、『ミシェル・フーコー思考集成』X、七頁。

結　論　分裂分析と私たち

1　分裂分析としての政治哲学

ドゥルーズ＝ガタリは資本主義の打倒を目指している。資本主義をその下部から掘り崩すものとして彼らが構想する戦略《ストラテジー》は不変だ。『アンチ・オイディプス』で階級外主体集団の形成とされるものは、『千のプラトー』で万人によるマイノリティ性への生成変化とされるもの、『哲学とは何か』で絶対的な内在的脱領土化とされるものと同じである。『アンチ・オイディプス』ではブルジョワジーとの、『千のプラトー』ではマジョリティとの、『哲学とは何か』では人間との闘いがそれぞれ語られるが、「ブルジョワジー」、「マジョリティ」、「人間」はすべて同一の実体（資本主義的かつ民主主義的な主体）を指している。

差異は戦術《タクティクス》の水準に存する。『アンチ・オイディプス』ではブルジョワジーに対するプロレタリアによる階級闘争が、『千のプラトー』ではマジョリティに対するマイノリティによる公理闘争が、『哲学とは何か』では死せる動物（マイノリティ）を眼前にした人間（マジョリティ）による政治哲学が、それぞれ資本主義打倒闘争の主戦場に位置付けられる。ブルジョワジー／プロレタリアート、マジョリティ／マイノリティ、人間／動物。戦術のこうした変更は、運動の趨勢に応じてなされたものだ。『千のプラトー』が執筆された一九七〇年代は、労働者とその前衛党という従来の運動組織形態の埒外に学生や女性、移民や不安定労働者、LGBTや少数民族といった新たな闘争主体が登場してきた時代であり、『哲学とは何か』が執筆された一九八〇年代後半は、労働者運動にとってのみならずそうした「新たな社会運動」にとってもその可能性の条件となっていたレーニン的切断（「マイノリティの力能、特殊性の力能は、その普遍的意識をプロレタリアのうちに見出す」）が最終的に無効化されつつある中で、NGOが台頭し始める時代、あるいは、運動それ自体がNGOへと転じていく時代である。運動の趨勢のこうした時代的変化に応じて、ドゥルーズ＝ガタリは、反資本主義闘争の主戦場として同定すべき場を、階級闘争から公理闘争へ、公理闘争から政治哲学へと移してきた。『アンチ・オイディプス』で提案された戦術は、近代社会における唯一の「階級」としてのブルジョワジーから割って出たプロレタリアートから、さらに分裂者主体集団が割って出る、というものだった。『千のプラトー』で提案された戦術は、マジョリティあるいはその下位集合としてカウントされることを求めるマイノリティが、その闘争の直中においてマイノリティ性への生成変化に入る、というものだった。『哲学とは何か』で提案された戦術は、万人の人間化（相対的な内在的脱領土化）の上への再領土化によって政治化する哲学が、万人による動物性への生成変化（絶対的な内在的脱領土化）の上に自らを再領土化し直す、というものだった。これら三つの戦術はその舞台も主役も異にするが、しかし、同一の構えを反復している。いずれの戦術においても、『アンチ・オイディプス』の用語で言えば利害（前意識的備給）から欲望（無意識的備給）への、『千のプラトー』の用語で言えばマクロ政治からミクロ政治への、『哲学とは何か』の用語で言えば歴史から生成変化への、闘争の分岐、逸脱あるいは二重化が問われている。『哲学とは何か』でドゥルーズ＝ガタリは、生成変化を「実験」だとした上で、次のように書いている。「歴史は実験ではない。歴史とは、歴史を逃れるものの実験を可能にする、ほとんどネガティヴな条件の総体のことでしかない。歴史がなければ、実験はなされることも、なされるための条件を持つこともないままにとどまるが、実験それ自体は歴史的なものではなく、哲学的なものなのである」［QPh, 106／一九二］。利害の水準でなされるマクロ政治は、欲望の水準でなされるミクロ政治にとって「ほとんどネガティヴな」条件でしかないが、しかし、前者なしに後者はない。**プロレタリア階級闘争なしに分裂者主体集団の形成はなく、マイノリティ公理闘争なしにマイノリティ性への生成変化はなく、現在的形式での哲学の再領土化なしに未来的形式での再領土化はない。**

『アンチ・オイディプス』と『千のプラトー』において著者たちが「分裂分析《スキゾアナリーズ》」と呼ぶのは、利害の闘争の直中に欲望の闘争への分岐の徴候を読み取ること、また、そのことによって前者への後者の従属関係を逆転させることに存する実践的オペレイションである。資本主義との闘いにおいて利害よりも欲望が優位に位置付けられるのは、資本主義それ自体が、利害の水準（所謂「経済《ポリティカル・エコノミー》」すなわちポリス経済）においてではなく、欲望の水準（リビドー経済）において規定されると考えられているからだ。資本主義は、常にさらなるブルジョワ化、常にさらなるヨーロッパ人化、常にさらなるマジョリティ化、常にさらなる人間化へと万人を鼓舞することとしてのオイディプス化（脱コード化＋公理化）によって発動する。利害闘争に欲望が従属した状態にとどまる限り、その闘争がどんなに革命的なものであっても、オイディプス化は手つかずのまま残される。しかし反対に、分裂分析が開始されたその瞬間から、利害への欲望の従属関係は逆転され、私たちは資本主義をその下部から掘り崩す過程の直中に身を置くことになる。

私たちが本書の副題を「ドゥルーズ＝ガタリの政治哲学」としたことも、この点に関わる。ドゥルーズ＝ガタリ自身、自分たちの仕事を「政治哲学」と呼んでいる。ただし、ここに問題が一つある。その「政治哲学」の定義が『アンチ・オイディプス』と『哲学とは何か』では同じではない、という問題だ（『千のプラトー』では「政治哲学」は論じられない）。『アンチ・オイディプス』では、「政治哲学」は、「人々はなぜ、あたかもそれが自らの救済であるかのように、自らの隷属を求めて闘うのか」、「人々はなぜ、より多くの課税を、より少ないパンを、と叫ぶのか」、「人々はなぜ数世紀もの間、搾取、屈辱、奴隷状態に耐え、それらを他人にだけでなく自分自身にも望んできたのか」と問うことに存するとされ、著者たちは実際にそれを同書で実践している（着想の源泉はヴィルヘルム・ライヒにあるが、ドゥルーズ＝ガタリの議論は、主として次の二点でライヒのそれとは異なる。第一に、エロスとタナトスについてライヒは、前者を自然的なもの、後者を社会的生産物としたが、ドゥルーズ＝ガタリはいずれも社会的生産物だとする。エロスもタナトスも自然的なものだとするフロイト学説に対するライヒによる批判を、ドゥルーズ＝ガタリはさらに徹底させるということだ。第二に、ライヒにおいてタナトスは否定的にしか捉えられないが、ドゥルーズ＝ガタリはそれを「戦争機械」と再定義した上で、その危険性と同時にその創造性も強調する）［AŒ, 36-37／(上)六二―六三］。他方、『哲学とは何か』では、「政治哲学」は、犠牲者を眼前にしてユートピアの上に自らを再領土化する哲学、ユートピア概念を創造する哲学であると定義され、著者たちはやはり、同書で自らそれを実践する。このように二つの異なる仕方で定義される「政治哲学」は、しかしなお同一のものである。先に触れた通り、『哲学とは何か』では、現在的形式（万人の人間化）と未来的形式（万人による動物性への生成変化）の二つにユートピアが大別され、著者たち自身は、後者の形式のユートピアの上に哲学を再領土化させようと試みている。重要なのは、未来的形式での哲学のこの政治化が、なぜ人々は自らの利害に反することを欲望するのか、と問うことなしにはなされ得ない、すなわち、利害と欲望を峻別する分裂分析なしにはなされ得ない、とドゥルーズ＝ガタリが考えている点である。**常にさらなる人間化への欲望は、利害に従属した欲望であり、この従属関係が逆転されるときにこそ、動物性への生成変化の無限過程は始まるからだ。**その意味で、**ドゥルーズ＝ガタリの政治哲学とは分裂分析のことである**、と言っていいだろう。

『アンチ・オイディプス』刊行から『哲学とは何か』刊行までに経過した歳月よりも長い歳月が、『哲学とは何か』刊行から今日までに既に経過した。ドゥルーズ＝ガタリは、彼らの二〇年間において新たな著作を発表するごとに異なる戦術を提案してきた。そのさらに二五年後の今日においてドゥルーズ＝ガタリの政治哲学を引き継ぐとは、彼らによって提案された戦術のいずれかをそっくりそのまま採用することではあり得ない。ドゥルーズ＝ガタリ主義者であらんとする者がなすべきは、ドゥルーズ＝ガタリにおいて不変であったもの、彼らの一貫した戦略、すなわち、分裂分析を引き継ぐということであり、彼ら自身が常にそうしてきたように、同時代の運動の下に分裂分析を置くことでその内的趨勢を読みとり、そこで人々によって既に生きられている新たな戦術を描出するということに他ならないだろう。

2　今日の日本における三つの戦線

安倍自公政権下における今日の日本では、『アンチ・オイディプス』から『千のプラトー』を経て『哲学とは何か』へと至る流れの中で歴史的に継起するものとして呈示された三つの異質な運動が、まさに三つの「プラトー」をなすようにして、すべて同時に共存し展開されていると言えるかもしれない。『アンチ・オイディプス』でブルジョワジーからプロレタリアートが割って出る運動として問題にされた階級の二極化（新たな階級の構成）は、二〇〇〇年代前半から日本のみならず世界各国で、プロレタリアートからプレカリアートが割って出る運動として闘われてきた。『千のプラトー』で問題にされたマイノリティによる公理闘争は、二〇一〇年に鳩山由紀夫民主党政権が普天間基地の「県外移設」を断念して以降の琉球での基地返還／独立闘争、また、二〇一一年に福島第一原発事故が始まって以降の福島での脱被曝／反原発闘争として闘われてきた。『哲学とは何か』で哲学の政治化として問題にされたマジョリティによる闘争は、一九九〇年代後半のオルターグローバライゼイション運動（G8に象徴されるような先進諸国のユニテラリズムに対する異議申し立て）、二〇〇〇年代前半の反戦運動（国際的コンセンサスを無視した米英主導のアフガニスタン及びイラクへの武力侵攻に対する異議申し立て）、アラブの春（チュニジア、エジプトなど）を契機とした世界各地での広場占拠運動において、また、日本ではとりわけ原発再稼働反対運動から安保法制反対運動へと至るこの六年間の一連の運動（民意をカウントしない閣議決定や強行採決への異議申し立て）において、民主主義をめぐる市民たちの運動として闘われてきた。

これら三つのプラトー、三つの戦線は利害の水準では互いに大きく異なる。民主主義の危機を眼前にしてその回復を求める「反ファシズム」運動は、一〇〇%から九九%として市民たちが割って出て一%の寡頭支配層に敵対することに存するが、プレカリアートの「反貧困」運動は、まさにその九九%を二つに割ること、すなわち、九九%から貧者（アンダークラス）が割って出て富者（従来の労働者階級）に敵対することに存している。原発再稼働反対運動から安保法制反対運動へと至る市民たちの運動が、それに先立って展開されていた反貧困運動との切断を強調し、また逆に、二〇一一年以後も継続されたアンダークラスの運動が、市民たちによる反ファシズム運動に対して距離をとり続けてきたのは、ただ単に、活動家たちの間でのヘゲモニー闘争ゆえのことではない。反ファシズム運動では、闘争主体はあくまでも九九%の市民（「国民」）でなければならず、これが二つに割れてはならなかったし、反貧困運動では、その九九%の直中にこそ敵対性（階級闘争）を創出しなければならなかった。「東電放射能公害事件」（矢部史郎）による被曝のリスクが貧者と富者で異なるのは誰の目にも明らかだが（汚染農作物を食べるのは誰か、福島第一原発で作業員として働くのは誰か）、それでもなお、反原発運動のスローガンはあくまでも「放射能の雲の下では我々はみな平等である」というものでなければならなかった。**民主主義の危機の前では我々はみな平等だ、と唱える市民運動に対して、プレカリアート運動は、そのような「平等」の下でこそ富者によって貧者の富が収奪されている、と返すのである。**

米軍基地をめぐる琉球での運動は、街頭においてのみならず選挙を通じても繰り返し表明されてきた彼らの意思が東京によってまったくカウントされない、ということに対する異議申し立てであり、その意味では、市民たちの反ファシズム運動と同様、民主主義を求める運動だと言えるかもしれない。しかし、市民たちと決定的に異なるのは、まさに、琉球人が市民としてカウントされたことなど一度もない、という点だ。サンフランシスコ講和条約による琉球施政権の米国への譲渡、同施政権日本返還後の琉球への米軍基地の集中的な押し付けといった戦後日本史が端的に示す通り、本土の市民たちが今日その回復を求めている彼らの民主主義は、琉球人をそこから排除することで成り立ってきたものに他ならない。自分の住む地域に米軍基地があることを望まないのは本土の住民も琉球の住民も同じだが、その大部分が琉球に押し付けられることで、本土の住民の声は民主的に尊重されてきた。琉球への押し付けは、本土に民主主義を維持するための条件であり、本土住民が市民であり続けるための条件なのだ。

　民主的手続きでは処理し得ない問題《アポリア》を押し付け得る外部として「周縁」を創出することで初めて、その内部に民主主義（市民社会）の確保された地域としての「中心」は形成される。この中心／周縁関係は、福島県を初めとする放射能汚染地域と非汚染地域の間にも見られ、ここでもまた、周縁の上に再領土化され「土人」に位置づけられた人々が、「市民であること」への権利のために闘っている。福島第一原発事故発生後に日本政府が、原子力緊急事態宣言に基づいて一般住民の被曝限度量を年間一ミリシーベルトから二〇ミリシーベルトに引き上げて以来、汚染地域で生活することを余儀なくされた住民たちには、非汚染地域と同様の権利、すなわち、日本国憲法で定められた「健康で文化的な最低限度の生活を営む権利」が認められていない。彼らは民主主義空間の外に置かれており、人間または市民として扱われていない。これに対して、福島県やその他の放射能汚染地域では、汚染ゆえに自らの生活圏からの立ち退きを迫られた住民たち、汚染地域に住み続けることを余儀なくされた住民たちによって、脱被曝運動（放射能市民測定や子供の保養活動）／反原発運動（国家と東京電力に原発事故の責任を問い、正当な補償を求める法廷闘争）が数多く立ち上げられている。福島第一原発事故発生後における汚染地域住民の民主主義空間からの排除の基礎は、言うまでもなく、中心（大都市圏）による周縁（地方）への原発の押し付けにある（これについては本章で後に詳しく見る）。

中心における民主主義（市民社会）の維持は、抑圧対象としての周縁の創出、システム内へのその組み込みなしにはあり得ない（高橋哲哉は、二〇一二年刊行の著作[1]で琉球と福島を同時に論じ、両者に同形の「犠牲のシステム」を指摘しているが、「犠牲にされるもの」を眼前にして「責任」を自覚するよう市民に求める高橋の議論の有効性を、私たちは、少なくとも琉球と福島については認めない。この問題についても本章後半で再論する）。その意味で、市民による反ファシズム運動（マジョリティによる民主主義回復闘争）と、琉球人による反米軍基地闘争、福島住民による脱被曝／反原発運動（マイノリティによる人権闘争）との間にも、利害の不一致、あるいはより根底的には、利害の対立があると言わねばなるまい。**琉球民族や福島住民は、今日のファシズムと闘っているのではなく、近代市民社会、民主主義と闘っているのである。**

マジョリティによる反ファシズム闘争、プレカリアートによる階級闘争、マイノリティによる人権

1　高橋哲哉、『犠牲のシステム――福島・沖縄』、集英社新書、二〇一二年。

闘争。利害の水準では一致せず、互いに対立し合っているとさえ言えるこれら三つの闘争が、それでもなお同時代的に展開されているのは、やはり、共通する何かが三者を横断しているからだろう。三つの闘争の同時代性、あるいは、その同時代性を決定する横断的共通性（スピノザの表現を借りれば「共通概念」）は、欲望の水準に見出される。互いに異なる三つの利害闘争のいずれにおいても、その直中に共通の傾向を持った欲望的生産（生成変化）が見られる。**今日の日本において私たちが目の当たりにしているのは、賃労働にもはや立脚しない新たな生の創造という共通の過程の上に、反ファシズム闘争を通じて市民が、階級闘争を通じてプレカリアートが、権利闘争を通じて琉球人と福島住民がそれぞれ自らを再領土化する、という運動である。**利害のマクロ的水準では「悪い出会い」しかなさない三者が、欲望のミクロ的水準で「よい出会い」をなすのだ。

3　プレカリアートによる階級闘争

小泉政権による新自由主義改革の一環として雇用規制緩和が急速かつ強力に押し進められる中で、二〇〇〇年代中頃に非正規雇用労働者の労組が複数創設されるなどして日本でも本格化したプレカリアート（ワーキングプアや外国人労働者、ホームレスや生活保護受給者なども含む）の運動は、今日まで続く世界的経済危機が始まった二〇〇八年に「反貧困」の旗印の下で一気に可視性を獲得し、マスメディアでも連日のように報じられるほどの大規模な運動となり、二〇〇九年の衆院選での民主党圧勝、菅政権誕生を導くことになった。しかし、二〇一二年に自公が与党に返り咲き、アベノミクスが開始されると、彼らは「反貧困」に代わる新たなスローガンとして「反富裕」を掲げるようになる。この転換は重要だ。「反貧困」がプレカリアート運動を利害の水準で規定するものだったとすれば、「反富裕」は同じ運動を欲望の水準で規定し直すものだからである。

今日の日本のプレカリアート運動において、「反富裕」は互いに対立する二つの異なる意味を付与されている。一方は、運動を「反貧困」と連続させ、他方は、運動を「反貧困」から切断する。一方は、労働者階級からこれに敵対する新たな階級（プレカリアート）として割って出るアンダークラスの階級利害を強調し、他方は、プレカリアートからさらに分裂者が階級外主体集団として割って出る欲望を表現する。「反富裕」は第一に、貧者の富を収奪する富者への敵対を意味する。ここでの「富者」にはブルジョワたちだけではなく、ブルジョワとの個別的な労働力の売買が従来通り等価交換にとどまっているタイプの労働者たち（主として正規雇用労働者）も含まれる。今日のブルジョワ及び等価交換労働者の経済的安定は、不等価交換対象となる労働者を創出し、日々蓄積する疲労の果てに彼らが野垂れ死ぬまで彼らの富を恒常的かつ一方的に収奪し尽くすことに全面的に立脚している。そうした今日的「富裕」に反対することが「反富裕」の第一の意味であり、これは「反貧困」のうちに既にそのネガとして含意されていたものだ。

しかし「反富裕」はまた、労働者階級からプレカリアートが割って出る敵対的切断としての「反貧困」のさらなる切断（切断の切断）という意味でも語られる。常にいっそう豊かになりたい、常にいっそう富を蓄積したい、というのは欲望の問題であって、当人が富者であるか貧者であるかは関係がない。資本主義はこの欲望（オイディプス化）を社会的に生産し、家族や学校、マスメディア（SNSも含む）などの国家装置を通じて一人ひとりの個人に刻み付けることで、人々を交換の回路の中に同化する。それが不等価交換であり、自らの利害に反するものであることを知りながらもなお、人々が交換回路の中へと導かれるのは、欲望のこのような操作ゆえのことに他ならない。「反富裕」の第二の意味はここから生じる。常にさらなる豊かさ、常にさらなる人間化、常にさらなるマジョリティ化を求める偏執狂的備給との訣別、「反貧困」においてはまだ温存されていたオイディプス化との訣別。**プレカリアート運動は、文字通りの「アンチ・オイディプス」としてのこの「反富裕」によってこそ、資本主義をその下部から掘り崩す創造的過程の上に自らを再領土化するのである。**

「反貧困」から「反富裕」へのスローガンの転換がアベノミクスの導入を眼前にして行われたのは、偶然ではないだろう。「反富裕」の二つの意味は、アベノミクスをめぐる二つの点に対応していると言えるかもしれない。一つは、富者による貧者の富の収奪（富者による貧者に対する植民戦争）という新自由主義の根本原理が、アベノミクスによってそれ以前とは比較にならないほどあからさまな仕方で政策として具現化された、という点であり、もう一つは、新自由主義の根本原理をそのように剝き出しで適用することなしにはもはや立ちいかないような臨界点にまで今日、資本主義それ自体が至っている、という点である。

アベノミクスで目指されてきたのは、その「三本の矢」のいずれにおいても、徴収／再分配装置としての国家を介した貧者から富者への富の移転である。第一の矢（金融政策）においてはゼロ金利、量的緩和、円安という三つの要素から主として二つの効果の実現が目指される。ゼロ金利（利子率＝

0）は、それ単体でも、量的緩和との連動においても、金融市場へのマネー供給を目的とした措置である。ゼロ金利は、それ単体では貯蓄を金融市場に吐き出させ、量的緩和との連動においては、新たに創造されたマネーが貸付として市中（フロー回路）に流出することをブロックし、金融市場（ストック回路）へのその流入をより確かなものとする。他方、円安は、マーケットの拡大なしに輸出メーカー（トヨタなど）に直ちに増収をもたらす。金利をゼロに保った（あるいはマイナスに引き下げた）状態での量的緩和は、日本社会全体に債務を負わせることで創造したマネーを金融セクターだけに集中させるという点で、円安は日本社会全体に為替差損を平等に分配しつつ輸出メーカーだけに為替差益を享受させるという点で、いずれも貧者から富者への富の移転に他ならない。第二の矢（財政政策）としては、建設国債発行による公共投資、消費税率引き上げなどがプログラムされているが、前者は、社会全体に債務を負わせ建設セクターに富を集中させるという点で、後者は、社会全体から平等に徴収した税を還付金として輸出メーカーに集中的に再分配するという点で、第一の矢における諸オペレイションと同様、いずれも国家を介した貧者から富者への富の移転に他ならない。第三の矢（成長戦略）の主軸は雇用規制緩和に存するが、これは、労働者を正規雇用と非正規雇用に分割し、非正規雇用労働者における個別的労働力の売買を不等価交換とすることで、そこから生じる富をブルジョワと正規雇用労働者で山分けしようというものであり、ここにおいても貧者から富者への富の移転が目指されていることは言うまでもない。

アベノミクスにおいて興味深いのは、以上に概観したそのオペレイションのいずれもが社会民主主義的な正当化言説を伴っている、という点だ。ゼロ金利は貯蓄から消費への転換を促すもの、量的緩和は貸付を通じた市中へのマネー供給とそれによるデフレ脱却を目的としたもの、円安による輸出メーカーの増収や建設国債発行による公共投資はトリクルダウンを狙ったもの、消費税率引き上げは社会保障財源の安定的確保、雇用規制緩和は「一億総活躍社会」実現のためのものだとそれぞれ説明され、アベノミクスはその総体において、国内市場の再活性化を企図する経済政策（開発主義）だとして正当化される。重要なのは、このような社会民主主義的正当化言説が、高度成長期とは異なり、権力の実際の行使を隠蔽する（隠蔽によって円滑な権力行使を可能にする）イデオロギー的代補装置としてはもはやまるきり機能していない、という点だ（そうした言説を人々が信じることは最初からまったく期待されていない。アベノミクスについても「ポスト・トゥルース」を語るべきだ）。アベノミクスが金融セクターや大企業へと富を集中させる政策であることの否認に存する社会民主主義的正当化言説は、それ自体、金融市場向けの言表記号として発せられているのである（金融市場において記号は今日もなお、雇用統計の発表など、実体経済への参照性を纏っていることが求められる。今日の「労働者」は、その労働によって生産を担う者ではもはやなく、その存在によって金融市場内に記号を投じる者になったと言えるかもしれない。この移行に応じた権力形態の変化こそ、フーコーが「規律権力」から「生権力」へのそれとして論じていたものだったのではないか）。

　プレカリアート運動における「反富裕」の第一の意味、すなわち、植民戦争を仕掛けてくる富者を前にして貧者の側からもこれにはっきりと階級的に敵対することとしての「反富裕」が、以上に素描したような、富者による貧者の富の収奪を一切のイデオロギー的代補なしに自己脱構築的に組織するというアベノミクスの新奇性に対応しているとすれば、第二の意味、すなわち、常にさらなる豊かさの希求というオイディプス的備給から貧者自身が自らの欲望を逸脱させ、賃労働に立脚しない新たな生の創造へと向かうこととしての「反富裕」は、アベノミクスのような経済政策が実施されなければならない、という事実それ自体によって体現されている危機、資本主義が今日直面している危機に対応していると言えるだろう。最も簡潔に言えば、産業資本の危機である。財の市場が世界的に飽和状態に達し、消費の停滞に比例して生産も横ばいあるいは縮小傾向にある中で、資本主義はその主軸を産業資本から金融資本へと移しつつある。産業資本主軸体制の下での資本と労働の蜜月、ブルジョワジーとプロレタリアートの階級協調は終焉を迎えつつあり、産業資本の枠内での資本の価値増殖の手段は搾取から収奪へと転換されつつある。搾取とは、個々の労働者の個別的労働力を等価交換で購入した上でその総体を集団的労働力に転化し、集団的生産物を労働者自身に購入させることで、そこに内包されている剰余価値を実現する、ということだ。搾取における価値増殖の要は個別的労働力の集団的労働力への転化にある。これに対し、収奪においては、個々の労働者の個別的労働力の売買それ自体が不等価交換としてなされる（不安定労働者は生産過程で費やした自らの労働力を回復するのに足る賃金を支払われず、死に至るまで日々疲労を蓄積する）。今日の労働者は不可逆的な階級分断を強いられ、そのうちアンダークラスに位置付けられた者は、二重に収奪の対象とされることになる。産業資本の下では不等価交換を強いられ（収奪の第一形式）、支払われた賃金は彼らが負わされた債務を通じて金融市場に吸い上げられる（第二形式）。収奪の第二形式に関しては、テレビＣＭなどを通じて（主として不安定労働者に向けて）日常的に展開されている、ＦＸオンライン自宅取引への執拗な誘導も看過できない。**産業資本の危機は、資本平面上での利害闘争としての「反貧困」の不可能性を貧者たち**

に突きつけるのであり、そのことが貧者たちを「反富裕」の第二の意味、分裂者的リビドー備給としての「反富裕」へと向かわせるのだ。

4　市民による反ファシズム闘争

プレカリアートによる階級闘争と並行する形で、とりわけ二〇一一年から市民による反ファシズム闘争が展開されることになった。原発再稼働反対運動から特定秘密保護法反対運動を経て軍国化反対運動へと続いたこの六年間の日本での一連の闘争は、民主主義（近代市民社会）の危機を眼前にして展開されたものだと言ってよい。自分の声がカウントされなくなってしまった、自分の権利が侵害されている、自分が人間あるいは市民として扱われなくなってしまった、と強く感じた多くの人々の怒りが、闘争を駆動させてきた。原発再稼働反対運動が真に大規模なものとなったのは、東電放射能公害事件発生以来、官邸前デモなど、様々な形で日本住民の多くが「反対」を表明していたにもかかわらず大飯原発再稼働を閣議決定した、野田政権の非民主的振舞いを契機にしてのことだった。特定秘密保護法制定に多くの人々が反対したのも、それが情報の民主的配分を反古にするものであり、「知る権利」の侵害であると認識されたからだろう。反軍国化運動もまた、憲法九条の事実上の改定が安倍政権による解釈変更閣議決定とこの決定に基づいた安保法案の自公与党による強行採決とによって進められ、また、武器輸出三原則の見直しが、国内的コンセンサスをあからさまに無視する仕方で、やはり閣議決定によってなされる、という状況を眼前にして展開されたものだった。

民主主義の危機を眼前にした人々による怒りはリアルなものであり、そのリアリティは決して否認されてはならないが、しかし、こうした一連の運動において人々は、民主主義回復を求める反ファシズム闘争の直中において、もう一つの別の闘争を同時に生きてきた。奪われた権利を取り戻そうとする闘争（マクロ政治）の直中において、新たな生の創造へと向かう闘争（ミクロ政治）が同時に進められてきたのである。

脱原発を求めて闘ってきた人々はみな、脱原発の帰結として起こり得る電力供給の不安定化が、電力セクターのみならず、国内のすべての産業セクターにネガティヴな効果を与えることを、多かれ少なかれ認識していたはずだ（「国内すべての原発の操業が今日一時停止になっているが、日本経済はこれまで通りしっかり回っているではないか」といったことが盛んに言われたのは事実だが、これは以上のような認識がまずあった上でのその戦術的否認だったと見なすべきだろう）。**自身も労働者あるいは将来の労働者である人々が、雇用の不安定化を招きかねない脱原発を、そうと認識しながらもなお求めたのである。**これは、人々が権利回復と雇用安定を天秤にかけ、それらの利害を計算した上で、前者を選択したということではない。そうではなく、権利回復運動の直中において、いかなる利害計算からも析出され得ない絶対的に異質な運動が同時に生起したのだ。利害やその計算に基づく運動ではなく、利害に反する計算不能な欲望の運動。正規か非正規かを問わず、労働者が自らの階級利害に対立する。労働が労働そのものに刃を向け返す。労働者が労働者から割って出る。二〇一一年以後の脱原発あるいは反原発運動にあってそのミクロ政治の次元に見出されるのは、労働者が労働者であるという状態から自らを脱領土化し、非労働者になるという過程の上に自らを再領土化する運動なのだ。「反原発」**とは反労働のことであり、「脱原発」とは賃労働に立脚した生からの脱領土化のことに他ならない。**

原発再稼働反対運動と軍国化反対運動は、民主主義の回復を求めるマクロ政治においてだけでなく、新たな生の創造へと向かうミクロ政治においても連続している。日本の産業資本に残された唯一の明るい未来が（戦後平和主義のおかげで幸運にも）これまで相対的に未成熟にとどまってきた軍需セクターにあることは誰もが知っている。鉄道の発明などと肩を並べるようなイノヴェイション、無際限のポテンシャルを持った新たな市場を真にゼロから立ち上げるようなイノヴェイションなど、もはや一切期待できないと考えられるようになって久しい今日（インターネットからリニア新幹線建設に至るまで、今日ではもはやイノヴェイションのシミュラクルしかない）、産業資本を延命させるための唯一の方途、「雇用を守る」ための唯一の方途が、消費のブラックホールとしての戦争（あるいはその恒常的リスク）に存する、ということは世界中の誰もが認識している。それでもなお人々は軍国化に反対したのだ。我々政治家が憲法九条の解釈を変更し、新たな安保法を制定し、武器輸出三原則を見直すのは（同時にまた、国内原発を再稼働させ、原発輸出を今後も進めようとするのは）[2]、何よりもあなた方、労働者のためなのだ。戦後平和主義をこのように抜本的に改めようとする我々の振舞いは、確かに、そのラディカルさにおいてあなた方を驚かせるものであろうし、あなた方にとってなかなか受け入れ難いものであろう。しかし我々は、あなた方の暮らしを守り抜くという我々に課せられた責任を、何としてでも果たしていかなければならない。そのためにこそ、労働者を切り捨てて金融資本へとその主軸を戻せば事足りると考えている資本に対して、戦争経済への途を拓いてやることで、何とか産業資本に踏みとどまらせようとしているのである……。半ば本心からそう言っているのであろう安倍首相に対して、人々はただ一言「安倍やめろ」と返す。余計なお世話だ、我々はあなた方の世話にならずとも生きていける、我々の力能はあなた方が考えているよりもずっと大きい、それがどのようなものとなるかはまるでわからないが、それでもなお我々は既に、賃労働に立脚しない新たな生へと踏み出す決心がついている、と人々は言っているのだ。

賃労働に立脚しない新たな生の創造は、ガタリが『アンチ・オイディプス草稿』において述べたような意味で、資本主義的原理を内面化させてきた超越論的審級（オイディプス）を諸主体がその欲望に基づいて廃棄し、新たな集団的主体性、純粋内在性の集団的行為主体、すなわち「主体集団」を形成する、ということに存する。二〇一一年以後の市民による反原発運動やこれに連続する反軍国化運動（マジョリティによる反ファシズム闘争）にも、『アンチ・オイディプス』で論じられていたような「主体集団」の形成を観取しなければならない。同様にまた、「反富裕」運動（プレカリアートによる階級闘争）にも、福島住民による脱被曝闘争、琉球民族による反基地闘争（マイノリティによる人権闘争）にも、それらがオイディプスを廃棄する集団的な対抗リビドー備給を伴っている限りにおいて、新たな生を創造する主体集団の形成を見て取ることができるだろう。これらすべての運動は怒りによって駆動される。**人々は、彼らの生命を危険に曝すものに対して怒り、その怒りに押されて運動へと**

2　日立、東芝、三菱のような原発メーカーが同時に武器メーカーである点を想起せよ。福島第一原発事故発生後の世界的な原発不況下において日本の産業資本を「守り抜く」ために必要なことは、原発再稼働、原発輸出に加えて武器輸出である、というのが安倍政権のロジックである。

身を投じ、その運動の直中で、資本主義的主体性から自らを脱領土化し、純粋内在性の集団的行為主体の構築過程の上へと自らを再領土化するのだ。人々の怒りは、原発や放射能、改憲や戦争、雇用規制緩和や収奪、米軍基地といった外（利害）に向けられているだけでなく、オイディプスという彼ら自身の内（欲望）にも向けられている。

5　福島住民／琉球民族による人権闘争

福島県の放射能汚染地域に住む人々は、日本政府が福島第一原発事故下で一般住民の被曝限度量を年間一ミリシーベルトから二〇ミリシーベルトへと引き上げたことに伴って、放射能汚染の直中で生活することを余儀なくされている。そのような現状に対して、多くの「市民」たちが、放射能測定や子供の保養のような脱被曝活動のための団体を立ち上げ、環境や食物の放射能汚染を調査、管理し、子供を非汚染地帯で保養させることによって、被曝量を低減する努力を続けている。他方でまた、多くの「市民」たちが幾つもの原発事故訴訟原告団や原発事故被害者団体連絡会（ひだんれん）――多くの原発事故訴訟原告団を横断的に接続した組織――を形成して、福島第一原発事故の法的責任を問い、原発事故被害に対する正当な賠償を実現すべく、国家と東京電力を相手として法廷闘争を展開している。彼らは自分たちを「市民」と呼称しているが、実際には彼らは、非汚染地域よりも多くの被曝を日常的に強制されつつ生きなければならないという点で、非汚染地域と平等の権利を保障されておらず、「市民」というカテゴリーにはカウントされない存在へと落ち込んでしまっている。重要なのは、**彼らは「市民」を名乗りながらも、自分たちが「土人」としてしか扱われていないことを知っており、そうであるがゆえに彼らは、脱被曝／反原発運動を日常生活において展開するその直中で、マイノリティ性への生成変化の過程に入る、**という点だ。食物や土地の放射能測定、除染、子供の保養のような日常的な脱被曝活動を通じて、また、広大な土地を放射能で汚染しておきながらその責任を認めようとしない政府と東京電力（「一四メートルの巨大津波が来れば福島第一原発が全電源喪失に至る危険性があることは我々も知っていたが、それはあくまでも仮定的検証に過ぎず、実際に巨大津波が来たことは想定外である」、「放出された放射性物質は無主物であり、それを撒き散らした我々に責任はない」）を相手に不条理な法廷闘争を続けることを通じて、彼らは自分たちが国家と資本によって汚染地域に「棄民」されていることを一点の曇りもなく意識化するのであり、その意識化を契機として、彼らはマイノリティ性への生成変化の過程の上に自らを再領土化するのである。

　東京電力の原発が、同社の電力供給圏外である福島に立地しているのは、端的に言って、首都圏住民が、自分たちの暮らす地域にあることを望まない原発（NIMBY: Not In My Backyard）を、福島に押し付けてきたからである。福島を初めとした地方は、大都市圏内に民主主義を確保するために創出されたその外部、植民地に他ならない（小出裕章による「原発とは差別のシステムである」という命題を想起せよ）。大都市圏と地方の間の逆転不可能な経済的、政治的関係性に基づいて創出されたこうした差別のシステムを、私たちは別の場所で「構造的差別」と定義した。[3] 地方からの反原発運動、マイノリティによる反原発運動は、従ってまず、マジョリティである大都市圏住民からのこの原発押し付け、すなわち構造的差別を拒絶するということに存する。あなた方、大都市圏住民と同じように、我々も、自分たちの暮らす地域に原発があることは望まない、と地方住民は声を上げるのだ。**我々はすべての原発を大都市圏住民に返還するが、しかし同時に我々は、この地球上のいかなる場所にも、新たな「福島」の創出を決して許さない、**と。「どんなに些細な要求であっても、人々が彼ら自身で自らの問題を提起し、そのより一般的な解決を可能にする個別的状況を少なくとも彼ら自身で定めてみせるとき、彼らの要求には必ず、公理系にとって耐えることのできない点が含まれることになる」[MP, 588／(下)二四〇]。中心からの原発押し付けを拒絶することは、しかしまた、地方住民たちが、原発に経済的に依存した生活形式から自らを脱領土化し、新たな生活形式をゼロから創造する過程の上へと自らを再領土化するということでもある（福島において、この脱領土化／再領土化の運動は、放射能汚染による同地の脱領土化／再領土化の対抗実現をなす）。脱被曝／反原発運動を自分たちの日常にする、日常生活を運動化する、生活それ自体において闘うとは、全国各地において再稼動を積極的に推進して原発を延命させる中央集権的政治＝官僚機構にも、福島第一原発事故のような過酷事故を起こしてもなお恥ずかしげもなく原発再稼働に固執する資本（東京電力）にも依存しない、新たな生の無限かつ集団的な創造過程の中に入るということなのだ。

　東電放射能公害事件下ではまた、福島のみならず東京など東日本各地からの自主退避、今日まで続く大規模な移住運動も展開されている。これまで暮らしてきた土地から自らを脱領土化し新たな土地へと自らを再領土化する移民たちの運動には、被曝から逃れるという利害的備給に加えて、それとは峻別されるもう一つのリビドー備給、すなわち、**それがどのようなものとなるのかを予め知ることは**

まるきりできないが、それでもなお、あるいは、そうであるからこそいっそう、新たな生の創造過程に入る、という欲望的備給がある。「放射脳」は、放射能の拡散を眼前にしてあたかも（動物的）本能を突如として取り戻したかのように自らの利害を明確に把握する人々の脳の明晰さ、透明性といったもの（『生きものの記録』などで黒澤明が描いてきたような脳）の謂いではなく、むしろ正反対に、利害に対してその過剰をなす欲望の発動、利害への欲望の従属の逆転の謂いとして理解されるべきだろう（本能に従うならば、見知らぬ土地へ移住して新たな生活を始めるよりも、現住地にとどまってこれまで通りの生活を続けたほうがよい、ということになるはずだ）。人々を脱領土化へと駆り立てるのは、存在の再生産へと前意識的備給を行う偏執狂的脳ではなく、新たな存在の生産へと無意識的備給を行う分裂者的脳なのだ。放射能汚染地域内での脱被曝運動とそこから立ち去る移民運動との間には、従って、ロシア革命とアメリカ革命の間に見出され得るような共通性がある。一方はその場でなされ、他方は移動を伴ってなされるが、いずれにおいても、「状態」からの脱領土化と「過程」の上への再領土化が問題になっている。

琉球民族による米軍基地反対運動は、利害の水準においては、マイノリティによる人権闘争として闘われている。市民であることへの権利、人間であることへの権利を求めて彼らは闘っている。一九七二年に琉球施政権が日本に戻されて以降、琉球民族は形式上は日本市民となったが、実質上は市民として扱われたことは一度もない。彼らは常に「土人」として扱われ、そのことが本土における民主

3　佐藤嘉幸・田口卓臣、『脱原発の哲学』、人文書院、二〇一六年、とりわけ第三部第一章。

主義（市民社会）の可能性の条件となってきた。もちろん琉球民族にも日本の法制度に則して参政権が与えられているが、しかしそれは形式上のものでしかない。これまで一貫して票は東京の意向に一致する限りで声としてカウントされ、そうでなければ積極的に無視されてきた。二〇一四年に実施された三つの選挙（名護市長選挙、衆議院議員選挙、沖縄県知事選挙）では、いずれにおいても辺野古新基地建設反対の住民意思が示されたが、そのたびごとに安倍自公政権は、選挙結果がカウントするに値しないものであるとする見解をはっきりと表明してきた（「普天間基地の辺野古への移設について、我々は仲井眞知事と既に合意に達している。選挙のたびに合意を白紙に戻していたら、何のために合意したのかわからなくなってしまう」）。反対に、二〇一六年一月に実施された宜野湾市長選挙で賛成派の現職の左喜眞淳市長が当選した際には、一転、同じ政権はその選挙結果を積極的にカウントする姿勢を示した（「日本は民主国家であるゆえに、我々は選挙で示された住民の意思に従い、辺野古への基地移設を粛々と進めていかなければならない」）。

　法権利の水準では市民として承認しながら、実際の権力行使の水準では市民としてカウントしない。法権利の普遍性と権力行使の特殊性とのこの離接的な連動は、北による南の創出、すなわち、マジョリティが自らのシステム内にマイノリティを土人（抑圧対象）として包摂する際の典型的な統治手法の一つだと言えるだろう。形式的な市民権承認によって、実質的にも市民であることへの恒常的なインセンティヴをマイノリティに与え、システム内に自発的にとどまり続けるよう彼らを導く。形式的な票を実質的な声としてカウントするよう東京に求める闘争は、従って、それ自体としては当の東京によって設定された舞台の上にとどまる。在琉米軍人による殺人や強姦、米軍ヘリ墜落などを前にした日米地位協定改正要求運動、騒音や環境破壊に対する改善要求運動、オスプレイ配備反対運動などが、東京の設定した舞台の上でこれまで展開されてきたが、しかし、二〇一〇年に鳩山由紀夫民主党政権が普天間米軍基地の「県外移設」を断念したのを契機に誰の目にも明確となったのは、まさに、闘争が日本の民主主義システム内でのそれにとどまる限り、今後とも（いかなる勢力が政権の座に就こうとも）琉球民族は土人として、琉球は植民地として扱われ続けるに違いない、ということだ。今日の闘争では実際、二〇一五年九月に国連人権理事会で翁長雄志知事が琉球民族の「自己決定権」についてその語を用いてはっきりと言及するなど、琉球独立あるいは復国がかつてないリアリティを以て語られるようになってきている。人間であることへの実質的な権利が東京の設定する舞台の上では勝ち取れないのであれば、人権闘争はその舞台の外で展開される他ない。形式的な票と実質的な声との一致は、国際社会を新たな舞台として琉球民族自身が自らに与えるしかない。

琉球民族による反基地運動においては、しかし、人権闘争の直中においてもう一つの別の闘争が同時に展開されてもいる。琉球の労働者の多くが、沖縄振興開発策やその他の経済支援策も含めた広い意味での「基地経済」に依存していることは事実だ。県内での基地移設、新基地建設は何よりもまずあなた方、沖縄の労働者の暮らしを守ろうと考えてのことなのだ、とやはり半ば本気で言う安倍政権に対して、琉球の労働者たちは、余計なお世話だ、我々は基地や振興策などなくとも生きていける、我々の力能、生きる力を見くびらないでいただきたい、と返すのである。もちろんここには、基地経済に代わる新たな産業開発（基地撤廃後跡地の再開発など）とその下での新たな雇用創出とを琉球内民族ブルジョワジーに期待する、という側面もあるだろう。復国が今日の琉球において現実的な政治アジェンダとなりつつあるのは、民族ブルジョワジーがそこに利を見て取っているからであろうし、二〇一四年の知事選で翁長候補が掲げたスローガン、「イデオロギーよりもアイデンティティ」や「オール沖縄」は実際、琉球内階級協調の謂いに他ならない。しかし、それでもなお、琉球ブルジョワジーの基地経済からの脱領土化と琉球プロレタリアートのそれとは、あくまでも互いに異質な別個の過程と見なすべきであろう。フランス革命において、友愛と平等への無産者大衆の「熱望」が、あるいは、それらの熱望からなる「熱狂」が、その帰結として実現されたブルジョワ社会（資本の下での「友愛」、法の前での「平等」）によってはまるきり説明され得ない（エンゲルスによれば、この「熱狂」は一七九六年のバブーフによる「平等者たちの陰謀」において初めて言語化されたが、バブーフのこの到来は「遅過ぎた」）のと同じように、反基地闘争における琉球労働者大衆の今日の熱狂もまた、琉球ブルジョワジーの企図する新たな琉球資本主義によっては説明され得ず、これを絶対的にはみ出すものであるはずだ。琉球労働者大衆は実際、基地経済からの彼らの脱領土化運動を相対／絶対の二つの次元において同時に生きている。運動が新たな琉球資本主義（及び琉球市民社会）の上への再領土化へと接続されるのは、あくまでもその相対的次元においてのことであり、その絶対的次元すなわち「熱狂」においては、運動は賃労働一般からの脱領土化として生きられる。**基地廃絶を求める琉球労働者たちは、彼ら自身の階級利害に反する熱狂を生きているのであり（分裂者的リビドー備給）、この熱狂の絶対性に押されて彼らは、賃労働にはもはや立脚しない新たな生を創造する過程（生成変化）の上へと自らを再領土化するのである。**

松島泰勝はその著書『琉球独立宣言』[4]において、琉球復国について、それが日本を「本当の独立」

へと導くものでもあると論じている。琉球が復国し、琉球に米軍基地を押し付けられなくなると、日本は自国内で米軍基地の新たな押し付け先を見つけなければならなくなる。自らの植民地を失うことで初めて日本は、自分自身が「アメリカの植民地」であるという事実に直面させられることになる。米国による植民地支配をそっくりそのまま転嫁できる先としての琉球を失うことで、日本の民主主義はその根底から危機に曝されることになる。それでもなお日本国民が民主主義を維持したいと望むのであれば、彼らは日本国家に対して米国からの「本当の独立」（日米安保体制の解消）を必然的に求めなければならなくなる、ということだ。

松島が日本の「本当の独立」を語るのは、恐らくは戦術上の配慮ゆえのことだろうが（日本人にとってもメリットのあるものとして琉球復国を呈示する）、しかし、ここで描出される過程はやはり大変興味深い。この過程においては、マイノリティの始動させる運動の中にマジョリティが巻き込まれるのであって、その逆ではない。日本による琉球の植民地支配は、日本人をモデルに位置付け、このモデルへの常にさらなる自己同一化を琉球人に欲望させることで彼らをシステム内に捕獲しつつ（偏執狂的リビドー備給の組織化）、実質的には彼らをあくまでもその劣ったコピーとして扱い続けること（モデルである我々は基地経済などなくてもやっていけるが、あなた方は、我々をコピーし我々に追いつくために、米軍基地や開発援助を字義通りの「飛び道具」として必要としている）に存するが、琉球復国はこの関係を逆転させつつ、モデル／コピーという図式ではもはや捉え得ない新たな関係へと日本人／琉球

4　松島泰勝、『琉球独立宣言——実現可能な五つの方法』、講談社文庫、二〇一五年。

人を導く。琉球人が日本から自らを脱領土化することによって、日本人もまた、民主主義の維持を望む限りで米国からの脱領土化を迫られる。米国から日本へ、日本から琉球へ、という力の働きかけの方向が逆転させられる。松島は、琉球の経済発展の可能性の根拠として、琉球が地理的に「東アジアの中心」に位置していることを強調しているが（実際、物流業者の多くは既に那覇にハブを置いている）、琉球は復国によって政治的にも「日本の南の端っこ」から自らを脱領土化して「東アジアの中心」へと自らを再領土化し、琉球を中心として描き改められた東アジア地図の上に日本も新たに再領土化されるのである。

この地球の表面に第二、第三の、無数の琉球が花咲かなければならない。しかし、これは単に独立が継起連続するということではなく、それ以上に、民主主義がその根底から問いに付され、また、これに伴ってマジョリティがその足下から揺さぶられるということだろう。琉球が復国することによって、米国基地の新たな押し付け先が日本国内で（恐らくは、原発が押し付けられてきたのと同じような貧しい地域に）定められることになるだろう。仮に日本が「本当の独立」を果たして米軍基地を拒否すれば、グアムなどの米国領土内あるいは韓国などの周辺国内に押し付け先が求められることになるだろう。押し付け先なき一つの内部を確保するためには、押し付け先としての外部を創出しなければならない。誰かがマジョリティ（市民）あるいはその下部集合としてカウントされるためには、他の誰かがマイノリティ（土人）としてカウントから外されなければならない。**民主主義は外部を常に必要としているのであり、闘う琉球民族が「媒介者」となって開始される新たな運動は、この認識のうちにすべての人民をその「主体」として巻き込むのである。**琉球復国を起爆点として始まる独立の継起連続、琉球の増殖には、マジョリティであることの恥辱が伴う。土人としてカウントから外されることとの「屈辱」（翁長知事の表現）が、市民としてカウントされることの恥辱によって二重化されることになるのだ。**琉球人たちは、自分たちの身代わりに別の誰かが新たな「沖縄」とされるのを決して許さない。**マイノリティであることの屈辱からマジョリティであることへの権利要求に向かう革命的利害備給をその「ほとんどネガティヴな条件」とすることで、その直中において、マジョリティであることの恥辱からマイノリティ性への生成変化に向かう革命的欲望備給が必然的に始まる。そのようにして世界地図全体が、琉球独立を震源として全面的に書き換えられることになるのだ。

6　絶望と政治哲学——『哲学とは何か』再考

鳩山政権の「県外移設」断念と、福島第一原発事故発生とを承けて執筆された『犠牲のシステム——福島・沖縄』で、高橋哲哉は、琉球と福島に「戦後日本の国家体制に組み込まれた二つの犠牲のシステム」が観取される、と論じている。高橋は「犠牲のシステム」を次のように定義する。

> 犠牲のシステムでは、或る者（たち）の利益が、他のもの（たち）の生活（生命、健康、日常、財産、尊厳、希望等々）を犠牲にして生み出され、維持される。犠牲にする者の利益は、犠牲にされるものの犠牲なしには生み出されないし、維持されない。この犠牲は、通常、隠されている

か、共同体（国家、国民、社会、企業等々）にとっての「尊い犠牲」として美化され、正当化されている。そして、隠蔽や正当化が困難になり、犠牲の不当性が告発されても、犠牲にする者（たち）は自らの責任を否認し、責任から逃亡する。[5]

日本人による琉球への米軍基地押し付けと、大都市圏住民による福島など地方への原発押し付けとに、以上のように定義される「犠牲のシステム」を見出す高橋の議論は、言うまでもなく、同じ問題について私たちが本章で展開してきた議論に近い。高橋が「犠牲にする者」と呼んでいるのは、私たちがこれまで「マジョリティ」あるいは「市民」と呼んできたのと同一の者たちであり（その「利益」について私たちは、ドゥルーズ＝ガタリに従い、等価交換と民主主義からなる社会民主主義が確保される一つの内部の維持だとしてきた）、また、高橋が「犠牲にされるもの」と呼んでいるものの中には、私たちが「マイノリティ」あるいは「土人」と呼んできた者たちが含まれている。後者について「含まれている」と言うべきなのは、高橋自身が「犠牲にされるもの」は「人間だけではない」[6]としているからだ。「犠牲にする者」は、それが人間であるが故にそう呼ばれるが、「犠牲にされるもの」は、そこに土人だけでなく動物も含まれるがゆえにそう呼ばれている。

高橋は、福島と琉球を論じるに当たって土人と動物を区別しない。この点において既に彼の議論は、同じ問題についての私たちの議論から遠ざかり始める。もっとも、「犠牲にされる者」が語られないのは、高橋の立論に従えば当然であり、論理的には納得できる。「犠牲にされる者」という表現は形容矛盾だ。犠牲にされる限りですべては「もの」なのだから。犠牲にされるとは「もの」にされるということ、動物にされる（生け贄の山羊《スケイプゴート》にされる）ということに他ならない。しかし、福島住民と琉球民族について私たちが本章で論じてきたのは、まさに彼らが「もの」ではないということ、生け贄にされるがままの山羊、野垂れ死にしつつあるだけの動物ではないということ、反対に彼らは、屈辱そして怒りを知る土人であり、闘う力を有し、実際に闘っているインディアンであるということだ。「犠牲」（sacrifice）というタームで論じるべき事例や状況、局面も歴史的には確かにあるだろう。しかし、今日の福島と琉球に関してはその限りではないと、現実に照らして私たちは理解している。

ドゥルーズ＝ガタリを論じる私たちにとって看過し得ないのは、高橋の議論が『哲学とは何か』での「政治哲学」論とよく似ている、より積極的に言えば、ほとんど同じである、という点だ（本書第三部第一章で私たちは、『哲学とは何か』について、ドゥルーズ＝ガタリがデリダに最も接近した著作であることを指摘したが、周知の通り、高橋は自他共に認めるデリダ派哲学者であり、「犠牲のシステム」論もデリダの哲学に立脚したものである）。高橋の議論において「犠牲」と対をなす概念は「責任」だが、彼の言う「責任」は実際、『哲学とは何か』でドゥルーズ＝ガタリが「恥辱」と同義のものとして語る「責任」、すなわち、動物あるいは犠牲者（victimes）を眼前にする限りで人間が感じるものとして論じられる「責任」を思い起こさせる（「私たちの責任で犠牲者たちがいるのではなく、私たちは犠牲者たちを眼前にして責任を負う」[QPh, 103／一八六]）。辺野古新基地建設に反対する琉球住民の意思が街

5　『犠牲のシステム——福島・沖縄』、二七—二八頁。
6　同書、二七頁。

頭行動のみならず選挙を通じても繰り返し表明されているにもかかわらず、それを安倍自公政権が積極的に無視し続けるという、二〇一四年から一五年にかけての状況下で、高橋は『沖縄の米軍基地——「県外移設」を考える』[7]を発表し、「在沖米軍基地は日米安保体制下では本来「本土」に置かれるべきもので、それを「本土」に引き取ることが日本政府と日本人の責任である」[8]という主張を展開した。「本土引き取り」論としてよく知られるこの議論にあっても無論、「もの」(動物)と「者」(人間)の二項からなる「犠牲のシステム」という立論は維持されている。日本人が本土にすべての在琉米軍基地を「引き取る」とは、あるいは、高橋の行う言説的オペレイションにより密接に寄り添って言えば、日本人が在琉米軍基地を本土に引き取るべきものとして認識する(本土引き取りを自らの思考に突き付ける)とは、人間である日本人が、動物である琉球人を眼前にして、人間であることの責任を感じる限りで、その責任に強いられて動物になる(人間であるという状態から自らを脱領土化し、動物性への生成変化の無限過程の上に自らを再領土化する)、ということに他ならない。

福島にも琉球にも度々赴いている高橋が、日常生活の直中で福島住民の展開する運動、独立を現実的選択として見据えつつ琉球民族の展開する闘争を知らぬはずはないし、それらとの共闘を望みこそしても、それらを否定するつもりなど決してないだろう。しかしなお、福島や琉球を「犠牲」というタームで語ることは、福島住民や琉球民族の闘いの存在を否認することと同じである(実際、『犠牲のシステム』でも『沖縄の米軍基地』でも、高橋が福島住民の闘争、琉球人の闘争に言及することは一度もない。そうした闘争は彼の立論には収まらないからだ)。この否認によって高橋は何を得るのか。最も簡潔に言えば、政治の唯一の可能性が哲学に見出されるような地平、政治哲学だけが唯一可能な政治であるとされるような地平だ。繰り返すが、人間の営みとしての哲学にだけ政治の可能性が残されるような局面や事例も、歴史上には恐らくある。高橋の仕事に則して言えば、「靖国」はまさにそうした事例の一つかもしれない。しかし、靖国体制下での非抑圧者（戦争へと鼓舞され動員される国民）とは異なり、今日の福島住民も琉球民族も、断末魔にあって呻き叫ぶだけで精一杯の「もの」などでは些かもなく、政治は彼らの闘争によって始まっているのだ。

『哲学とは何か』には「絶望」が感じられ、ドゥルーズ＝ガタリのそれまでの著作とは「風景がまったく変わっている」と小泉義之は指摘している。[9] 実際、『哲学とは何か』にあって最も印象的で、また、同書での立論全体を支配しているのは、「貧困がその領土あるいはゲットーから外に出てこようとするときに、一体どの社会民主主義が発砲命令を下さなかったか」［QPh, 103／一八五］という一節であろう。この一節は確かに、近代史全体について言われたものとして読み得るが、しかし留意すべきは、『アンチ・オイディプス』でも『千のプラトー』でも、同じような認識が示されることは決してなかったという点、このような認識を前提にして議論が組み立てられることなど一切なかったという点だ。発砲命令が下されるか否かにかかわらず、ドゥルーズ＝ガタリは、『アンチ・オイディプス』ではプロレタリアによる階級闘争に、『千のプラトー』ではマイノリティによる公理闘争に期待

7　高橋哲哉、『沖縄の米軍基地――「県外移設」を考える』、集英社新書、二〇一五年。
8　高橋哲哉、「今こそ「県外移設」を――新基地阻止への道筋として（上）」、『琉球新報』、二〇一五年一一月二日。
9　小泉義之・千葉雅也、「ドゥルーズを忘れることは可能か」、『ドゥルーズ――没後二〇年　新たなる転回』、河出書房新社、二〇一五年、五頁。

を寄せていた。**社会主義体制の解体期に執筆され発表された『哲学とは何か』における著者たちの絶望は、レーニン的切断がその一切の効力を失ったという当時の彼らの情勢判断に由来する絶望であり、この絶望こそが彼らに、「哲学とは何か」という問いを政治の問いとして立てさせたのだ。**この絶望こそが彼らに、今日ではもはや「動物をなす〔…〕という以外に下劣さから逃れるための手段は一つもない」[QPh, 103／一八六]、すなわち、民主主義と等価交換が確保された内部に身を置く人間だけがなし得る営みとしての哲学以外に今日、可能な政治は一つもない、と言わせたのである。

今日の琉球と福島について「犠牲のシステム」を語る高橋もまた絶望しているのだろうか。絶望しているのなら、ドゥルーズ＝ガタリと同様に、情勢に照らしてその理由を明確にすべきだろう。**原発を首都圏住民に、米軍基地を日本人に、それぞれ「返還」しようと闘っている（同時に新たな「福島」、「沖縄」を創出することも決して許さない）福島住民と琉球民族を前にして、絶望すべき理由など一つもない、**と私たちには思える（私たちは、『アンチ・オイディプス』そして『千のプラトー』でのドゥルーズ＝ガタリと同様、能天気に過ぎるのか）。だからこそ、本章で私たちは、琉球と福島について論じるには『千のプラトー』のマイノリティ公理闘争論の援用こそが妥当であると判断した（『哲学とは何か』での議論は、マイノリティの闘争を媒介にしないでなされるマジョリティの闘争という資格において、原発再稼働反対運動から反軍国化運動に至るまでの一連の反ファシズム市民運動を論じるのに援用した）。高橋の議論に対する私たちの異論の焦点を明確にするために敢えて強い表現を用いれば、私たちの目には、情勢とは無関係に高橋が一人で勝手に絶望しているように映る。情勢に照らせば単なる「もの」（ドゥルーズ＝ガタリの言葉を用いれば「犠牲者」）などでは微塵もないことが明らかな者たちを高橋は、

「靖国」という別の事例を語るために構築した「犠牲のシステム」論（「国家と犠牲」論）の内に捕獲し、彼らを「もの」に還元して、一人で勝手に絶望しているように、私たちには思われる（同じような超歴史的操作は、例えばジョルジョ・アガンベンにも顕著だが、これについては別の機会に論じたい）。そのように勝手に絶望することで高橋は、彼自身の生業でもある哲学の「出る幕」を、政治の舞台上に無理やり確保しようとしているように、私たちには見えるのだ（同様の批判を『哲学とは何か』に向けてみるのも恐らく無駄ではない。同書の著者たちにとって、「哲学とは何か」と問うことが先だったのか、それとも、政治的な絶望が先だったのか。絶望ゆえこその哲学なのか、哲学のための絶望なのか）。

「沖縄の問いにどう応えるか――北東アジアの平和と普天間・辺野古問題」と題されたシンポジウムが二〇一四年に東京で開催され、そこで演壇に立った大江健三郎は講演の冒頭、「もう私たちは問いかけられていないのではないか」と述べ、シンポジウムのタイトルそのものに疑念を投げかけた。『沖縄の米軍基地』で高橋は大江のこの発言に触れ、事実上、批判している。高橋の批判が向けられるのは、直接的には、大江がそこから導く結論、「本土の人間のなし得る唯一の闘争」は憲法九条を護り抜くことだとする結論に対してだが、しかし、それを通じて高橋は、日本人が琉球人からもはや何も問いかけられていない、という認識それ自体に対しても不賛同を表明している。当然だ。「犠牲にする者」に高橋が求める「責任」は、「犠牲にされるもの」からの「問いかけ」に応答する責任（responsabilité）に他ならず、日本人にとって、在琉米軍基地の本土引き取りを自らの思考に突き付けることは、琉球人からの問いかけに応答することに他ならないのだから。琉球人は日本人に何も問いかけていない、という大江の指摘は、しかし私たちには、大江本人がどういう意図でそれを言ったにせよ、琉球民族の今日の闘争を正しく捉えたものであるように思える。独立や民族解放を現実的目標に据えて闘争を展開することは、野垂れ死にしつつあるその直中で呻き叫び、その呻きと叫びによって日本人に何事かを「問いかける」といったことではまるでない。高橋自身も重要な転換点に位置付けている、二〇一〇年の鳩山政権による「県外移設」断念以降、そもそも、一体どうしたら、琉球人がなおも日本人に何事かを問いかけている、何事かを思考するように求めているなどと言えるのか。「沖縄の「戦争」を終わらせるためには、もはや「独立」しかない」（松島泰勝）という情勢判断に対して、一体どうしたら今日もなお、勇み足に過ぎるなどと言えるのか。今日見られるのは、断末魔にある動物が、哲学をする余裕のある人間に、何事かを問いかけている、といった状況ではない。苦しみ叫ぶ動物を眼前にして、人間がそこに「問いかけ」を聴き取らなければならない、応答によって声にならない叫びを問いかけの声として受けとめなければならない、といった状況ではない。そうではなく、闘う土人である琉球人がその闘いの中で「彼ら自身で自らの問題を提起し、そのより一般的な解決を可能にする個別的状況を少なくとも彼ら自身で定めてみせる」という状況なのだ。

今日の琉球人は、日本人に問いかけているのでも、基地引き取りを求めているのでもなく、端的に言って、まず、基地を返還しようとしている。『千のプラトー』での動物と土人（マイノリティ）の区別（本書第三部第一章で見た通り、この区別は、高橋のデリダ的立論におけるのと同様に、『哲学とは何か』では維持されず、土人が動物に還元される）に従えば、**動物は人間に問いかけることしかできないが**[10]**、土人は自分自身で問いを立て、自分自身でその答えを決定するのである。**琉球人は自力で独立へと歩を進め、在琉米軍基地を日本人に返還する。**日本人は、基地を引き取るのではなく、基地を返還され**

る。**琉球人の闘争を介して日本人は否応無しに政治過程の中に投げ込まれ、そこで初めて、土人になるチャンス、すなわち、市民であることから自らを脱領土化し、土人性への生成変化の無限の過程の上に自らを再領土化するチャンスを得る。**日本人による基地引き取りを語ることが許されるのは、琉球人による基地返還の可能性の一切が消尽してしまったと判断される状況においてのみのことなのである。

10　第二部第二章で検討した、スレピアンの小説についてのドゥルーズ＝ガタリの議論を改めて想起されたい。

佐藤嘉幸（さとう・よしゆき）

一九七一年、京都府生まれ。京都大学大学院経済学研究科博士課程修了。博士（経済学）取得。パリ第一〇大学大学院認識・文化研究科哲学専攻修了。博士（哲学）取得。現在、筑波大学人文社会科学研究科准教授。専門は、フランス現代思想、権力理論。

主な著書に、『権力と抵抗』（人文書院）、『新自由主義と権力』（人文書院）、『脱原発の哲学』（田口卓臣との共著、人文書院）ほか。

主な訳書に、ジュディス・バトラー『自分自身を説明すること』（共訳、月曜社）、『権力の心的な生』（共訳、月曜社）、ミシェル・フーコー『ユートピア的身体／ヘテロトピア』（水声社）ほか。

廣瀬　純（ひろせ・じゅん）

一九七一年、東京都生まれ。早稲田大学大学院文学研究科芸術学専攻修士課程修了。パリ第三大学映画視聴覚研究科博士課程中退。現在、龍谷大学経営学部教授。専門は、映画論、現代思想。

主な著書に、『美味しい料理の哲学』（河出書房新社）、『シネキャピタル』（洛北出版）、『アントニオ・ネグリ　革命の哲学』（青土社）、『暴力階級とは何か』（航思社）ほか。主な訳書に、トニ・ネグリ『芸術とマルチチュード』（共訳、月曜社）、アントニオ・ネグリ『未来派左翼』（ＮＨＫブックス）ほか。

三《みっ》つの革《かく》命《めい》

ドゥルーズ＝ガタリの政治哲学《せいじてつがく》

二〇一七年一二月一一日第一刷発行

著者　佐藤嘉幸《さとうよしゆき》　廣瀬《ひろせ》　純《じゅん》

発行者　鈴木　哲

発行所　株式会社　講談社
東京都文京区音羽二丁目一二―二一　〒一一二―八〇〇一
電話（編集）〇三―三九四五―四九六三
（販売）〇三―五三九五―四四一五
（業務）〇三―五三九五―三六一五

装幀者　奥定泰之

本文データ制作　講談社デジタル製作

本文印刷　信毎書籍印刷株式会社

カバー・表紙印刷　半七写真印刷工業株式会社

製本所　大口製本印刷株式会社

ISBN978-4-06-258667-2　Printed in Japan
N.D.C.311　347p　19cm

講談社選書メチエ　刊行の辞

書物からまったく離れて生きるのはむずかしいことです。百年ばかり昔、アンドレ・ジッドは自分にむかって「すべての書物を捨てるべし」と命じながら、パリからアフリカへ旅立ちました。旅の荷は軽くなかったようです。ひそかに書物をたずさえていたからでした。ジッドのように意地を張らず、書物とともに世界を旅して、いらなくなったら捨てていけばいいのではないでしょうか。

現代は、星の数ほどにも本の書き手が見あたります。読み手と書き手がこれほど近づきあっている時代はありません。きのうの読者が、一夜あければ著者となって、あらたな読者にめぐりあう。その読者のなかから、またあらたな著者が生まれるのです。この循環の過程で読書の質も変わっていきます。人は書き手になることで熟練の読み手になるものです。

選書メチエはこのような時代にふさわしい書物の刊行をめざしています。

フランス語でメチエは、経験によって身につく技術のことをいいます。道具を駆使しておこなう仕事のことでもあります。また、生活と直接に結びついた専門的な技能を指すこともあります。

いま地球の環境はますます複雑な変化を見せ、予測困難な状況が刻々あらわれています。

そのなかで、読者それぞれの「メチエ」を活かす一助として、本選書が役立つことを願っています。

一九九四年二月　　野間佐和子

講談社選書メチエ　哲学・思想Ⅱ

MÉTIER

近代性の構造　今村仁司
身体の零度　三浦雅士
人類最古の哲学　カイエ・ソバージュⅠ　中沢新一
熊から王へ　カイエ・ソバージュⅡ　中沢新一
愛と経済のロゴス　カイエ・ソバージュⅢ　中沢新一
神の発明　カイエ・ソバージュⅣ　中沢新一
対称性人類学　カイエ・ソバージュⅤ　中沢新一
近代日本の陽明学　小島　毅
未完のレーニン　白井　聡
経済倫理＝あなたは、なに主義？　橋本　努
ヨーガの思想　山下博司
パロール・ドネ　C・レヴィ＝ストロース　中沢新一訳
ドイツ観念論　村岡晋一
国家とインターネット　和田伸一郎
弁証法とイロニー　菅原　潤
古代ギリシアの精神　田島正樹
精読　アレント『全体主義の起源』　牧野雅彦

連続講義　現代日本の四つの危機　齋藤元紀編
ブルデュー　闘う知識人　加藤晴久
怪物的思考　田口卓臣
熊楠の星の時間　中沢新一
来たるべき内部観測　松野孝一郎
丸山眞男の敗北　伊東祐吏
アメリカ　異形の制度空間　西谷　修
絶滅の地球誌　澤野雅樹
共同体のかたち　菅　香子
アーレント　最後の言葉　小森謙一郎
丸山眞男の憂鬱　橋爪大三郎
三つの革命　佐藤嘉幸・廣瀬　純